平等中的首席

基于园际交互评价的
幼儿园课程质量提升路径探新

魏　群◎著

华东师范大学出版社
·上海·

图书在版编目(CIP)数据

平等中的首席：基于园际交互评价的幼儿园课程质量提升路径探新/魏群著. —上海：华东师范大学出版社，2021
ISBN 978 - 7 - 5760 - 1140 - 1

Ⅰ.①平… Ⅱ.①魏… Ⅲ.①幼儿园-课程-教育质量-研究 Ⅳ.①G612

中国版本图书馆 CIP 数据核字(2021)第 030842 号

平等中的首席

基于园际交互评价的幼儿园课程质量提升路径探新

著　　者　魏　群
策划编辑　彭呈军
责任编辑　吴　伟
责任校对　樊　慧　时东明
装帧设计　卢晓红

出版发行　**华东师范大学出版社**
社　　址　上海市中山北路 3663 号　邮编 200062
网　　址　www.ecnupress.com.cn
电　　话　021 - 60821666　行政传真 021 - 62572105
客服电话　021 - 62865537　门市(邮购)电话 021 - 62869887
地　　址　上海市中山北路 3663 号华东师范大学校内先锋路口
网　　店　http://hdsdcbs.tmall.com

印 刷 者　浙江临安曙光印务有限公司
开　　本　787×1092　16 开
印　　张　19.5
字　　数　339 千字
版　　次　2021 年 3 月第 1 版
印　　次　2021 年 12 月第 2 次
书　　号　ISBN 978 - 7 - 5760 - 1140 - 1
定　　价　68.00 元

出 版 人　王　焰

(如发现本版图书有印订质量问题，请寄回本社客服中心调换或电话 021 - 62865537 联系)

七色花开，美美与共
筑梦未来，园园协同

　　每一个孩子都是含苞待放的花朵，关键在于我们如何提供符合其身心发展特点和个性发展需要的课程，帮助这些"花朵"精彩绽放。

　　每一所幼儿园都是充满孩子们童真梦想、承载教师家长们殷切期望的港湾，关键在于我们如何提升教育教学质量，让其扬帆远航。

　　一所幼儿园的力量总是有限的，如果能联合区域内有着共同愿景目标的园所和教师们，为幼儿园教育质量提升探索崭新路径，岂不美哉？

序一

2018 年,《中共中央国务院关于学前教育深化改革规范发展的若干意见》指出,学前教育是终身学习的开端,是国民教育体系的重要组成部分,是重要的社会公益事业。办好学前教育、实现幼有所育,关系亿万儿童健康成长,关系社会和谐稳定,关系党和国家事业未来。

2019 年,国务院在印发的《中国教育现代化 2035》中进一步提出,在教育现代化的背景下,要普及有质量的学前教育,培养高素质的教师队伍,以优质幼儿园为实践基地建立开放、协同、联动的中国特色教师体系,推动教师终身学习和专业化自主发展,建立世界先进水平的优质教育。

本人很欣喜地看到,上海市宝山区七色花艺术幼儿园园长魏群,正带领她的研究团队向着这种普惠优质、协同联动的学前教育目标进行锲而不舍的实践探索和理性思考。宝山区七色花艺术幼儿园(以下简称七色花)是上海市首批示范性幼儿园,也一直是区域课程与教学改革的实践先行者与智慧引领者。特别是近十年来,七色花在学前教育评价领域持续深入地开展富有开拓性和创新性的探索与实践,取得了具有不小影响力的研究成果。2017 年 12 月,我首次参加本课题的推进会,其后又参与了该课题的中期论证会,再到三年后的今天,当我拿到这本内容厚实、思想火花不断闪现的《平等中的首席——基于园际交互评价的幼儿园课程质量提升路径探新》的书稿,有发自内心的感动和欣慰!三年来,在七色花的专业引领下,宝山区 12 所发展层次不一的幼儿园园长、教师开展了近 50 次园际共研活动,先后研究编制了 10 多项评估工具,形成了各式各样的评估诊断报告及实践改进方案,参与人员超过了 100 位。可以想象,在热情和汗水交融的深度交流及思维碰撞的活动场景中,共研园长及教师们在精神和职业上的感受是何等充实和幸福!可以想象,作为一所示范园的园长,以幼儿园课程质量提升为愿景,组织这种自发的课程质量交互诊断与评价,并引领共研园所开展基于实证的改进探索,魏群园长对教育的追求是何等专业和自觉!

从书稿中可以看出，全书分园际交互评价提出的背景缘由、存在的学理基础、建构的系统设计、运行的操作路径、实践的成效检验，以及推广的智慧生成等六个方面有序展开，逻辑体系比较严密，主体脉络比较清晰，实践推广价值也得以充分彰显。在此与魏群园长团队和各位读者分享以下三点基于课题组卓越实践探索的思考与体会。

突破园所围墙，追求协同发展

费孝通先生曾言，"各美其美，美人之美，美美与共，天下大同"，七色花艺术幼儿园不只是关注本园的课程质量发展，更是以区域幼儿园整体课程质量提升为切入点，深入贯彻执行党的十九大提出的"幼有所育"的价值追求，积极响应上海市提出的关于学区化集团化办学的政策导向，致力于通过开展园际交互评价的创新实践，为促进区域幼儿园公平、均衡、优质的发展而不懈努力。在践行课程质量提升的价值追求中，努力让每个孩子都能享有公平而有质量的学前教育。参与共研的 12 所幼儿园基于共同的理想、信念、愿景与智识，自觉自发地结成研究共同体，通过资源互补、经验共享，打造区域幼儿园良好生态与研究氛围。可谓是：七色花开，美美与共，协同发展，共浴教育之光。

重视过程评价，促进园际交互

以往研究多以办园条件、幼儿发展等作为评估幼儿园教育质量的主要视角，以行政主导式和自主评价式的二维路径作为幼儿园教育质量评估的主要方法，本书向我们展现了园际交互评价的新路径，并以幼儿园课程质量提升为目的，探索形成了"听—观—评"、"晒—研—合"、"观—诊—疗"等行之有效的同伴过程评价的操作模式。这种评价新路径的尝试，充分肯定了教师作为评价主体的地位，赋予教师评价、审视幼儿园课程质量的权利，并采用能力建构和激励引导的政策工具帮助教师提升评价的自觉意识和专业化水平，为参与教师提供了在课题研究过程中、在交互评价实践中、在课堂教学行为改进中实现自我成长与发展的新路径。

保证科学评价，践行循证改进

本书将量的研究与质的研究有效结合，保证研究的科学性，有利于后续的成果推广与深化研究。研究之初，课题组通过问卷的方式了解当前幼儿园课程质量现状，通过大量的数据分析、图表呈现，确定研究问题；研究之中，课题组研制应用 13 项评估工具，通过数据来分析和改进研究工具存在的问题；研究之后，课题组通过统计法进行成效检验，运用数据比较和分析说明研究的有效性。同时，在研究中，各种案例和访谈分析等质性材料贯穿始终，用于补充说明数据背后的问题和意义，为研究的广度和深度奠定基础。

"数据不等于证据"，只有当数据与保教实践变革关联起来，用数据来锁定问题，用证据来驱动改变，研究才更有意义和价值。园际交互评价研究中对提升课程质量的关注正是这种循证关注的体现。不论是三个阶段的循证改进大循环，还是每个阶段内部聚焦某一问题的循证改进小循环，都是从原先经验预判式的"掏口袋"走向证据引领式的"循证"行为转型，其前提在于促进儿童学习，关注儿童、研究儿童、保障儿童发展，而每一次的实践改进亦成为新一轮循证的"证据"。通过实证研究的方法，课题组用调查来发现问题，用实践行动来优化改进，用结果来佐证成效。将数理实证与案例实证有机结合起来，为最终的研究目标即课程质量提升保驾护航。

道阻且长，行且将至。此书即将出版面世，我衷心地将这本书推荐给广大的学前教育工作者，相信这些宝贵的学术资源和研究经历能够给实践工作者带来更多的启迪和思考，同时也期待魏群园长今后能带领区域更多的幼儿园在学区化集团化办学和促进学前教育质量再提升的研究道路上走得更实、更新、更远。

上海市学前教育研究所　郭宗莉

序二

　　21世纪以来,随着全球化的不断深化、知识经济的跨越式发展,推动学前教育质量向高水平迈进已经成为世界各国学前教育事业发展的共同趋势。2010年联合国教科文组织召开的世界学前教育大会,首次将学前教育提高到"筑建国家财富"的高度,获得了与会各国的赞同,形成了"莫斯科行动纲领"。2002年至2017年间,经济合作与发展组织(OECD)连续五次以"质量和质量监测"为题向世界发布早期教育的"强势开端"报告,预示着追求"高质量学前教育"的时代已经到来。

　　在我国,学前教育质量评价与提升也越来越受到教育研究者、政府主管部门和广大幼儿教师的重视。2020年10月,中共中央、国务院印发了《深化新时代教育评价改革总体方案》,重点强调要"完善幼儿园评价,完善评价结果运用,综合发挥导向、鉴定、诊断、调控和改进作用"。该方案的颁布体现了国家对教育评价工作的高度重视,同时也进一步指明了学前教育保教质量评价的方向。

　　近期,读罢由宝山区七色花艺术幼儿园魏群园长撰写的《平等中的首席——基于园际交互评价的幼儿园课程质量提升路径探新》书稿,感慨颇深。作为一所市级示范园的领头人,魏园长带领着团队用扎根一线的行动研究,回应了在区域学前教育协同发展的背景下如何聚焦质量提升的路径和机制创新问题;用实证的数据分析和鲜活的案例解析,向我们呈现了作为一所办学主体的学校对课程质量评价和提升的独到理解与行动方案。在当前我国幼儿园课程改革不断深化、加强课程质量监控呼声日盛的背景下,这一研究成果的产出和分享无疑能够为我们带来积极的启示和有益的思考。在我看来,书稿所呈现的这一实践研究成果体现了以下三个创新点。

　　方向、视角有突破。有关学前教育质量评价与提升的话题探究,一般可以从行政部门、儿童、社会和幼儿园等不同的视角切入。从宏观上来看,相对于前三种视角而言,以幼儿园为主体来探讨学前教育质量提升的研究颇为匮乏,且研究视角也较多限于幼儿园本身的个体自主式监控;从微观上来看,相对于外部的行政主导和内部的自主评价而言,本书所探讨的基于园际交互式评价的课程质量提升路径是一个新的研究视角和路径探索,书中以七色花艺术幼儿园为引领的十多所幼儿园组成的研究和行动共同体,通过基层幼儿园之间开展的园际交互式课程评价和监控,不仅为幼儿园课程质量提升的相关研究提供了新的视角,也为教育质量和课程质量评价理论在学前阶段的应用与深化积累了经验。以园际交互式评价促进幼儿园课程质量提升这一研究定位和方向性思考,较好地体现了教育中的协同理念,而这一理念与教育本身的情境性、复杂多元性、人际交互性是内在契合的,教师是课程实施和课程质量提升的关键角色,为其营造专业协同的网络是至关重要的,教师不应是孤独的专业人,而应是协同体中的一员,要保证教师在密集的学习共同体中享受专业的资源、领受智慧的碰撞、触发行动的反思。

路径、机制有创新。OECD 提出的学前教育质量五个领域中,课程具有重要地位。课程作为幼儿园办学的生命线,也始终成为实践一线层面关注教育质量的重中之重。本书中的交互式评价探索,为营造区域幼儿园通过研评结合促进课程质量提升的良好生态提供了一个有价值的样例和范式,研究所梳理的课程方案质量提升之"听—观—评"路径、课程实施质量提升之"晒—研—合"路径、教研活动质量提升之"观—诊—疗"路径以及国际共研、论坛交流、循环改进、信息共享四大机制体现了基于循证和实践反思的总结归纳,这一研究成果的展现可以显见幼儿园在实践课题研究中"研思共进"的行动轨迹,即扎根于实践中的真问题,聚焦问题解决,在行动和反思的良性循环中生成回应策略;同时,也可见幼儿园在促进课程质量提升中的深入思考,即唤起教师的课程意识和专业自觉,以"平等中的首席"来调动教师和各学校在课程方案架构、课程实施行动、教研质量提升中的主体意识,以深度的卷入状态去行动、去反思。

方法、技术有深度。作为基层学校层面的实践研究成果,以七色花艺术幼儿园为领队的团队研究是较为扎实而丰厚的。该研究综合运用了文献研究、案例研究、问卷、访谈、文本分析、统计分析等质性与量化相结合的研究方法,梳理课程质量评价指标维度、提炼整合园际交互式评价方案,明晰基于园际交互式评价的改进策略与路径,并在实践过程中循证、检验、优化。同时,研究也初步搭建了幼儿园课程质量园际交互式评价的信息共享平台,以幼儿发展评价库及课程资源库作为大数据创建的基点,相信这一思考可以在后续的跟进研究中进一步推动教研活动对教师发展和幼儿发展成效的实时监测，真正实现评价信息和课程资源信息的实时共享和动态调整。

华东师范大学　黄瑾

前言

党的十九大提出"幼有所育",上海出台的《关于推进学前教育深化改革规范发展的实施意见》提出实现"幼有善育",努力建设普及普惠、安全优质、多元包容的学前教育公共服务体系,让每个孩子都能享有公平而有质量的学前教育。

作为上海市首批命名的实验性、示范性幼儿园,上海市宝山区七色花艺术幼儿园一直是幼儿教育教学改革的先行者和引领者。近十年来,幼儿园在教育评价领域开展了较为深入的实践探索,并呈现出了一脉相承、步步为营的实践轨迹。

在以园为本的发展性评价研究实践中,七色花艺术幼儿园基于学前教育领域的热点、难点问题及幼儿园发展的需求,于2013年立项了上海市教育科学研究项目"反思与实践:构建幼儿园教育园本评价方案的实践研究",以市级课题为抓手在幼儿园教育评价领域进行了较为深入的研究,形成了"期望式"评价的理念以及较为严谨、科学的园本教育评价方案和幼儿园教育质量评价体系,包括系统的园本评价指标体系、评价方式、流程及机制等,对区域内幼儿园开展园本教育评价起着示范及引领作用。课题研究成果于2016年获得上海市第十一届教育科学研究成果一等奖,又在2017年获得上海市级基础教育教学成果一等奖,并面向全市推广应用。该研究的详细成果《期望式评价:让学前教育质量看得见》(全四册)于2014年出版发行。

2017年,七色花艺术幼儿园又着眼于教育质量的区域性拉动及提升,提出了"基于园际交互评价的幼儿园课程质量提升",意图以研促教,尝试以多园携手共研的方式开展园际间的、交互式的幼儿园课程质量评价与改进的实践探索。

本书尝试重构研究过程中共研园所的关系,提出让不同园所在共研中互为"平等中的首席",实现"美美与共、园园协同"的理想图景。共研园所既是平等、和谐、友好的关系,又具备"引领"或"牵头"的能力。这一"引领"不是固定化的,而是跟随不同阶段的实践不断转化,具有不同优势的幼儿园担任不同领域的"首席",实现资源的优化配置和优势互补。

园际交互评价为每所幼儿园提供多面镜子、多双眼睛,依靠不同主体的专业眼光,帮各园"拼"出本园课程质量的真实"全貌",让各园发展优势更为突出,以同伴互助、协同发展为价值引领,探索以园际交互的方式开展对彼此教育质量的诊断与评价,以各园自身优势交替引领群体发展,实现整体办园质量的提升,同时营造区域幼儿园促进教育质量共同提升的良好生态。共研园所持续践行对幼儿园课程质量提升的价值追求,努力让每个孩子都能享有公平而有质量的幼儿园教育。

我们在幼儿园课程质量评价领域攻坚克难,勇于探索幼儿园课程质量提升的新路径。在历时三年多的研究过程中,形成了幼儿园课程质量园际交互评价方案,包括交互评价理念,系统构建了园际交互评价的基本框架,开发了一系列具有一定科学性和操作性的评估工具,探索了开展园际交互评价的实践路径、运行模式与运作机制,开展了基于评价信息共享的教研实践改进。在此基础上,初步搭建了幼儿园课程质量园际交互评价的信息共享平台。同时在幼儿园开展园际交互评价实践及开展园际交互评价后的改进实践上积累了较为丰富的、可资借鉴的实践案例及研究成果,为促进区域幼儿园公平、均衡、优质的发展而不懈努力。

目录

第一章　园际交互评价产生的背景缘由

"求木之长者，必固其根本。"学龄前儿童的照护和养育是一项重大的民生工程、未来工程。21世纪以来，世界教育进入了以提高质量为中心目标的时代，推动学前教育质量向高水平迈进，是世界各国学前教育事业发展的共同趋势，也是近年来我国学前教育事业发展的基本价值追求。如何保障和提升学前教育保教质量成为我国政府部门的重要议题，也是学界研究的热点话题。但是，当我们梳理已有文献、调查实践现状后发现，目前幼儿园保教质量评估与监测方面仍存在评价主体单一、幼儿园自评流于形式、行政监控重结果轻过程、评价标准本身存在缺陷、基于评价结果的实践改进关注甚少等诸多问题。而在世界经合组织(OECD)提出的学前教育质量五个领域中，课程有着重要地位。在幼儿园层面，教育质量的实现也与课程的建设实施紧密相关。

　　基于此，我们以课程为抓手，突破行政主导式和自主评价式的二维路径，以园际交互评价为突破口，开展基层幼儿园之间对彼此课程质量的评价与交流，实现园际间的平行互评与实践改进。它既为幼儿园课程质量评价研究提供了崭新视角，也为每所幼儿园提供了多面镜子、多双眼睛，借助多元主体的专业眼光，辅助各园"拼"出本园课程质量现状的真实"全貌"，营造出区域幼儿园通过研评结合促进课程质量提升的良好生态，并以各园自身优势交替引领群体发展，实现整体办园质量的提升。

第一节　学前教育质量备受关注

学前教育是终身学习的开端,是国民教育体系的重要组成部分,是重要的社会公益事业。自 20 世纪 70 年代以来,托幼机构质量成为国际学前教育研究领域持续关注的热点。我国的相关研究虽然较国际趋势稍显滞后,但在最近十余年也日趋兴旺和深入。2010 年 5 月,国务院常务会议审议并通过了《国家中长期教育改革和发展规划纲要(2010—2020 年)》,其中指出,把提高质量作为教育改革发展的核心任务,建立以提高教育质量为导向的管理制度和工作机制,把教育资源配置和学校工作重点集中到强化教学环节、提高教育质量上来。制定教育质量国家标准,建立健全教育质量保障体系。同时,该纲要在"基本普及学前教育"中首先提出"遵循幼儿身心发展规律,坚持科学保教方法,保障幼儿快乐健康成长"。然后再提出,到 2020 年学前教育的基本普及率。这就意味着普及学前教育、保证入园率应首先有科学优质的保教质量。2010 年 11 月颁布的《国务院关于当前发展学前教育若干意见》中也指出,发展学前教育,必须保障适龄儿童接受基本的、有质量的学前教育;必须坚持科学育儿,遵循幼儿身心发展规律,促进幼儿健康成长。

办好学前教育、实现幼有所育,是党的十九大作出的重大决策部署,是党和政府为老百姓办实事的重大民生工程,关系亿万儿童健康成长,关系社会和谐稳定,关系党和国家事业未来。推进幼有所育、幼有善育,实质是要实现学前教育公平而有质量的发展。2018 年 11 月颁布的《中共中央国务院关于学前教育深化改革规范发展的若干意见》明确提出了包括优化布局与办园结构、拓宽途径扩大资源供给、健全经费投入长效机制、大力加强幼儿园教师队伍建设、完善监管体系、规范发展民办园、提高幼儿园保教质量、加强组织领导等在内的重要举措,要求各省市完善学前教育教研体系、健全质量评估监测体系。

在《中国教育现代化 2035》中,关于学前教育发展的总体定位是"普及有质量的学前教育"。其中,在"积极创新学前教育供给方式"方面就提到需要幼儿园在保教活动模式与质量监测评价机制、园本教育模式与教师专业发展机制、家园合作模式以及社区共建机制等方面进行改革创新,从而实现幼儿园四个维度的整体发展,即儿童素质发展、家长满意度和教师幸福感增强、幼儿园组织的可持续发展能力提高、幼儿园在区域教育和社区发展中营造良好教育生态的贡献。① 上海市教育大会上,上海市委书记李强更是明确指出,上海要深入学习贯彻习近平总书记关于教育的重要论述和全国大会精神,大力培养德智体美劳全面发展的社会主义建设者和接班人,努力建设高素质专业化创新型教师队伍,坚决破除制约教育事业发展的体制机制障碍,加快推进上海教育现代化、办好人民满意的教育,努力到2020年总体实现教育现代化;到2035年实现更高水平、更高质量的教育现代化,建成与具有世界影响力的社会主义现代化国际大都市相匹配的一流教育;着力实现学前教育公益普惠、基础教育优质均衡、高等教育特色一流、职业教育贯通融合、终身教育泛在可选,让每一个学习者都能得到全面而有个性的发展、都能享有人生出彩机会。由此可见,国家在发展学前教育的同时,开始重视保教质量的保障和提升。如何保障和提升学前教育保教质量成为我国政府部分的重要议题,也是学界研究的热点话题。

---

① 李伟涛.学前教育高质量发展的核心内涵与重要标志[J].上海托幼,2019(9A):14—15.

第二节　幼儿园保教质量问题凸显

　　如前所述,如何确保幼儿园保教质量的提升与延续已然备受学界关注,但是当我们梳理已有文献、调查实践现状后发现,目前幼儿园保教质量评估与监测方面仍存在诸多问题。例如,高敬、项燕在《上海市幼儿园教育质量评价的现状与分析》中通过对上海市 13 个区域 39 所幼儿园的调查与访谈,指出幼儿园在实践中还较偏重对结果性教育质量的评价,多元主体评价实践的落实还不到位,质量评价的发展性功能在评价实践中的体现尚不够以及评价实践中存在诸多困难和强烈的培训需求。① 刘丽湘分析了 6 个省市的幼儿园评估验收标准,并结合验收实践中存在的不足,指出了幼儿园教育质量评价工作中存在的问题:评价内容、标准本身存在缺陷;在评价中,只重视管理、物质及人员的配备,却忽视其效能的发挥;在评价方式上重视量化评价,不重视量化与质性评价的整合;评价主体单一化——评价为单向输出,忽视评价结果的认同;对验收评价的信度、效度缺乏监控。② 刘霞通过分析北京、广东、福建和江西等地方政府颁布的与托幼机构教育质量评价工作有关的法令和文件,指出托幼机构教育质量评价主体主要由政府行政人员担任,评价主体一元化;评价存在重总结性目的轻形成性目的的倾向;托幼机构自评更多的是为实地验收服务,自评流于表面等问题。③ 吴钢等通过调查上海市 14 个区 49 所幼儿园的保育人员和家长,指出为了有效开展质量评价,评价标准的制定应听取广大教师和家长的意见,并且幼儿园分等定级评价应与园内评价活动相结合等建议。④

　　2017 年,为全面了解当前幼儿园开展教育质量自主监控的真实现状,我们从宝山区各级各类幼儿园中随机抽取了 29 所,并从中随机抽取了 205 位教师,发放调查问卷,并对 29 位园长做了进一步结构式访谈。综合各项调研结果,得到如下结论:第一,园长作为幼儿园领导者,对于幼儿园教育质量自主监控的重视程度不够;第二,园长和教师作为教育质量自主监控主体的作用有待进一步发挥;第三,幼儿园教育质量

---

① 高敬,项燕.上海市幼儿园教育质量评价的现状与分析[J].早期教育(教科研),2013(11):2—5.

② 刘丽湘.当前我国幼儿园教育质量评价工作的误区及调整策略[J].事业发展与管理,2006(07—08):85—86.

③ 刘霞.对当前我国托幼机构教育质量评价工作组织实施的研究[J].山东教育,2003(09):10.

④ 吴钢,薛建男.幼儿园教育质量评价的调查研究[J].现代基础教育研究,2012(06):80—87.

自主监控的规范性与科学性有待进一步提升;第四,幼儿园教育质量自主监控实施的效果有待进一步优化。

综上所述,我们将目前幼儿园保教质量存在的问题概括如下:评价主体单一、幼儿园自评流于形式、行政监控重结果轻过程、评价标准本身存在缺陷、对基于评价结果的实践改进关注甚少等。基于上述现实问题,我们开始尝试突破教育质量行政主导式监控和幼儿园自觉自主式评估的二维路径,探索幼儿园教育质量评价的"第三条路"——形成园际交互评价共同体,旨在实现如下预想:不同园所之间开展园际交互评价,探索其中的评价标准、实践路径、运作模式与机制,使其既能成为园所间、管理层间、教师间交流、分享、实践与改进的有效平台,又有助于幼儿园实现保教质量的有效提升。

第三节 课程质量的园际交互评价模式应运而生

幼儿园课程质量是保教质量中的关键环节,近年来幼儿园课程质量的问题也备受学界关注,但在实际评价过程中仍存在诸多现实问题,自上而下的结果性评价往往是行政检查式的,评价结果不够具体和细化,幼儿园在改进过程中难以深入,很难实现以评促建;此外,幼儿园保教质量的评价也需要在平等的主体间展开,基于园本特色的相互交流和诊断,可以促进各幼儿园在"看别人"的同时,取长补短,聚焦细节,具体落实,这种自上而下的监测与自下而上的诊断相结合是提升幼儿园保教质量的有效路径。2020年10月,中共中央、国务院印发了《深化新时代教育评价改革总体方案》,其中指出:教育评价事关教育发展方向,有什么样的评价指挥棒,就有什么样的办学导向。在评价原则上要"坚持科学有效,改进结果评价,强化过程评价,探索增值评价,健全综合评价,充分利用信息技术,提高教育评价的科学性、专业性、客观性。坚持统筹兼顾,针对不同主体和不同学段、不同类型教育特点,分类设计、稳步推进,增强改革的系统性、整体性、协同性"。此外,重点强调要"完善幼儿园评价"。在组织实施方面,强调要"完善评价结果运用,综合发挥导向、鉴定、诊断、调控和改进作用"。该方案的颁布体现了国家对教育评价工作的高度重视,同时也进一步指明了学前教育保教质量评价的方向,保教质量的提升和延续有赖于科学有效的评价,创新评价工具和方式是开展有效的保教质量评价的重要手段,过程性、专业化、综合性是开展教育评价的重要原则。

本书尝试探索幼儿园课程质量评价的多元化方式——构建以各幼儿园自身为主体的园际交互评价共同体,并基于已有政策和实践经验不断体系化。首先,在政策依循上,《上海市幼儿园保教质量评价指南(征求意见稿)》(以下简称《质量评价指南》)为幼教工作者从观念到行为的转变提供了操作性的"指南",为教育教学诊断和质量提高提供了依据,有力地保证了每一所幼儿园保教质量达到基本的水准。通过《质量评价指南》的试行,保教质量评价系统得以建立并进一步完善,幼儿园课程质量监控与评价的机制也得以形成,这有助于全面推进和深化幼儿园的课程改革。《质量评价指南》中明确提出,要以幼儿园自评为主,凸显评价的价值取向。重在帮助幼教工作者建立质量意识,关注保教实施的过程与质量,增强行为的自觉性。要鼓励和引导教师经常对自己的保教工作进行自评,同时,也可组织教师群体、管理层,或邀请姐妹园、专业人士,以诊断和改进工作为目的开展互评和他评。《上海市教育委员会关于推进本市紧密型学区和集团建设的实施意见》提出要坚持"办好每一所学校、成就每一名教师、教好每一位学生"的理念,按照"紧密合作、优质共享、提质增效"的思路,着力加强紧密型学区、集团创建,通过促进组织更紧密、师资安排更紧密、教科研更紧密、评价更紧密,激发每个学区和集团合作共进的创新活力,实现管理、师资、课程、文化等互通互融,提高每一所成员校的办学效益,整体提升义务教育优质均衡发展水平。学前教育优质均衡发展也是可以参照类似理念和行动予以推行的。因此,上述相关文件精神对幼儿园开展园本、园际、乃至学习共同体式的课程与评价探索提供了充分的政策依循,也成为提升幼儿园课程质量的重要切入点。

其次,作为一所市示范园,七色花一直是教改的先行者及引领者,既在相对前沿的领域探索教育规律、总结推广相关经验,也一直引领着区域内幼儿园保教质量的共同提升及均衡发展。立足本园园长曾主持区干训"视学团"抱团研究的经验基础,目前本园已与区域内十余所不同发展层次的幼儿园组建了发展"共同体",且这些园所均有与课程评价、教育质量评价相关的市级在研课题。我们一直在思考,如何在"共同体"内开展园际教育质量评价及保障,形成共同发展机制,实现联盟园所及成员的共同发展。然而,幼儿园在评价自身教育质量时难免会出现盲点,迫切需要"多一双眼睛、多一面镜子",帮助我们发现问题、寻找解决问题的方法。

基于此,我们尝试以"园际交互评价"的方式开展基层幼儿园之间着眼于教育质量的评价与交流,特别是针对课程质量的改进与提升,实现园际间的平行互评与实践改进。园际交互评价有助于园所之间在平等的他评中交流和学习,有助于凸显和传播每所幼儿园的发展优势和特色亮点,从而对共同体中的园所产生积极影响及辐射作用,实现区域教育质量的共同提升。更重要的是,园际交互评价也为每所幼儿园提供了多面镜子、多双眼睛,借助多元主体的专业眼光,辅助各园"拼"出本园教育质量现状的真实"全貌",也更明确本园今后的改进方向,助力幼儿园课程质量提升。总的来说,通过区域幼儿园之间开展有关课程质量的园际交互式评价,一方面突破行政主导式和自主评价式的二维路径,为幼儿园课程质量评价研究提供新视角,丰富幼儿园课程质量评价的内涵外延。另一方面,在区域幼儿园共同体的相互支持中开展交互式评价,在一定程度上通过自下而上的方式回应了当前幼儿园课程质量评价的一些现实问题,营造出区域幼儿园通过研评结合促进课程质量提升的良好生态,并以各园自身优势交替引领群体发展,实现整体办园质量的提升。

第二章　园际交互评价的理论基础

任何研究都需要站在"巨人的肩膀"上前行,在已有研究的基础上去丰富和拓展。以园际交互评价的方式开展幼儿园课程质量的相互评价与交流,以评价结果促进教师教育教学行为的改进与幼儿园课程质量的提升,目前学界中协同创新发展理论、学习共同体理论、发展性评价理论、国内外幼儿园教育质量评价指标体系及指标维度等相关理论和研究都为本研究提供了坚实的学理支撑,既帮助我们进一步明确幼儿园课程质量评价的必要性和重要性,更重要的是为我们开发本土化的幼儿园课程质量园际交互评价指标提供了可操作的参考借鉴。

结合对国内外相关研究的文献述评和研究团队的智慧碰撞,我们将园际交互评价界定为:根据评价标准,几所处于不同发展层次或发展阶段的幼儿园之间自主开展课程质量的自我诊断和相互诊断,在相互学习中发现自身的优势与不足,寻求有针对性的改进策略,并跟进教育行为的持续优化,进而达到提高课程质量、助力幼儿身心发展的目的。它是上海市宝山区七色花艺术幼儿园提出的幼儿园课程质量保障共同体建设的创新主张,力图建构起一个以本园为中心的实践智慧体系,创新幼儿园课程质量提升的路径。其主要特征表现为:信息共享与实践改进相结合、动态生成与持续优化相结合、主体激发与赋能增能相结合。

第一节　幼儿园教育质量评价的理论基础

一、 幼儿园教育质量评价的已有研究

"教育质量"的概念产生于20世纪80年代,与西方发达国家提出的"质量控制"、"全面质量管理"等有密切联系,起初兴盛于高等教育领域,主要指通过评价等多种方式持续提升学校教育质量的系统管理活动。20世纪90年代初期,教育质量逐步受到重视和发展。在全球教育竞争日益激烈的今天,学前教育作为基础教育的基石,其教育质量越来越受到人们的重视。无论美国的"开端计划",澳大利亚的"全国质量框架",抑或是世界经合组织(OECD)推出的"强势开端"等,都认为只有高质量的学前教育才能促进儿童长远的发展。①

已有研究认为,幼儿园教育质量既包括条件质量(也称要素质量),也包括过程质量和结果质量。自20世纪80年代中期以来,我国各地相继开展了幼儿园的等级评定,建立了以教育行政部门为主导的幼儿园质量评价体系。各地幼儿园质量评估从规范办园、提升教育质量的视角出发,通过行政督导、专家评定等手段,对幼儿园办园的各要素质量进行评价,在一定程度上确保了幼儿园质量的提升。但不可否认,该评价方式也存在着突出问题:重硬件、轻过程;相关指标未经过科学验证,缺乏实证研究的依据;评价内容缺乏系统性,内容空泛,可操作性不强,很难对保教人员进行专业支持与辅助改进等。

近年来,随着学前教育的普及与发展,幼儿园质量评价方面有了进一步的改革和探索。如浙江省自2008年取消了原有示范性幼儿园评估,实施全省统一的幼儿园等级评估体系,形成了《浙江省等级幼儿园评定标准》。该《标准》从条件质量方面由重视物理环境转向重视人才,更加关注过程性质量,设立了"班级保育和教育"、"有效的班级空间与设施"等指标。与此相似,上海市也推出了《上海市幼儿园保教质量评价指南》,这些新标准的出台都体现着我国幼儿园教育质量评估由单一的条件质量转向重过程和结果的过程质量评估。

面对21世纪广泛而深刻的教育变革,教育质量也需要在过程中不断改进和发展,多元化的学前教育质量评价路径逐步形成。秦金亮在《全球背景下学前教育质量评价

---

① 周兢. 国际学前教育政策比较研究[M]. 上海:华东师范大学出版社,2012.

与发展路径》中指出,"随着各国对学前教育的日益重视,学前教育质量评价形成了四种主要路径:一是基于托幼机构准入、办学条件许可及政府财政支持的条件性学前教育质量评价;二是政府、基金会等拨款依据的终结性学前教育质量评价;三是基于质量改进、促进质量提升的过程性质量评价;四是为了调动员工积极性、促进教师自主专业发展的使能性质量评价"。[①] 同时,他指出,在学前教育评价中,质量要素、质量过程与质量行动是不可分割的三个重要着力点。评价中要以要素为前提,更要注重由要素激发的新动能。换句话讲,就是要注重教育质量评价过程中"物—我—师—伴"的关系质量。关系质量的建立与形成离不开课程(各种活动)的实施。因此,关注对课程的评价,关注在课程实践过程中教师行为与幼儿发展的评价,关注教师与幼儿、幼儿与幼儿在各类活动中建立的关系,是未来教育质量评价重要的内容之一。

纵观已有的研究,学前教育质量评价随着研究的深入不断变化和发展。评价的主体多元化、评价的内容丰富化、评价的技术成熟化、评价的途径多样化,评价的价值追求也逐渐由规范管理向民主协商发展。在评价的过程中,保教人员开始发挥越来越重要的作用,他们不仅是被评价者,也是参与评价的主体,他们的观念和行为既影响着评价的实施,也关系着教育质量的优劣,尤其是在使能性评价中,如何顺利帮助保教人员实现主客体转化使之成为交互主体,是值得我们研究和思考的。因此,作为基于幼儿园教育教学改革和促进教师发展的课程质量评估,我们将着眼于联动保教人员,将儿童发展和课程作为评价的主要内容,重点关注幼儿园课程方案的优化完善,课程实施过程中班级课程环境的创设与运用、教师课程实施能力与幼儿身心发展表现,以及教研活动设计与实施的循证改进,旨在通过"课程方案—课程实施—教研活动"三位一体的监测与评估,促进幼儿园领导层、中层、普通教师日常实践反思的迭代更新,进而实现幼儿园课程质量的不断提升。

二、 协同论视角下的园际交互评价

(一) 协同论视角下的教育

"协同"一词来源于古希腊语,也称协和、同步、和谐、协同,意指开放系统中各子系

---

① 秦金亮.全球背景下学前教育质量评价与发展路径[J].浙江师范大学学报(社会科学版),2017,42(02):1—10+121.

统(要素)相互作用、相互协调,产生拉动效应。协同学(synergetics)亦称"协同论",是由德国著名物理学家赫尔曼·哈肯创立的一种系统科学理论,也代表了现代系统思想的发展。他指出,一个由大量子系统构成的复杂系统,各子系统之间存在着相互影响、相互制约以及相互合作;在一定条件下,由于这种相互作用和协作,系统就会形成具有一定功能的自组织结构,在时间和空间上形成新的有序状态。[①] 协同学通过研究系统各要素之间、要素与系统之间、系统与环境之间的协调、合作、互补的关系,来说明系统运行的特点,即系统内各子系统既有独立运行,又有关联运动。[②] 正如在幼儿园教育质量园际交互评价过程中,各园所既是保持独立运行的个体,各自在本园开展和实施相关教育内容,同时又是相互关联的评价主体,交互评价、共同教研,实现课程提升。

2010年以前,协同论大多被应用在生物科学、管理学、经济学领域,2010年后,大量学者将协同理论引入社会学、心理学、教育学领域进行研究。协同教育是协同论应用教育领域的产物。[③] 在国内,最早由李仲涟在《论心理的协同效应》引入教学研究领域。[④] 后由刘纯姣在《学校家庭协同教育构想》提出"协同教育"的定义:"协同教育是将协同学理论移植于教育领域,探索教育系统(学校教育、家庭教育、社会教育构成的教育系统)中两个主要子系统,即学校教育系统和家庭教育系统怎样发挥各自组织能力,在一定条件下形成合作、协同、同步、互补的协同效应。"[⑤]近些年来,越来越多的学者和专家关注并投身于协同教育理论和实践的研究中。随着信息技术的发展,我国建设了大批支持协同教育发展的平台,在教育技术的支持下,高等教育领域的协同教育开始向校企合作、产学融合的协同创新方向发展。由此,进一步延伸了协同理论在教育领域的内容,逐步形成了协同创新发展的理论。

协同创新是将各创新主体要素进行系统优化、合作创新的过程,具有整体性、动态性的特点。[⑥] 其本质就是发挥各主体的能力优势,整合互补性资源,通过"沟通—协调—合作—协同"的过程,实现各主体间的深度合作和开放创新,提升价值(理论框架见图2-1)。

协同创新发展理论为当前幼儿园教育质量交互评价的实施提供了更为明晰的学

① H. 哈肯,著. 高等协同学[M]. 郭治安,译. 北京:科学出版社,1989.
② 王秀珍. 基础教育课程改革与教师教育改革协同发展研究[D]. 天津师范大学,2009.
③ 邓华. 协同教育国内外研究述评[J]. 文教资料,2015(07):109—110.
④ 李仲涟. 论心理的协同效应[J]. 湖南师范大学社会科学学报,1987(05):1—6.
⑤ 刘纯姣. 学校家庭协同教育构想[J]. 怀化学院学报,1996(03):328—330.
⑥ 陈劲,阳银娟. 协同创新的理论基础与内涵[J]. 科学学研究,2012,30(02):161—164.

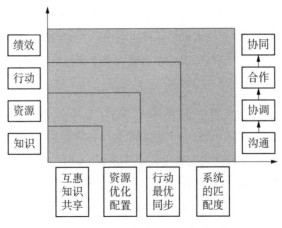

图 2-1 协同创新理论框架图

理基础。在园际交互评价的过程中,各园所既是教育质量评价的对象,又是教育质量评价的主体,在平等的交流中进行自评与他评,实现较为细致全面的专业评价和改进。园所中的教师既是行动者,又是评价者。交互评价的过程就是"沟通—协调—合作—协同"的过程。教师通过每一次的"晒—研—评"的循环实践,既呈现现状、又提供资源,通过共享与交流,充分激发其自身的主体性和能动性。每个园所处于不同发展阶段,有着自身发展的优势和特色亮点,让每所幼儿园发挥优势,在不同的方面起到引领示范作用,从而辐射其他园所的发展,带动园际间与区域教育质量的共同提升,是我们的价值追求。我们提出"平等中的首席"这一概念,强调园所在研究过程中既是平等、和谐、友好的关系,又具备"引领"或"牵头"的能力。这一"引领"不是固定化的,而是跟随不同阶段的实践不断转化,具有不同优势的幼儿园担任不同领域的"首席",实现资源的优化配置,优势互补,在实践行动过程中,实现系统的协同、行动的最优同步、绩效成果的最大阈值。

三、学习共同体视角下的园际交互评价

(一)学习共同体

"共同体"(community)一词最早来源于德国学者斐迪南·滕尼斯(Ferdinand T & ouml;nnies),原意是指共同生活。滕尼斯认为用忠诚的关系和稳定的社会结构来界

定"共同体"更为恰当。从社会学的角度上讲,当一群人相互交往,相处时间长得足以形成一套共有习惯和风俗,相互依赖共同完成某些目的时,就形成了共同体。[1]

20世纪80年代末90年代初,美国学者塞吉欧维尼首次将"共同体"的概念引入教育领域,他倡议将学校从"组织"转换为"学习共同体",认为这样更能激发教师、学生、领导层的发展动机,从而给学校的管理带来变化。"学习共同体"(learning community)也称为学习社区,是指一个由学习者及其助学者(包括教师、专家、辅导者等)共同构成的团体,他们彼此之间经常在学习过程中进行沟通、交流,分享各种学习资源,共同完成一定的学习任务,因而在成员之间形成了相互影响、相互促进的人际联系。与其说学习共同体是一个学习群体,不如说它是一种系统的学习环境。[2] 实际上,每一个学习共同体的成员,都是在其周围成员的共同实践、共同话语、共同的工具资源的环境中,获得他人支持,同时也支持他人的学习发展,构成自己的学习主体身份,从而促进个人智慧的成长。

(二) 学习共同体视角下的园际交互评价

学习共同体作为始生之物,其成长和发展需要相应的"土壤",一种开放、变革、合作与文化创生的文明"土壤",这使得学习共同体作为 种特定的组织或一种特殊的学习环境具备了其他组织所没有的特点。学习共同体的成员们围绕着共同的主体,使用相互认可的工具,共享着认识的方法、实践的惯例、以及由这些实践所带来的共同价值,在各种分工"做"的基础上,实现"学"和"发展"的目标。

在我们看来,园际交互评价就是这样一种学习共同体的运作实践。区域内所有参与园所围绕着幼儿园课程质量提升这个目标,应用相同的评价工具,在"课程方案"、"课程实施"、"教研活动"三个情境中不断发现问题,又各自发挥所长,相互引领、相互合作、相互支持,共同解决问题,协调实现目标。在这样的共同体形成过程中,我们看到了园际交互评价的意义与价值:

第一,文化共生。学校(包括幼儿园)发展的本质是由人际互动构建起来的。学校的管理者、教师、学生,每个人都是民主、平等的文化学习者和创造者。园际交互评价的过程,可以让参与者作为主体认识到自己在共同体当中的价值和作用,将不同的人

---

[1] 郑葳,李芒.学习共同体及其生成[J].当代教育科学,2007(04):18—22.
[2] 郑葳,李芒.学习共同体及其生成[J].当代教育科学,2007(04):18—22.

联结在一起产生共同的愿景,即相互作用下的教育质量提升。从心理学角度来看,文化共生指的是让园所中的每一位教师、园长、专家拥有使命感和归属感,认同彼此的共同信念,从而实现教育改革。

第二,对话协商。学习共同体是一个有生命的、开放式的系统,它通过"情境"与外部进行对话协商。在园际交互评价过程中,教师、管理者、专家组成了学习的共同体,依托"课程方案"、"课程实施"、"教研活动"三个情境开展对话与协商。这个过程不再是自上而下地由外部单一主体(如行政力量)主导以实现教育效果改善,而是由内而外地围绕共同的愿景和目标,由实践者本身通过内部系统在平等协作的基础上进行的教育效果改善。这个改变的重大意义在于,改善目标不再是外界强加而决定的,而是由共同体的目标驱动各成员去参与、去贡献、去反思、去行动而实现的。因为有了共同的目标,共同体也会更具有凝聚力和自主自发性,从而在教育质量的提升过程中,形成尊重、信任、协商、支持的积极氛围和发展空间。①

四、 发展性评价理论视角下的园际交互评价

(一) 发展性评价理论

发展性评价是在对奖惩性教师评价进行反思与批判的基础上,最先于 20 世纪 80 年代初期,由英国开放大学教育学院纳托尔(Latoner)和克利夫特(Clift)等人倡导的。② 从可查的公开出版物来看,发展性评价在我国最早见于 1988 年华东师范大学王斌华教授的博士论文《发展性教师评价制度研究》,随后湖南师范大学蒋建洲教授于2000 年撰写了《发展性教育评价制度的理论与实践研究》一书,该书是国内第一本比较全面地论述发展性评价的著作,至此,发展性评价开始逐步进入广大研究者的视野,而 2001 年开始实施的新课程改革又极大地推动了发展性评价研究的发展。纳托尔认为教育评价应以建构主义哲学观为基础,依据发展目标和发展价值观,制定主评者与被评者认可的发展目标,由双方共同承担实现发展目标的职责,综合运用发展性评价技术、方法和双方座谈,对被评者的教育教学过程、专业发展和绩效进行价值判断。

---

① 戴维·W.约翰逊,罗杰·T.约翰逊,著. 领导合作型学校[M]. 唐宗青等,译.上海:上海教育出版社,
 2003.
② 蒋建洲.发展性教育评价制度的理论与实践研究[M]. 长沙:湖南师范大学出版社,2000.

发展性评价理论把评价看成是一个独立和有规律发展的整体系统,每一个评价对象都是系统中的一个组成部分。因此,它给出的评价结果能够充分考虑到被评价者发展的需求,强调个体发展、学校发展与社会发展需求紧密结合,三者合一。它是在扬弃传统评价理论和借鉴新的评价理念基础上发展起来的现代评价理论,与传统评价模式在评价主体、内容、目的、方法、重点等方面均有显著差异。① 第一,在评价主体上,发展性评价注重评价主体多元化,既注重评价者的主动性,又注重被评价者的主动性,并鼓励各利益相关者如学生、家长等的积极参与。第二,在评价内容上,发展性评价注重多维度和发展性,既关注教师的显性工作,又关注教师的隐性工作。评价内容的设定既有统一标准,又关注到个体差异和不同的发展需求,为学生、教师的个性发展和特色发展提供空间。第三,在评价方法上,发展性评价注重评价方法的多样化,重视把定性评价与定量评价结合起来以适应综合评价的需要,在实践中注重丰富评价方法,如情景测验、行为观察、开放性测试等。第四,在评价目的上,发展性评价旨在使教师、学生在评价活动中不断认识自我、完善自我和发展自我。因此,评价虽关注结果,但更注重过程,它会根据教师的专业发展需求,从教学、学习、发展、创造等多个维度确定评价指标和相应的评价方案,以促进师生学习、合作、实践及创新能力的发展,促进学校需求、学生需求和教师需求的融合。第五,在评价结果上,与传统评价模式的终结性评价特点不同,发展性评价突出了形成性评价的本质特点,是一种着眼于未来的评价模式,更关注被评价者对旧有状态的改进,并致力于为教师的职业发展和素质发展提供必要机会,而这一点是建立在被评价者对评价结果和反馈意见是否认同的基础之上。

综上所述,发展性评价不以奖惩为目的,而以促进被评价者的不断发展,以面向未来,面向发展为目的。在发展性评价理论中,评价对象被赋予了解自我、发展自我、完善自我三位一体,逐步实现不同层次的发展目标,也自然而然地优化自我素质结构,自觉地发自内心地改进缺点,发扬优点,不断实现发展目标的过程。其核心特征体现为"以发展为本",具体包含两层主要含义,一指评价以促进评价对象超越自我为价值取向,促进自身发展为目的;二指评价理念和评价指标体系的不断发展。

(二)发展性评价理论视角下的园际交互评价

与传统评价模式强调教育结果不同,发展性评价强调以评价对象在整个教育过程

① 高鹏怀,马素林.发展性评价:提升思想政治理论课教学质量的重要绩效工具[J].思想理论教育导刊,2008(01):75—79.

中的表现作为评价的主要内容,强调人在评价过程中的主体能动性,鼓励被评者主动参与评价,以此激励被评者的积极性,推动被评者的职业发展。其最重要的价值在于实现了三个重要转变:在评价目的方面,实现从甄别选拔到重视发展的转变;在评价功能方面,实现从重视评价的监督功能到重视评价的激励功能的转变;在评价主体与评价对象的

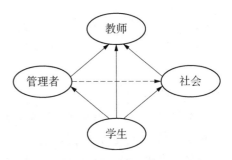

图 2-2　多维度的发展性评价系统

关系方面,实现从单向到多向的转变,增强评价主体间的沟通与互动,形成管理者、教师、学生、家长、社区和专家等共同参与的多元评价主体,并以多渠道信息反馈促进教师发展,建立起自评与互评相结合的评价体系,使被评价者融入评价过程之中。这为我们开展园际交互评价提供了重要的理论支持和价值参照。

在园际交互评价实践过程中,开放园所的教师开放活动现场,参与园所依据评价指标对各园课程方案、课程实施和教研活动质量予以评估,评价主体并非对教师的教育教学质量进行监督和控制,更多的是利用专业的视角来交流和讨论如何提高教学和互动质量、完善教师的教学行为,在平等交流中讨论课程与教学的实施策略和改进方法。在这一过程中,教师会基于已有经验、立足当下实际,面向自身的专业发展,也致力于使幼儿从中体验到更适宜的学习。这是因为,教师们在明晰实践现状的基础上,会通过他评和自我反思改进自身的教育教学实践行为,自觉自发地了解自我、发展自我、完善自我,促进自身更好的专业发展。另一方面,在园际交互评价实践中,教师们会逐渐形成共研团队,即教研共同体,并在此过程中不断完善评价理念和评价指标,使其随着实践而不断深化,这样一来,评价理念和指标就会基于循环调适,实现动态优化。

第二节　幼儿园教育质量评价的指标体系分析

幼儿园教育质量评价是一个动态发展的过程,评价结果和成效离不开科学的评估体系和指标。纵观国内外现有的文献和研究,各个国家、地区和组织都在尝试依据本国的实际情况,构建科学的教育监测和评估体系,课程质量评价是幼儿园教育质量评价的重要组成部分。以下对国内外有关幼儿园教育质量评价指标体系的研究进行了梳理,以期对我们开展本课题研究提供一些启示。

一、 国内外幼儿园教育质量监测体系的研究

（一）国外幼儿园教育质量监测体系的研究

美国幼儿教育协会(National Association for the Education of Young Children)下属的早期儿童机构评价委员会是美国最具权威的专业评价与监测组织,该机构早在2006年就已全面运行NAEYC《幼儿教育机构质量标准与认证体系》,并在此基础上不断实践与开发,形成了《评价实施细则》。该体系具有系统的评价内容、"以儿童为中心"的评价理念、强调"发展性"评价的标准,被认为是美国服务儿童早期教育机构质量认证的具有专业性、引领性和实用性的标准。[①]

英国于2008年颁布了《早期基础奠基阶段法定框架》(Early Years Foundation Stage),从幼儿的身体发育、个性、社会与情感发展等七大领域对儿童发展进行评价,同时作为教育质量评估的重要参考。谭娟认为该标准具有儿童本位的教育理念,对于教育质量与公平、教育评价等方面有一定的启示作用。[②]

2012年1月起,澳大利亚正式实施《早期儿童教育与保育国家质量标准框架》,从教育活动与实践、儿童健康与安全、物理环境、人员安排、与儿童的关系、与家庭和社区的合作伙伴关系、领导与服务管理七个子领域,构建学前教育质量监测体系。王芳等人认为,该框架对构建我国学前教育质量监测体系有重要启示,尤其在评价指标设定、

① 张司仪. NAEYC幼教机构质量认证体系的评价思想及其启示[J]. 学前教育研究,2013(09):15—20.
② 谭娟. 英国学前教育改革战略新走向——《早期奠基阶段教育指导纲要》述评[J]. 早期教育(教科研版),2013(10):2—5.

建设教师专业发展支架和评价主体多元化三个方面。^①

2010年,新加坡实施《学前教育评估框架》,通过领导力、行政管理、教师发展与管理、计划制度、课程与保育、安全与健康六个维度,将幼儿园教育质量划分为三个表现水平,五个分数等级,这对我国学前教育质量监测体系的建立有重要影响。

(二)国内幼儿园教育质量监测体系的研究

在我国,早前对于学前教育质量的研究没有获得充分的开展。近些年来,随着国家对学前教育的重视逐步提升,加上一系列文件的出台,使得我国学前教育质量监测体系建构工作逐渐步入正轨。

2012年,由庞丽娟、洪秀敏主编的《中国学前教育发展报告》出版,该报告梳理了改革开放以来,我国学前教育事业发展的基本阶段与特点,分析了当前学前教育事业改革与发展的大事件与新视点,并通过实证案例的方式总结和分享了各地在改革和发展过程中遇到的问题与解决的办法。^② 随之,教育部颁发了《3—6岁儿童学习与发展指南》,为我国学前教育的发展提供了价值引导。

2015年,由中国学前教育发展报告课题组编著的《中国学前教育报告》出版,首次采用数据的方式呈现我国学前教育发展概况,对我国当前学前教育的普及程度、师资队伍、财政投入、办学条件等进行了指数研究,并构建了相应的评价指标,提出了学前教育改革和发展的对策和建议。^③

随着研究的发展,越来越多的学者关注到学前教育质量监测的重要,学者们提出,要建立基于"过程性质量"的国家性学前教育质量标准和评估工具,落实学前教育质量监测及系统化提升的重要途径,建立政府、机构、社会三位一体的教育质量评估系统,协同提升学前教育质量。^④

---

① 王芳. 澳大利亚《早期儿童教育与保育国家质量标准》研究[D]. 西南大学,2012.
② 庞丽娟,洪秀敏. 中国学前教育发展报告[M]. 北京:北京师范大学出版社,2012.
③ 高丙成. 中国学前教育发展指数报告[M]. 北京:北京师范大学出版社,2015.
④ 朱璟. 幼儿园教育质量监控系统的构建策略研究[D]. 东北师范大学,2013.

二、 国内外幼儿园教育质量评估工具及指标体系的研究

（一）国外常用评估工具及指标的研究

1. 美国幼儿教育协会(NAEYC)关于高质量幼教机构的评价标准

美国高质量幼教机构的评价标准,是由美国幼儿教育协会在1991年修订和颁布的认证标准。该标准共有十个方面的内容,每一方面都包括了目的、理论依据及具体的评价指标(以十个方面中的第一个方面"工作人员与儿童的相互作用"为例,详见表2-1),旨在帮助教师提高幼儿教育的质量,帮助家长确认高质量的幼教机构。

表2-1　美国幼儿教育协会关于高质量幼教机构的评价标准
（以"工作人员与儿童的相互作用"为例）

项目	内　　容
目的	工作人员与儿童的相互作用为儿童提供了一个理解自己与他人的机会。这种相互作用应该以温馨、尊重幼儿个性和个体、积极鼓励幼儿和对幼儿的积极反应为特征。工作人员应鼓励幼儿之间的交往,为幼儿提供发展社会技能和智力的机会。
理论依据	儿童发展的各个方面(社会性、情感、认知和身体)是一个整体。儿童所有方面的最佳发展是在与成人积极地、激励地互动以及个别交往中获得的。同时,幼儿也能通过同伴交往获得社会性和智力上的发展。
评价指标	1. 经常通过各种方法与幼儿交往。比如,微笑、抚摸、拥抱、谈话,特别是在幼儿入园、离园和替婴儿换尿布以及喂饭的时候。 2. 工作人员应该在儿童视力可及的地方,并且对儿童做出反应。 3. 工作人员要注意与儿童的谈话方式,要用友好、积极礼貌的态度。 …… 11. 鼓励儿童用语言表达感情和思想。

2. 美国幼儿学习环境评量表(ECERS)

哈姆斯·克利福德(Harms Clifford)环境评价量表,又称《幼儿学习环境评量表(ECERS)》,包括其修订版美国儿童早期教育环境评估量表(ECERS-R)(2005版)也是由北卡罗来纳州立大学和弗兰克·波特·格雷汉姆(Frank Porter Craham)儿童早期发展研究所联合修订,该量表根据相关使用者的评价和反馈,同时又聚焦NAEYC高质量幼儿教育机构评价标准,重点关注文化多样性、家庭关注点以及儿童个人成长的

需求。该评价体系共有七个大项，下设 42 个子项，每个项目的评价共有七个等级。运用该量表来评估早教机构时，需要评估者组成一个评估小组，根据实际的观察和访谈结果，在每一个项目下面打分，并在观察与提问中填写量表内容，进行教育质量的评价。刘焱等认为这一量表可操作性强，评价内容结构合理，有利于幼儿园教师进行自我评价，且具有较高的信度和效度等特点。[①]

表 2-2　幼儿学习环境评量表（ECERS）架构

项目	内　容
空间和设备	室内空间/生活游戏学习/设备/游戏材料/私人空间/儿童相关/儿童户外游戏空间/户外游戏设备/供休息和放松的家具
个人护理常规	见面/离开/餐点/午睡和休息/如厕/尿布健康实践活动安全练习
语言—推理	书籍和图片/鼓励儿童交流运用/语言发展推理能力/日常用语
活动	户外游戏/艺术/音乐律动/积木/沙水/戏剧表演/数学/自然科学/电子产品使用/多元文化介绍
互动	户外活动/监管日常活动/监管纪律师幼互动、幼幼互动
项目活动结构	日程表/自由游戏小组活动时间/残疾儿童守则
家长和教师	家长和教师家长/教师个人守则/教师专业守则/教师间的合作与互助/教师监督与评价专业成长和晋升机会

3. 德国《儿童日托机构教育质量：国家标准》

《儿童日托机构教育质量：国家标准》由德国高校、科研机构及 250 多家园所参与。在该质量评测规范的建设过程中，相关研究团队对当前的科研成果、幼教理论进行了深入的研究分析；对幼儿园一线工作人员和家长进行了广泛的问卷调研；参考了国际常用的幼儿教育质量评测标准，最终制定出该教育质量监测标准。该标准从"导向质量"、"结构质量"、"过程质量"以及"结果质量（儿童与家庭）"来综合考量园所的质量建设。把学前机构的教育质量分为两个方面，首先把园所的教育工作划分为 20 个质量领域，每一个质量领域都以 6 个视角为出发点展开阐述，帮助教师理解如何进行工作实践，应该掌握哪些教育行为，框架如表 2-3 所示。郭良菁通过对多国《儿童日托机构的教育质量：国家标准集》的制作过程进行分析，详细剖析了托幼机构质量归

---

① 刘焱，等."托幼机构环境评价量表"述评[J]. 学前教育研究,1998(03)：18—20.

属的 5 个层次和 20 个领域,并指出,在该标准集基础上制定的"质量评价量表"并不用于对机构间的教育质量进行比较,而是为了给幼教领域的各层次专业人员思考和改进自己的实践及进行交流提供一个参照系和指南。[①]

表 2-3 德国《儿童日托机构教育质量:国家标准》架构

项目	内容
环境设置需要满足的条件	主要考虑园所室内与室外的环境创设是否符合儿童在该领域的发展需求,能否为儿童提供丰富的尝试机会,儿童是否有机会独立活动以及与其他幼儿共同游戏等。
师幼互动	结合每个领域的幼儿发展需求,教师需要有意识地保持与每个幼儿的联系。这里主要包含三个方面的内容,首先是观察,然后是与幼儿沟通和互动的主动性,以及判断是否要采取帮助性的干预来促进幼儿能力发展。
工作计划	有计划的工作并不意味着死板的规则和没有灵活性的活动安排。这里强调了教师在安排总体计划时,需要考虑实现细化需要的基本条件,并介绍了如何进行记录。
对游戏和教学材料的应用	幼儿在不同的发展领域需要哪些玩具或材料;这些材料如何规划;如何在幼儿园日常生活中灵活使用这些材料。
个性化	教师要理解并尊重每个幼儿的个性特点和发展状况,为幼儿创造环境和机会发展自己的兴趣和需求。
参与	教师要给幼儿机会参与日常活动的计划和安排,懂得幼儿是积极的行为主体,让幼儿成为安排自己一日活动的一分子,培养其责任感,让其感受个体与群体的平衡关系。

(二)国内常用评估工具及指标的研究

1.《中国幼儿园教育质量评价量表》

《中国幼儿园教育质量评价量表》是我国学者刘焱自主研发出版的幼儿园教育质量评价工具,包括三套量表:《中国幼儿园教育质量评价量表(城市版)》、《中国幼儿园教育质量评价量表(城乡版)》和《中国幼儿园教师班级保教工作质量评价量表》。

《中国幼儿园教育质量评价量表》以中华人民共和国教育部颁布的《幼儿园教育指导纲要(试行)》、《幼儿园教职工配备标准(暂行)》、《幼儿园教师专业标准(试行)》、《幼

---

① 郭良菁. 德国研制《儿童日托机构的教育质量:国家标准集》的启示——兼论我国制订质量评价标准体系的若干问题[J]. 学前教育研究,2004(09):58—60.

儿园工作规程》等为指导,在广泛征求幼儿园园长和保教工作人员意见基础上形成,适合当前我国幼儿园教育改革与发展实际情况,具有较强的引领性和可操作性。该工具考察的是幼儿园教育质量,包括静态的条件质量和动态的过程质量。每份量表分为多个子量表,从环境的创设与利用、一日生活的组织与保育、游戏活动的支持与引导、教育活动的计划与实施、人际互动等方面,分五个等级提供评价指标。

2.《中国托幼机构教育质量评价量表》(CECERS)

《中国托幼机构教育质量评价量表》(CECERS)是由我国杭州师范大学李克建教授、胡碧颖教授在借鉴美国《幼儿学习环境评量表》的实证研究基础之上合作编制的。该量表一共分为七个量表,包括:空间与设施、幼儿保育、集体教育活动、幼儿游戏材料与活动、互动、一日活动、家长与教师支持,共计 52 个指标条目。研究表明,该量表能较好地区分幼儿园教育质量的差别,符合中国幼儿园的质量评估需要。[①] 但因研究的复杂性和研究保密原则,该研究工具还未公开发表与大规模应用。

三、 已有研究对幼儿园课程质量评价的启示

(一) 幼儿园课程质量评价的必要性

监测体系的构建和评价工具的使用反映了国际范围内对学前教育质量提升的广泛关注。纵观国内外关于幼儿园教育质量的研究可见,不同国家的监测体系设立虽不尽相同,但在基本的价值观念和教育评价理念上趋同。从评价目的上讲,都集中于促进儿童发展、教师发展和政策推动;从评价内容上讲,都聚焦在服务评价(环境评价)、教师评价、儿童评价;从评价体系上讲,都考量了幼儿园或早期教育结构静态的基础设施和物质条件,以及动态的过程质量。

但不难发现,已有的监测体系和研究工具在一定程度上都分别有所侧重,如在监测体系中会更多强调幼儿发展的结果,而在研究工具中则对客观的、静态的环境、物质条件的评量较多。这确实从一定层面上反映了幼儿园教育质量,但也忽略了一项重要的内容——课程实施。教育本身就是一种带有目的性、组织性的实践活动的过程。聚焦在学校、园所,教育就是通过课程来反映的。因此,课程质量是教育质量中的软实

---

① 陈佳丽.《中国托幼机构教育质量评价量表(试用版)》的试用研究[D]. 浙江师范大学,2004.

力,课程实施是教育监测制度建立的一个基本前提,也是幼儿由生理性发展到社会性发展的重要媒介,而缺乏对幼儿园课程评价的幼儿园教育质量的研究是不完整的。

教育质量的研究学者瑞典教育家托斯坦·胡森解释道:"质量是教育的产品,而并非是生产该产品的过程及资源。"即质量关注的是学校中实施的教育目标达到了什么样的程度。我国对幼儿园教育质量已经有了较为明确的定义,即指"幼儿园教育活动(广义)是否能够满足幼儿身心健康发展及其需要的程度。满足程度越高,教育质量越高,反之,满足程度越低,教育质量越低。这一考量包括幼儿园总体状况,幼儿班级状况,教师对幼儿半日活动安排,幼儿活动,教师行为,师幼互动,幼儿发展,教师教育观念与行为意识,幼儿家庭与教养状况,区(县)幼教状况十个大类"。正如刘占兰教授在研究中指出,幼儿园教育质量主要通过班级质量(班级环境和活动质量)体现,而教师和儿童的行为应成为评价的核心内容和核心变量。[①] 同时,在所有幼儿园教育质量的可能影响因素中,课程是学校办学的生命线,蕴含着深厚的教育智慧和专业化技能,是实现教育目标的基本途径。世界经合组织(OECD)提出的学前教育质量的五个领域中,课程有着重要地位。在幼儿园层面,教育质量的实现与课程的建设实施紧密相关。历史一再证明,没有高质量的课程,就没有优质的幼儿教育。因此,本书将幼儿园教育质量重点聚焦在课程质量上。

因此,综合已有的研究基础,同时考虑到研究对象的有限性和可操作性,我们必须在众多研究变量中选点突破,最终本书选取了课程方案、课程实施和教研活动三大切入点作为研究幼儿园课程质量评价的关键指征。首先,课程方案、课程实施、教研活动最能体现园际交互评价的特质,也是最有必要开展园际交互评价实践的具体内容。其次,从三者关系上看,课程方案是学校教育教学活动的基本依据,园本课程设计的科学性、系统性直接影响教师领悟和实施的课程质量,并反映在教师的行为上;课程实施既能反映教师的教育理念和教学行为,呈现教师领悟和实施的课程为何,也能通过儿童的行为表现去探寻儿童体验到的课程为何;教研活动是连接幼儿园课程方案与教师课程实施之间的"媒介"与工具,它既是教师专业发展的主渠道,也是教师育人成效的重要保障。最后,从扬优克难的角度来思考,课程方案和课程实施关注交互园所优势课程的引领、推广与辐射作用,侧重扬优,而教研活动则是园长和教师的实践"痛点",成

---

① 刘占兰.我国幼儿园教育质量的现状——与1992年幼儿园质量状况比较[J]. 学前教育研究,2012(02):
　　5—12.

为我们尤其需要攻克的重难点问题。

（二）课程评价工具和方式的本土化和适宜性

国内外较为先进的托幼机构教育质量评价工具虽各有不同，但仍有诸多共性特征：从评价工具的使用方式上讲，以观察评定和叙事性评价为主；从评价主体上讲，强调多元参与、共同协商；从指标设立上讲，更加偏重动态过程性质量的具体、可操作性描述。这样的指标设立既可以为监测评估提供数据支持，又可以为教师的行为改进提供依据。

由此，关于如何研发科学规范的幼儿园课程质量评价指标，我们有如下思考：首先，在指标制定过程中应当充分学习、依据上位指南确定监控指标的"价值观"，如《3—6 岁儿童学习与发展指南》、《上海市幼儿园保教质量评价指南》、《宝山区幼儿园保教质量评价与监测指南（试行）》等上位指导文件，同时可参考《幼儿园教育指导纲要（试行）》、上海市学前教育教师参考用书（实验本）《生活活动》、《运动》、《学习活动》、《游戏活动》等。其次，可以参考质量评价领域较为权威的研究结果，在做了前期调研后，我们决定围绕"课程方案"、"课程实施"、"教研活动"三个子领域，重点考察幼儿园教育中动态的过程性质量。参考诸如 ECERS-R（幼儿学习环境评量表）、ECERS-E（课程增订本）、《幼儿园教育环境质量评价表》（北师大刘焱教授）和《幼儿园教育质量评价手册》（中国教育科学院刘占兰教授）等，从而确定评价指标的维度和变量。再次，要针对各幼儿园的优势领域，抽取"优"的共性特质，形成易于教师观察、评价的描述性指标。最后，要充分尊重不同幼儿园的个体差异与独特特征，进行园本化的调整与完善，如此一来，便可在充分保证监控指标科学规范的基础上，形成不同幼儿园独一无二的课程质量评价指标。

第三节　园际交互评价的内涵与特征

一、园际交互评价的概念脉络

（一）交互性

　　交互，指替换着；互相；彼此。语出《京氏易传·震》："震分阴阳，交互用事。"交互，即交流互动。交互性是一个比较广泛的概念，常运用在不同的领域。交互（interactive）最常运用在计算机领域，意为参与活动的对象，可以相互交流，双方面互动。交互的过程是一个输入和输出的过程，人通过人机界面向计算机输入指令，计算机经过处理后把输出结果呈现给用户。人和计算机之间的输入和输出的形式是多种多样的，因此交互的形式也是多样化的。交互的实现主要指通过某个具有交互功能的互联网平台，让用户在平台上不仅可以获得相关资讯、信息或服务，还能使用户与用户之间或用户与平台之间相互交流与活动，从而碰撞出更多的创意、思想和需求等。

（二）交互式评价

　　本书提及的交互式评价模式主要源于南京师范大学朱雪梅教授提出的"多元交互式"课堂教学评价。这种多元交互式的教学评价方式是指，包括学生在内的观察者与执教者依据标准与教学观察，对教与学的过程及成效进行交互共建的结构化价值判断系统。其中，"多元"指评价主体、目标、内容、方式是多样的；"交互"指评价者与评价对象、过程与结果、教与学之间的互动交往。[①] 其核心观点是"教—学—评"一体化，认为评价是镶嵌于教学体系中不可分割的部分，是多元主体之间相互学习、彼此促进、共同建构的过程。"多元交互式"课堂教学评价是一个研究共同体有目的、有组织、有依据的评估活动，评估方式会根据角色的差异而有所侧重，如专家诊断性评估、同行研究性评估、执教者反思性评估、学生习得性评估，从而形成多元主体相互协作、交互的良好氛围。"多元交互式"课堂教学评价是基于证据采集的行动研究，即依据定量与定性相结合的观察表，获取表现性行为数据与信息，对偏差性教学行为，建立以人为本的"评

---

① 朱雪梅. 如何评价"多元交互式"课堂教学[N]. 中国教育报，2020 - 2 - 21.

估—指导—塑造—再评估"循环跟进式行为矫正路径,从行为评估、行为指导、行为重塑等三个维度构建矫正策略。其中,"评估"是基于课堂观察进行诊断与分析,"指导"是基于行为标准制定改进方案,"塑造"是基于课堂实践施行刺激与强化。评价研究的目的是在结构化的项目实施过程中,解决存在的问题,促进人的发展。"多元交互式"课堂教学评价平台是集观课、评估、科研、管理等功能于一体的评价工具,通过嵌入供专家、同行、学生和执教者等多元主体选择使用的各类课堂观察工具量表,利用手机、平板电脑与计算机等移动终端,采用行为编码方式在听课过程中采集教与学的表现性数据信息,通过后台计算与图形化处理后,直接为评估结论提供客观的量化证据,并生成定量与定性相结合的可视化决策报告,从而实现科学的课堂诊断。

基于多元交互式教学评价的理论与内涵,我们提出了课程质量的园际交互评价,力图在参与研究的幼儿园之间,形成一个学习共同体,并进行有目的、有组织、有计划的幼儿园课程质量互评,相互协作、交流学习,以评促进,不断提升自身的课程与教学质量,最终实现促进儿童的全面发展。

二、 园际交互评价的内涵意蕴

园际交互评价,是上海市宝山区七色花艺术幼儿园提出的幼儿园课程质量保障共同体建设的创新主张,该评价模式力图建构起一个以本园为中心的实践智慧体系,创新幼儿园课程质量提升新路径,形成我们的品牌,它也是我们尝试突破课程质量行政监控和自主监控的二维路径,探索出的"第三条路"——园际(被评价者之间)交互评价的共同体行动。

园际交互评价为幼儿园的课程质量评价提供了平行的、多元化的专业视角,该评价模式秉承多一面镜子、多一双眼睛的理念,借助不同主体的专业眼光,帮各园"拼"出课程质量的真实"全貌",并互为引导、互补互促,最终集众人智识、谋共赢发展、提课程质量。

我们对"园际交互评价"做了如下界定:根据评价标准,几所处于不同发展层次或发展阶段的幼儿园之间自主开展课程质量的自我诊断和相互诊断,在相互学习中发现自身的优势与不足,寻求有针对性的改进策略,并跟进教育行为的持续优化,进而达到提高课程质量、助力幼儿身心发展的目的。具体而言,第一,园际交互的过程不仅仅是互评的过程,也是各个园所对照评价指标,进行自我诊断和自我评价的过程;第二,以基层幼儿园为单位开展交互评价的主体是园所本身,评价主体的承担者就是教师,我们需要不断激发教师的质量意识,引发教师的自我反思和主动改进,并注重让交互评价成为园际间教师交流经验、共研共训的平台;第三,我们强调各园优势的辐射以及园所间的相互学习与取长补短,这也为我们在共研中选取每所幼儿园的优势课程模块作为交互评价的内容埋下伏笔。

三、 园际交互评价的主要特征

（一）信息共享与实践改进相结合

本书的园际交互评价,并不仅仅局限于评价主体依据评价指标对被评对象作出评价判断和结果反馈,更重要的是充分发挥评价主体间的调节和改善功能,通过对被评对象的观察评价、访谈反馈,实现评价结果在共同体的团队共享,继而促进被评对象的调整改进、实践运用。共研小组通过现场沟通、论坛交流、专家指导、QQ群、微信公众号等丰富多样的活动形式,将本园的相关文献资料、园本设计和实施方案、评价结果等各类信息在团队间进行分享交流、互动研讨,使其真正成为共同体的智慧共识,也成为后续教师教育教学行为改进的实践依循。

这种评价以"课程方案、课程实施、教研活动"作为幼儿园课程质量的重要指征,其中,参与项目研究的各园所会轮流开放现场活动,通过活动前的设计与准备、活动中的研讨与诊断、活动后的反馈与优化的循环过程,晒出自己的亮点与特色、发现自己的问题与不足,并不断调整完善本园实践。同时,任何一所轮值园开放现场活动时,都把别人作为一面镜子,通过"照镜子"活动,既"照亮"自己的优势、又"照出"自己的问题,更"照射"出他人的优势,从而学以致用,改进自身实践,实现不同园所之间持续的循环改进。

（二）动态生成与持续优化相结合

评价指标体系是开展评价的重要前提之一,是保障客观评价的重要依据。我们在开发评价指标时,首先依据上位指南确定评价指标的"价值观";其次,参考教育评价领域较为权威的研究结果,确定评价指标的维度和变量;再次,抽取各园"优"的共性特质,形成易于教师观察、评价的典型性行为描述标准;最后,尊重不同幼儿园的个体发展特征,在充分保证评价指标科学规范的基础上,形成不同幼儿园的课程质量评价指标。

正如评价指标的制定过程不是一蹴而就的,评价指标本身也不是一成不变的。借鉴美国课程学者辛德尔、波林和扎姆沃特提出的三大课程实施基本取向——忠实取向、相互适应取向与课程创生取向,我们也充分意识到评价指标是在不断的实践运作过程中加以调整完善和持续优化的。一方面,我们将开发的评价指标用以开展试水阶段指向课程方案质量的园际交互评价实践,在使用过程中发现问题、调整指标,并将调整后的指标作为深化阶段指向课程实施质量的园际交互评价指标参照。另一方面,从文献综述和调研分析中可知,幼儿园开展教育质量评价最重要的主体是教师,所以我们在做"园际互评"的同时,增加了"教师自诊",并及时调整了"园际互评"与"教师自诊"指标,体现指标的持续改进以促进互评过程的不断提升,凸显"平等互评"的反馈与调节作用。此外,为保证评价指标的科学性和规范性,在拓展阶段指向教研活动质量的园际交互评价中,我们还采用了专家评定法,借助市区级教育专家、学者,以及区域内各幼儿园园长和骨干教师的专业力量,共同对指标的合理性及科学性加以诊断。

(三) 主体激发与赋能增能相结合

在园际交互评价过程中,教师既是被评价者,也是评价主体。通过一次次晒、研、评的循环实践,他们的主体性和能动性得到充分激活。当教师作为评价主体时,他/她需要充分理解评价指标的内涵,提高自身质量意识,这样才可能对他人做出适切的评价;同时,他们也会通过对照指标开展自评,明晰自己的不足、改进方向及自己在群体中的位置;充分吸取他人优势,用于改进自身实践。当教师作为被评对象时,他们会通过他人具体的、描述性的、可操作性的评价结果反馈,收获"另一面镜子、另一双眼睛",最大可能地消解自己"身在其中而不觉"的无意识状态所带来的行动迟缓与行为失察。

为激发教师主体性,推进共研园所协同实践,我们采取了以下做法:首先,每次轮值园开放现场前,引领园的中心组成员与轮值园课题组成员多次研讨,确定活动主题、活动预案、规格设计等,通过一次次研前共学保障整个现场评价过程的科学性和有效性,也帮助教师更好地理解评价指标;其次,通过组织开展园际共研、论坛交流活动,为教师搭建共享共进的研讨与展示平台;更重要的是,对于教师而言,每参加一次晒、研、评的园际平行交互评价活动,就是一次生动鲜活的浸润式培训,这可以为教师提供赋能增能的可能、搭建赋能增能的平台,激起教师对研究的渴求与改进。

第三章　园际交互评价的系统建构

教育理念是教育主体关于教育发展的一种理想化、导向性、前瞻性的范型,它反映了教育的本质特点,从根本上回答为什么要办教育,办什么样的教育,是一种教育价值取向的反映、体现和追求。① 所以说,在尝试构建幼儿园课程质量园际交互评价方案之前,必须让全体参与研究的成员明确园际交互评价理念的价值导向,帮助其明确研究的价值旨归与愿景方向,也有助于在方案的设计与实施过程中建立起不同评价主体之间的行为一致性。

在费孝通《"美美与共"和人类文明》一文中提出"各美其美,美人之美,美美与共,天下大同"的观点启发下,上海市宝山区七色花艺术幼儿园牵头区域内十余所幼儿园先试先行,开展园际交互评价的探索与实践,希望将园际交互评价转化为对幼儿园课程方案、课程实施和教研活动质量发展与提升的激励机制,通过园际交互评价共同体的行动促进幼儿的身心发展、教师的专业成长、园本课程建设和教研活动质量的提升与发展。对共同参与研究的各个园所和教师而言,平行互评既不是监督和管理,也不是比较和衡量,而是协商与研讨,是共享与交流,是激励与期望。

如图 3-1 所示,秉持"平等中的首席"这一核心思想,共研园所围绕课程方案、课程实施和教研活动的质量开展一轮又一轮的园际交互评价实践。随着评价内容的变化,评价主体由专家组现场观诊共同体转向小组式交互诊断共同体和联盟园循环会诊共同体;评价流程从指向课程方案质量评价的"听—观—评"转向指向课程实施质量评价的"晒—研—合",再到指向教研活动质量评价的"观—诊—疗";评价指标维度也从试水阶段关注课程方案设计、教师课程实施和幼儿身心发展转向深化阶段关注班级课程环境建设、教师课程实施能力和幼儿身心发展表现,再到拓展阶段关注教研主题、教研形式、教研过程和教研效果四大维度。在开展园际交互评价的循环实践过程中,构建了园际共研和论坛交流两大运行机制。同时,依托信息共享平台的建立和运作,运用大数据实时多维监测各园课程质量的实际状况。如此一来,各园都能在课程与教学质量提升上有所突破,让一个个园所扬帆远航,让一个个孩子绚丽绽放,最终实现我们"七色花开,美美与共;筑梦未来,园园协同"的终极目标。

---

① 陈桂生."教育学视界"辨析[M].上海:华东师范大学出版社,1997:4—12.

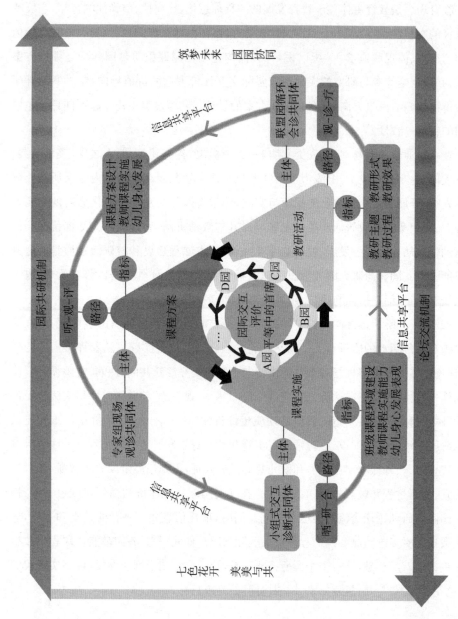

图 3 - 1 园际交互评价的系统设计与操作展开

第一节　重构对象关系　确立主体角色

在园际交互评价过程中,教师既是被评对象,也是评价主体,我们致力于让行动者成为评价者,让评价者成为研究者。园际交互评价具有平行比较和衡量诊断功能,即以明确的标准衡量被评对象,让被评者明确评价理念和评价指标,并清晰地意识到对指标的达成度以及可以提升的空间,充分发挥平行互评行为的诊断和定位的功能。同时,园际交互评价实践也是协商与研讨,是共享与交流的过程,通过一次次晒、研、评的循环实践,教师在交流与协商的过程中,充分激活自身的主体性和能动性,在诊断自我和他人不足的同时,感受进步,体验成功,通过共享与交流的平台,明确自己的进步方向,共同建构保障自身进步的平台。除此之外,园际交互评价更是激励和期望,即评价标准是对被评对象隐性的发展目标,评价是让被评对象"感受期待",是皮格马利翁效应发挥作用的过程,教师能够在评价实践中获得激励及努力的动力。如此一来,教师就成为了"潜在的行动者"、"评价的实践者"和"标准的研究者",通过园际交互评价实践,被评者会了解到自身的不足、要点,有方向,从中收获动力与支持,从而自觉自发地开展课程质量自诊和互诊,并将诊断结果用于自身实践改进,不断调整优化自己的教育教学行为,最终助力幼儿身心发展、自身专业成长和幼儿园内涵建设。总的来说,园际互评共同体中的各个幼儿园及幼儿园的教师既是评价的主体,也要接受评价,园所之间是一种主体间性的关系,在评价与被评价的交互过程中成长。具体来说,一方面在评价其他园所的过程中,不断深入地理解评价的理念和指标体系,从而"照镜子"式地反思自身的教育行为;另一方面,在共同研讨的被评过程中,接收到来自其他园所专业视角的意见和建议,在改善中实现质量提升。

以宝山区青秀城幼儿园陆倩园长为例,她既是"兰馨社"教研联盟以外被卷入的一名观摩者,也是评价者及行动者。青秀城幼儿园虽没有作为共研园所参与课题研究,但陆园长却观摩了拓展阶段每一次的现场教研活动,并写了心得体会:"园际交互式教研评价活动,是每一位教师专业经历和成长的阵地。我们的干部带教基地中,更是有一个园际交互开展教研活动的好地方,那就是基地导师特级园长魏群领衔的'兰馨社'。有区域内多个志同道合的幼儿园参与其中,该社主要通过联动教研的方式研讨幼儿园课程的发展、教师的发展等。我作为一名学员,既是这些教研活动的'观摩者',

也是'学习者',更是自己幼儿园教研工作开展的'践行者'。在观摩学习、反思实践教研的过程中,我发现一个在幼儿园很具有普遍性,又对教研活动的有效性能产生重要影响的因素,那便是'教研跑没跑题'。"在观摩学习的过程中,陆园长发现,若要做到教研"不跑题",首先要有准确到位的教研主题,其次要有有备而来的教研思考,第三要有迷途知返的教研调控,第四要有契合主题的教研实证,最后要有全面专业的教育认知。

一、 重构对象关系

每所幼儿园都有不同的办园基础,且处于不同的发展阶段,同时各园也具备自身的发展优势及特色亮点。那么,如何让各所幼儿园的发展优势更为突出、特色亮点更为凸显,发挥其引领示范作用,从而对他园产生积极影响及辐射作用,带动园际间及区域教育质量的共同提升,这是值得我们思考的研究话题。基于幼儿园教育质量提升的共同愿景,我们历经了聚焦课程方案、课程实施和教研活动质量的三轮园际交互评价共同体实践,不同发展层次的园所开放活动现场,同时为共研园所与共研小组教师搭建交流与展示的平台,让每一个园所与每一位教师能够表达自己在共研中的观点与收获,"晒"出自己的问题与困惑,从而让园际交互评价真正成为课题组成员相互之间取长补短、交流分享、发现问题、解决问题的绝佳平台。

在园际交互的视阈下谈论不同园所之间的关系问题时,因为它们身兼评价主体和评价对象的双重身份,所以我们提出"平等中的首席"这一概念来尝试重构研究过程中共研园所的关系。事实上,"平等中的首席"(first among the equals)这一概念最初由多尔提出,是关于教师形象从师道尊严的权威者转变的结果。它的第一层涵义是教师虽然是"first",但教师是"the equals"中的一员,换言之,教师与学生共同构成"the equals",教师与学生,首先是平等者,即教师与学生平等。第二层涵义是教师与学生虽然是平等者,但教师还是平等者中的首席,这是由教师是教学情境中的领导者所决定的。正如多尔所说:在情境性框架之中,教师是内在于情境的领导者,而不是外在的专制者(无论多么仁慈)。作为平等中的首席,教师的作用没有被抛弃,而是得以重新构建,从外在于学生情境转化为与这一情境共存,权威也转入情境之中。而"平等中的首席"形象要成为可能,就要以对话为基础,通过关切而富有批判性的发生于社区之中的对话。①

这一概念对于我们理解不同园所在园际教育交互评价实践中的关系提供了极大启发。所谓"平等",是指所有园所在课题研究与实践推进的过程中都是在一种友好、和谐、平等、有爱的良好氛围中,都是研究共同体中的一分子。所谓"首席",有两层主要含义。一方面,七色花艺术幼儿园作为课题引领园,将区域内十几所不同发展层次的幼儿园纳入共研团队,在某种程度上说,七色花可以被称为"首席"。另一方面,在课题研究的过程中,"首席"的位置在跟随不同阶段的具体实践而不断轮换,既有轮值也有更迭。具体来说,在实践推进的试水阶段,研究团队关注幼儿园课程方案的质量,基于全体共研园所的智慧共识,大家共同抽取各园的优势课程板块,这也是肯定了该园在这个课程领域的优势和专长地位,可称之为"首席",例如青苹果幼儿园是个别化学习活动课程领域的"首席"。深化阶段,我们关注课程实施的质量,组建六个共研小组,由优势园在该领域的特长教师担任组长,这时"首席"也随着我们所要评价的课程领域不同而有所轮换。拓展阶段,我们关注各园教研活动质量,每次开放教研现场的轮值园就是"首席",从活动前的预案设计、确立研点,到活动中的活动主持、开放教研现场、进行活动自诊、接受与引领园的教研组长"开开杠"以及与引领园的保教主任"对对碰",再到活动后的小结、简报撰写、基于诊断报告的改进方案等,这一系列过程都充分彰显了轮值园作为这场活动的"首席"地位。当然,不同园所的优势课程领域和板块会随着不断的深入研究而有所变化,在未来可能会有"新首席"取代在这一领域"老首席"的地位。但无论"首席"的具体归属如何轮换或更迭,在这样一个园际共研的平台上,参与研究的各个园所都是在平等的氛围中相互交流,产生经验的碰撞、智慧的共享,而在这一过程中,各园所或多或少都会有机会充当"首席"。

二、 确立主体角色

(一) 指向课程质量提升的专家组现场观诊共同体

在综合考量样本代表性和实际操作性之后,课题组选取了区域内代表不同发展层级的六所幼儿园组建共研团队,分别为七色花艺术幼儿园、小天鹅幼儿园、青苹果幼儿

---

① Doll, W. E. Jr. 后现代课程观[M]. 王红宇,译. 北京:教育科学出版社,2000.

园、四季万科幼儿园、友谊路幼儿园和美兰湖幼儿园,其中两所市示范园、三所市一级园、一所区规范一级园。

本阶段中,研究团队主要是围绕六所幼儿园课程方案质量开展园际交互评价,所以我们组建形成了包括中心组成员、流动成员和专家三方参与的多元主体现场观诊共同体(如图3-2所示)。其中,中心组成员相当于常务理事,主要由六所幼儿园的行政领导和科研负责人组成,主要职责是制订并调整本园优势领域课程质量的评价指标,组织共研中的开放活动,并积极参与每个模块的园际交互式评价实践。各领域流动成员相当于轮值理事,由六所幼儿园的骨干教师组成,按照所属模块参加不同的园际交互式评价共研活动,借助相应的评价工具,现场评价某一教学模块的课程实施质量并提出改进建议,也可对该模块的评价指标提出调整意见。此外,共研小组还引入了区教育学院科研室学前专家,全程参与每一所幼儿园的共研活动,并对指标、课程及现场等进行评价、提出改进建议。

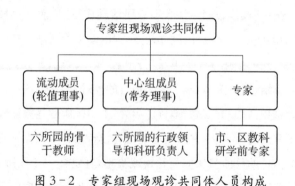

图3-2 专家组现场观诊共同体人员构成

（二）指向课程实施质量提升的小组式交互诊断共同体

在开展课程实施质量的园际交互评价实践中,由六所园的一线教师作为评价主体的承担者。每个课程领域组建一个共研小组,共组建六个共研小组。组长由优势园该领域特长教师担任,组员由其他五所园该领域负责人或有兴趣的教师组成,共同构成小组式交互诊断共同体(如图3-3所示)。六个小组共有36名教师参加共研,各组围绕同一课程领域的课程实施展开研讨,逐园依次开展现场的交互式评价及共研活动。

需要注意的是,由于本阶段的交互式评价内容涉及六所幼儿园共性化实施的六个

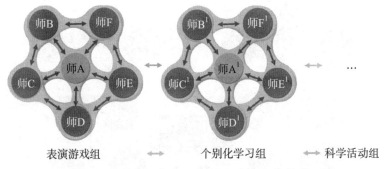

表演游戏组 ⟷ 个别化学习组 ⟷ 科学活动组

图3-3 小组式交互诊断共同体人员构成

课程领域内容,而试水阶段七色花艺术幼儿园的"艺术小沙龙活动"属于特色课程,对其他五所幼儿园来说不具有普及性,也非共同需要实施的课程内容,因而我们将交互式评价内容调整为本园另一优势课程领域——表演游戏,其他五所幼儿园的评价内容不变。

(三) 指向教研活动质量提升的联盟园循环会诊共同体

在开展教研质量的园际交互评价实践时,我们将共研园切换成由课题负责人领衔的"兰馨社"联盟的七所幼儿园,它是宝山区托幼二学区基于区域内学前教育优质均衡发展目的所创立的发展联盟,分别是七色花艺术幼儿园、小海螺幼儿园、太阳花幼稚园、马泾桥幼儿园、月浦四村幼儿园、保利叶都幼儿园和海尚明城幼儿园。虽然"兰馨社"的七所幼儿园发展水平不一,主要体现在各园发展层级不同、园长专业资历不同、各园教研团队的专业化水平不同,但是大家志趣相投、诉求相近。七所志同道合的幼儿园园长、副园长、保教主任、教研组长、教师,借助市区教育领域领导专家的专业支持与浸入式指导,围绕幼儿园教研活动质量提升的共同难题展开共研,共同组建形成了联盟园循环会诊共同体(如图3-4所示)。七色花为引领园,其他六所幼儿园为轮值园,大家共研共学、教学相长、互补共进。

综上所述,我们通过专家组现场观诊共同体、小组式交互诊断共同体、联盟园循环会诊共同体,立体架构起课题的园际交互评价主体,形成以促进发展为追求的咬尾式互评方式,共同保障着交互园所的课程方案、课程实施、教研活动质量,并以评促建,不断生成并深化课程质量提升的机制。

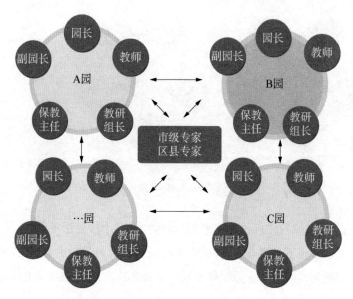

图 3-4　联盟园循环会诊共同体人员构成

第二节 建构评价指标 优化评价体系

教育学家泰勒将教育评估视为价值判断。同样幼儿园的课程质量评价也是在一定教育价值观的指导下,依据评估指标和程序对幼儿园课程及教学活动是否能满足幼儿需要做出价值判断的过程。幼儿园课程质量评价的指标是衡量和判定幼儿园教育质量的有效途径。确定幼儿园课程评价的标准是园际交互评价共同体行动的基本前提。林德和肖勒指出:"标准"不应该被理解为一种能够复制的模式,或一种能够跳过的栅栏,标准首先要能够在字面上容易理解——就像一面旗帜一样在队伍的前面领路。标准的这种理念强调他们广泛的基础和达成共识的特性,达到标准的具体策略与活动可能会因为具体情境的不同而变化。然而,所有的方法符合一个总的意图——即通过对标准的一致性的陈述而对准教学实践。[①]"评价者所制定的评价标准反映了评价的理念和价值取向,并必然伴随对高质量幼儿园教育的理想描绘和指标体系的形成。"[②]只有以科学的、合理的和可操作的指标体系为依据,才能真正为园际交互评价提供正确的方向。在调查了解了本区域内幼儿园教育质量自主监控实践的现状和存在的问题后,我们初步建构了园际交互评价的评价指标框架。

一、评价指标的设计思路

(一) 明确评价指标的价值取向

在制定评价指标体系的过程中,我们认真学习、分析了《3—6岁儿童学习与发展指南》、《上海市幼儿园保教质量评价指南(征求意见稿)》和《宝山区幼儿园保教质量评价与监测指南(试行)》等上位的指导性文件,确立了我们的"价值观"。即幼儿活动的方式和过程在很大程度上反映着幼儿园的教育质量,教师的行为是影响幼儿活动与发

[①] Linder & Scholer, B. (1996). Industry's role in standards-based systemic reform, for K-12 mathematics, science and technology education. A look at industry and community commitment to educational systemic reform. A handbook. College Park, MD: Triangle Coalition for Science and Technology Education.

[②] 刘占兰. 中国幼儿园教育质量评价——十一省市幼儿园教育质量调查[M]. 北京:教育科学出版社,2011:12.

展的重要因素,并直接关系到幼儿园的教育质量,教师应尊重幼儿的学习方式和学习特点,支持幼儿成为"主动学习者",促进幼儿全面可持续发展,为终身学习奠定良好的基础。这一价值观是我们制定评价指标的依据和"底色"。

(二)厘定评价指标设计的基本维度

在学习和借鉴早期教育机构教育质量评价领域较为权威的研究成果的基础上,如ECERS-R(幼儿学习环境评量表)、ECERS-E(课程增订本)、《幼儿园教育环境质量评价表》(北师大刘焱教授)和《幼儿园教育质量评价手册》(中国教育科学院刘占兰教授)等,我们重点分析了这几个量表确立评价指标的维度和方式,结合我们要评价的课程模块的特质,初步构建了本书中幼儿园课程质量评价指标的维度和变量,主要涉及课程方案、课程实施和教研活动三个大方面,并细分为 9 个一级指标和 24 个二级指标,具体如表 3-1 所示:

表 3-1 评价指标初稿

评价内容	一级指标	二级指标
课程方案	园本课程方案	方案的价值定位
		方案的目标设置
		方案的完善与发展
		活动内容选择的适切性
	课程实施过程	教师为实施课程营造的条件
		教师实施课程的过程
	课程实施效果	幼儿的成长
		教师的专业发展
课程实施	幼儿活动	健康领域
		社会领域
		语言领域
		科学领域
		艺术领域
	教师行为	目标定位
		内容设计
		教学能力

评价内容	一级指标	二级指标
		观察与评价
		反思能力
教研活动	教研主题	主题选择的适切性
	教研形式	形式选择的适切性
	教研过程	教研准备的充分性
		教研主持者的作用
		教研组成员的参与度与反思
	教研的即时效果	教研预设目标的达成度

（三）形成评价指标的质量共识

这个过程主要是抽取各园"优"的共性特质,形成易于教师观察、评价的典型性行为描述标准。园际交互评价是为了让各园所明确"优"之所在,通过与"优"的交流审思自己的不足,并向着"优"的方向不断进步的过程。因此,在试水阶段共研过程中,我们依据上位的指标,针对各园优势领域,抽取"优"的共性特质,形成了易于教师观察、评价,可适用于各园特色相关领域的描述性、个性化评价指标,并为其他园所提供参照。

（四）完善评价指标的个性特征

"幼儿教育标准的不一致性是从具体的作为面对特定层次、区域的教育而言的。由于社会、经济发展的总体水平的不同,教育设计和实施的不同,以及幼儿现实的发展水平的差异,教育的发展价值存在着差异。因此,作为幼儿园课程评价实践的标准应是不同的、多样化的,能体现不同地区、不同层次的教育学习者发展差异的。"[1]所以,不同园所的硬件配备、幼儿生源、教师发展水平、特色课程、教研活动等也是我们在开发园际教育交互评价指标时所应当充分考虑的。开展园际交互评价的目的不是让所有幼儿园都成为示范园,或者泯灭个性,成为同一张面孔,而是要在尊重每所幼儿园发展的个体差异的基础上,通过诊断与改进,促进其在原有水平上朝着"优"的目标不断

---

[1] 虞永平等.幼儿园课程评价[M].南京:江苏教育出版社,2009.

发展,这是我们在园际交互评价中秉承的目的。因此,我们要充分尊重不同幼儿园的个体发展特征,在充分保证评价指标科学规范的基础上,形成不同层次的幼儿园教育质量评价指标。

二、 评价体系的优化设计

(一)课程方案质量评价指标的优化设计

课程评价是课程生成、建构与发展的重要环节,是提升课程质量的重要手段。在幼儿园课程评价的过程中,我们经常会思考,什么样的课程是好课程,如何才能全面客观地评价课程的质量。姜勇等人在《当前我国幼儿园课程评价存在的问题与对策》中指出,课程评价有两种眼光,一种是"任务"的眼光,一种是"生活"的眼光。[①] "生活"的眼光是关注幼儿和教师的成长与发展,我们要从"生活"的眼光出发,倡导发展性的课程评价。所谓发展性评价,是以"发展为本"的评价制度,发展的核心特征包涵两层意思:一指评价以促进评价对象超越自我为价值取向,促进自身发展为目的;二指评价理念和评价指标体系的不断发展。基于此,我们在优化课程评价指标的过程中主要遵循两个原则:一方面,框架内指标为课程质量共性指标框架,基于框架,共研园各自负责本园优势领域的课程评价标准的研制;另一方面,通过园际共研,共研小组成员通力合作、相互支撑。进一步调整、细化评价指标,使指标更突显领域特质,让一所幼儿园的优势成为共研园所的质量标准。试水阶段指向课程方案质量提升的园际交互评价中,我们更关注课程本身的质量。因此,共研制定的评价指标体系的维度主要包括各园优势领域课程方案本身,教师实施课程的过程,以及幼儿与教师在活动中与活动后的表现与成长。

作为"平等中的首席",七色花艺术幼儿园先试先行,开放现场活动,拿出"艺术小沙龙"评价指标供共研园所讨论与评价。专家就评价指标达成共识:评价指标开发前,最好先要有对幼儿评价理念的认识,初步出具基于理念的评估方案与基本框架,然后再依据现场不断地调整完善具体指标。第二次共研活动中,B园在解读评价指标时就拿出了本园基于评价理念的方案与框架设计。在本场活动中,共研小组就评价指标

---

① 姜勇,刘霞. 当前我国幼儿园课程评价存在的问题与对策[J]. 教育导刊,2002(12):9—11.

的科学性进行深入探讨,并形成智识:评价指标维度确定的科学性需要引起重视,可以在具体评价指标旁边备注相应的指标出处,例如《3—6 岁儿童学习与发展指南》等。第三次共研活动中,C 园充分考虑了评估指标的科学性,列明各个维度的指标出处。在本场活动中,共研小组就评价指标维度的分层分类予以讨论,认为需要充分认识并明确区分园本课程评价与幼儿发展评价的异同,避免混淆。第四次共研活动中,D 园充分关注园本课程评价与幼儿发展评价的异同,将园本课程评价与幼儿发展评价进行了明确的分类和指标的细化。本场活动中,共研小组重点关注评价指标的年龄指征,聚焦不同年龄段幼儿的身心发展规律和具体行为表现,开发各年龄段的评价指标。第五次共研活动中,E 园的评价指标呈现三个年龄段幼儿的评价内容。但大家认为,园际交互评价不能局限于评价指标本身,指标并非一成不变的唯一标准,我们要更多地聚焦现场活动质量,有意识地挖掘并观察具体活动表征,进行记录与即时分享反馈,帮助各园拼出活动的真实全貌,在此基础上对指标进行持续的动态优化与改进。第六次共研活动中,F 园的评价指标就综合了上述 5 次活动关于评价指标的智慧共识,汇聚共研小组的集体智慧,实现指标的迭代更新,使我们的评价体系更为科学有效。

（二） 课程实施质量评价指标的优化设计

课程实施质量评价作为课程质量评价的重要组成部分,其评价的指标和导向直接关系到教育效果。国内学者施良方认为,"课程实施就是把课程计划付诸实践的过程,是达到预期目标的基本途径"。[①] 崔允漷在其研究中指出,课程实施是任何新的课程方案付诸实践时都无法避免的环节。[②] 课程实施的过程才是教育真正发生的地方,才是实现学生发展的地方,因此,对课程实施的过程进行评价尤为重要。

对课程实施的过程进行评价,首先要厘清课程实施过程中关键性的要素是什么,以及这些要素在实施的过程中是如何发挥作用的。其次,还要针对这些要素制定详细的指标,通过指标来体现课程实施可能产生的效果。

课程实施过程的核心观点是促进幼儿个体的学习和发展,幼儿的学习和发展与教师实施课程方案的行为表现息息相关,因此,我们将课程实施过程中的评价指标体系

---

① 施良方. 课程理论:课程的基础、原理与问题[M]. 北京:教育科学出版社,1996.
② 崔允漷,王少非. 学校课程实施过程中的评价监测初探[J]. 教育研究,2020(01):43—49.

聚焦在幼儿发展和教师行为表现两个方面。在试水阶段聚焦幼儿园课程方案质量开展园际交互评价研究的基础上,调整选择更为共性化的课程模块,围绕一个领域开展一个循环的园际交互评价。这个阶段的评价指标主要从课程环境创设与运用、教师课程实施能力和幼儿发展三方面制定,指标的建立没有统一的格式,但遵循以下要点:生成可以作为不同发展层次的幼儿园开展质量评估参照的不同课程模块的评价指标;指标制定从"园际互评"、"教师自诊"两方面进行,体现交互评价的特质;依据评价指标,对评价对象进行情境性观察分析、访谈反馈,反观指标,发现问题后调整指标,继而跟进评价对象的行动,在深化阶段中拿出调整后的指标,再实施观察评价、访谈反馈等,依次循环,持续调整并优化指标,凸显"交互评价"的反馈与调节作用。

1. 从体现一园优势到区分星级梯度

经过实践发现,试水阶段指向课程方案质量提升的园际交互评价所开发的六套适用于优势园的评价指标并不能完全适用于其他不同发展层级的园所。据此,深化阶段指向课程实施质量提升的园际交互评价中,我们基于"适用于优势园的评价指标如何用于其他园所"的思考,围绕"我们依据什么标准开展对非优势园所相关领域的质量评价"这一问题开展研究,最终确立了包容性与递进性并存,普适性与个性化兼顾的三级指标,即对指标增加了星级标注,研制出了六个园所的六个优势领域课程中的"三星监控表"。一颗星为基础指标,是六所园都要达到的标准,即"保底";两颗星为发展指标,是尽量达到的标准;三颗星为特色指标,也就是优势园应达到的标准。星级标准的确立为开展园际交互评价提供了适宜的进阶依据。同时,我们对指标维度的构成及其具体描述也都在实践过程中进行了不断的调整与优化。

以七色花艺术幼儿园的表演游戏为例,1.0版的质量评估指标基于教师和幼儿为评价对象的角度,分别制定了六条评价指标(如表3-2所示)。但实践后发现缺少评价的理论维度,且没有体现各年龄段儿童游戏表征行为的特点,尚未达到推广应用的水平。

表3-2　中班表演游戏质量评价表(1.0版)

评价对象	评价标准	评价结果		
		达到	部分达到	未达到
教师	游戏时间得到保证,材料充分,种类丰富,能满足幼儿的自主选择。			
	关注活动中具有个体差异的幼儿,给予适时、适当的支持和帮助。			

评价对象	评价标准	评价结果		
		达到	部分达到	未达到
	注意观察幼儿(表演、与材料、同伴的互动),善于捕捉活动中的闪光点。			
	当幼儿与同伴发生矛盾或冲突时,给予幼儿自主解决问题的机会与空间并适时介入。			
	游戏分享中鼓励幼儿大胆分享自己的表演并适时帮助幼儿梳理游戏经验。			
	鼓励幼儿尝试有一定难度的表演任务,乐于参与角色扮演并推进游戏发展。			
幼儿	能在表演中有良好的交往意识。			
	能大方自然地与同伴对话、表演等。			
	能在游戏中合理分配角色。			
	能用语言交流解决出现的问题。			
	能遵守游戏规则,不相互影响。			
	能在游戏前后将物品摆放整理。			
调整建议				

　　鉴于1.0版"评价工具不能体现各年龄段儿童游戏表征行为的特点,且评价指标较宽泛"的问题,我们通过学习、细研,参考了《3—6岁儿童学习与发展指南》《上海市学前教育课程指南》《学前儿童游戏》和宝山区表演游戏中心组团队的研究资料,修改形成2.0版评价表。进一步聚焦中班幼儿在表演游戏中行为表现的典型特点,将评价的维度归类细化,分为情绪、社会情感、表征行为和学习品质,使得在做表演游戏质量评价的时候,教师更聚焦孩子的游戏行为,能够对照细化的指标,知道从哪些角度去观察、去分析、去评价。在使用过程中,我们发现了两大问题:第一,基于共研体这样的研究模式,每个共研园游戏课程发展水平各不相同,且幼儿表演游戏的水平也有所差异。用同级的指标去互评,并不能为每个共研园精准地定位问题,找到适宜的努力方向,这似乎与此前园内做的自我评价如出一辙。在对实践经验反思的基础上,我们认为应该充分发挥共研体的优势,结合各共研园实际的游戏课程发展水平,在评价指标上充分考虑到各园所的基础和评价的适宜性,进一步分层定级。第二,根据表演游戏的本质,结合《3—6岁儿童学习与发展指南》中所阐释的关于幼儿在游戏中的典型表

现,除了应关注游戏中的表征行为外,还应关注社会交往和群体适应,所以对评价工具中的评价维度及评价指标,应进一步斟酌和调整。

随后,又鉴于2.0版评价实践无法体现共研体模式的特质、评价维度不够聚焦幼儿游戏行为特点的问题,我们完成了3.0和4.0版本的修改。通过研讨,我们结合了6个共研园表演游戏实际课程水平的发展情况,在3.0版中,将各维度的评价指标均分为了一级标准达成目标和二级高质量要求目标,且对部分评价指标的描述作了更进一步的优化。3.0版使用后,我们发现既然共研模式是要让各园所在表演游戏课程实施中的优势转化为共性机制,那么应该充分发挥优势园在艺术特色方面的专长。因此在4.0版(如表3-3所示),我们又将幼儿表征行为中的评价指标细分为一级标准达成目标、二级高质量要求目标和三级艺术特色目标,如此定标和实践共研中的套标过程,不仅可以帮助共研园快速精准定位,找到自己的优势与不足,同时也能让优势园在观察他园、诊断他园、发现他园的优势中找到上升的空间。除此之外,4.0版中,通过深化学习《上海市学前教育课程指南》中对游戏课程的阐释,我们还调整了原评价工具中的评价维度,现从人际交往、群体适应、表征行为和分享交流四个维度出发,增加了原来没有的"群体适应"和"分享交流"评价的指标。

表3-3　中班表演游戏质量评价表(4.0版)

评价对象		典　型　表　现	达成情况		
			达到	部分达到	未达到
幼儿	人际交往	☆喜欢和同伴一起表演,乐意表达自己的想法。			
		☆能按自己的想法进行表演游戏。			
		☆☆能初步关注别人在表演游戏中的情绪与需要。			
		☆☆能与同伴友好相处,愿意接受同伴关于表演的意见和建议。			
		☆☆能用较丰富的词汇进行交往。			
	群体适应	☆愿意并主动参与表演游戏,过程中能集中注意一段时间。			
		☆在游戏中能遵守共同制定的表演规则,与同伴发生冲突时,能在他人的帮助下和平解决问题。			
		☆☆游戏中遇到问题能主动求助。			
	表征行为	☆能自发组织表演游戏,与同伴合作并商量表演主题、分工角色等。			

评价对象	典 型 表 现	达成情况		
		达到	部分达到	未达到
	☆能根据表演主题自主选择表演服装、道具进行装扮，材料使用符合艺术形象的需要。			
	☆能通过手、口、动作、表情等进行表达表现。			
	☆☆能围绕主题进行表演。			
	☆☆能根据表演需要自制道具或使用多种替代物，初步出现以物代物的替代行为。			
	☆☆以自己最感兴趣、印象深刻的经历作为表演主题，开展更丰富的游戏情节。			
	☆☆☆能对故事作品有一定的理解，根据原有情节或创造的情节有较生动的表演（目的性角色有象形特征）。			
	☆☆☆对音乐有一定的韵律感，能根据韵律有节奏地表现。			
	☆☆☆乐意进行舞蹈表现，在表演形式、道具等方面有自己的想法，体现艺术性。			
分享交流	☆乐意展现和分享自己的表演游戏成果。			
	☆能较专注地观看同伴展现的游戏表演。			
	☆☆主动预约展示自己的表演游戏成果，并乐意用语言介绍自己的表演。			
	☆☆能欣赏同伴表演的亮点，乐意说说自己对同伴表演的看法。			
教师	保证幼儿的游戏时间。			
	材料准备充分，种类丰富，能满足幼儿的自主选择。			
	关注活动中具有个体差异的幼儿，给予适时、适当的支持和帮助。			
	注意观察幼儿（表演、与材料、同伴的互动），善于捕捉活动中的闪光点。			
	当幼儿与同伴发生矛盾或冲突时，给予幼儿自主解决问题的机会与空间，并适时介入。			
	游戏分享中鼓励幼儿大胆分享自己的表演并适时帮助幼儿梳理游戏经验。			
分析与建议				

在应用4.0版指标的过程中,我们发现了三大问题:第一,虽然评价工具以量化评价为主,但在共研时,教师往往会结合区域中的案例进一步阐释,但经常又会出现案例记忆不清的现象。所以我们认为,如果增加评价中的定点观察记录,那么无论在面上还是点上,对于共研小组的成员而言,都会是更全面的交互评价。同时在观察评价的基础上,也有助于提高教师对幼儿游戏行为的解读能力。第二,每次的园际共研过程中,对于实践园而言,教师作为实践者并没有参与评价,只是共研小组成员对该园进行评价诊断,但实则除了园际交互评价,教师的自评即是一种自我的对标反思过程,所以应该增加教师自评部分。第三,每次的园际交互式共研可谓仁者见仁、智者见智,共研后也会形成各种有效机制和操作建议,但对于实践园的教师而言,经验分享的点会比较散,如果每次共研后有综合的小组诊断报告,对于实践园和所有的共研园来说,都是一次针对优势与不足的清晰梳理,对于下次实践而言则更有方向。

鉴于4.0版的"评价缺少实践园教师自评、缺少完整的小组诊断报告、缺少区域中案例记录"的问题,我们在5.0版中新增了单列的"表演游戏观察记录表",并在中班质量评价工具调整优化的基础上,进一步拟定了大班质量评价工具,以便后期共研实践的拓展使用。在6.0版中(如表3-4、表3-5、表3-6、表3-7所示),我们新增了"中班表演游戏质量评价——小组诊断报告",将原有的中班表演游戏质量评价表优化调整为"园际互评"和"教师自评"两个部分,使得对于实践园的质量评价更完整、更全面。同时,我们也对6.0版的质量评价表进行了优化排版,横向将指标排列为由大至小的三级指标。其中一级指标归类为社会领域和艺术领域,二级指标中增加了艺术欣赏的内容;而评价标准的文字阐述也有所优化,调整为"非常棒、达标、需努力";表格下方原来的"分析建议"调整为独立的两栏,这样分类使得记录时更清晰。

表3-4　中班表演游戏质量评价——园际互评(6.0版)

评价者:　　　　　单位:　　　　　　评价单位:
评价班级:　　　　被评价教师:　　　评价时间:

一级指标	二级指标	三级指标	评价标准		
			非常棒	达标	还需努力
社会领域	人际交往	☆喜欢和同伴一起表演,乐意表达自己的想法。			
		☆能按自己的想法进行表演游戏。			
		☆☆能初步关注别人在表演游戏中的情绪与需要。			

一级指标	二级指标	三级指标	评价标准		
			非常棒	达标	还需努力
		☆☆能与同伴友好相处,愿意接受同伴关于表演的意见和建议。			
		☆☆能用较丰富的词汇进行交往。			
	群体适应	☆愿意并主动参与表演游戏,过程中能集中注意一段时间。			
		☆在游戏中能遵守共同制定的表演规则,与同伴发生冲突时,能在他人的帮助下和平解决问题。			
		☆☆能用较丰富的词汇进行交往,游戏中遇到问题能主动求助。			
	分享交流	☆乐意展现和分享自己的表演游戏成果及游戏体验。			
		☆☆能主动预约展示自己的表演游戏成果,并乐意用语言介绍自己的表演。			
		☆☆能发现同伴表演的亮点,乐意说说自己对同伴表演的看法。			
艺术领域	感受与欣赏	☆喜欢欣赏多种多样的艺术表演形式(舞蹈、唱歌、魔术、走秀、皮影戏、手偶等)。			
		☆欣赏表演的过程中,能了解常见艺术表现形式的特点。			
		☆☆能专心地观看同伴展现的游戏表演,有模仿和参与的愿望。			
		☆☆欣赏表演时会产生相应的联想和情绪反应。			
		☆☆☆欣赏表演时能用表情、动作、语言等方式表达自己的感受。			
	表达与表现	☆能自发组织表演游戏,与同伴合作并商量表演主题、分工角色等。			
		☆能根据表演主题自主选择表演服装、道具进行装扮,材料使用符合艺术形象的需要。			
		☆能通过手、口、动作、表情等进行表达表现。			
		☆☆能围绕主题进行表演。			
		☆☆能根据表演需要自制道具或使用多种替代物,初步出现以物代物的替代行为。			
		☆☆以自己最感兴趣、印象深刻的经历作为表演主题,开展更丰富的游戏情节。			

一级指标	二级指标	三级指标	评价标准		
			非常棒	达标	还需努力
		☆☆☆能对故事作品有一定的理解,根据原有情节或创造的情节有较生动的表演(目的性角色有象形特征)。			
		☆☆☆对音乐有一定的韵律感,能根据韵律有节奏地表现。			
		☆☆☆乐意进行舞蹈表现,在表演形式、道具等方面有自己的想法,体现艺术性。			
分析					
建议					

表3-5　中班表演游戏质量评价——教师自评(6.0版)

姓名:　　　　　单位:　　　　　班级:　　　　　自评时间:

一级指标	二级指标	三级指标	评价标准		
			非常棒	达标	还需努力
社会领域	人际交往	☆喜欢和同伴一起表演,乐意表达自己的想法。			
		☆能按自己的想法进行表演游戏。			
		☆☆能初步关注别人在表演游戏中的情绪与需要。			
		☆☆能与同伴友好相处,愿意接受同伴关于表演的意见和建议。			
		☆☆能用较丰富的词汇进行交往。			
	群体适应	☆愿意并主动参与表演游戏,过程中能集中注意一段时间。			
		☆在游戏中能遵守共同制定的表演规则,与同伴发生冲突时,能在他人的帮助下和平解决问题。			
		☆☆能用较丰富的词汇进行交往,游戏中遇到问题能主动求助。			
	分享交流	☆乐意展现和分享自己的表演游戏成果及游戏体验。			
		☆☆能主动预约展示自己的表演游戏成果,并乐意用语言介绍自己的表演。			
		☆☆能发现同伴表演的亮点,乐意说说自己对同伴表演的看法。			

一级指标	二级指标	三级指标	评价标准		
			非常棒	达标	还需努力
艺术领域	感受与欣赏	☆喜欢欣赏多种多样的艺术表演形式(舞蹈、唱歌、魔术、走秀、皮影戏、手偶等)。			
		☆☆欣赏表演的过程中,能了解常见艺术表现形式的特点。			
		☆☆能专心地观看同伴展现的游戏表演,有模仿和参与的愿望。			
		☆☆欣赏表演时会产生相应的联想和情绪反应。			
		☆☆☆欣赏表演时能用表情、动作、语言等方式表达自己的感受。			
	表达与表现	☆能自发组织表演游戏,与同伴合作商量表演主题、分工角色等。			
		☆能根据表演主题自主选择表演服装、道具进行装扮,材料使用符合艺术形象的需要。			
		☆能通过手、口、动作、表情等进行表达表现。			
		☆☆能围绕主题进行表演。			
		☆☆能根据表演需要自制道具或使用多种替代物,初步出现以物代物的替代行为。			
		☆☆以自己最感兴趣、印象深刻的经历作为表演主题,开展更丰富的游戏情节。			
		☆☆☆能对故事作品有一定的理解,根据原有情节或创造的情节有较生动的表演(目的性角色有象形特征)。			
		☆☆☆对音乐有一定的韵律感,能根据韵律有节奏地表现。			
		☆☆☆乐意舞蹈表现,在表演形式、道具等方面有自己的想法,体现艺术性。			
分析					
改进措施					

表3-6 中班表演游戏质量评价——小组评价诊断报告(6.0版)

评价时间		评价园所	
评价班级		被评价教师姓名	
评价教师单位、姓名			
评价结果			
分析1		建议1	
分析2		建议2	
分析3		建议3	
分析4		建议4	
分析5		建议5	
改进措施			
下一轮咬尾操作建议			

表3-7 中班表演游戏观察记录表(6.0版)

观察时间		观察地点	
观察班级		组织者	
游戏观察实录	照片:		
	描述:(观察线索提示:可从质量评价表中的人际交往、群体适应、表征行为几方面进行观察记录与分析)		
	教师介入:是( ) 否( )		
识别与解读			
调整与建议			

总体而言,6.0版所呈现的评价工具实则在前几稿修改的基础上,完整包含了四个内容,即:中班表演游戏园际交互式质量评价表、教师自评质量评价表、小组诊断报告和案例观察记录表。整个评价工具所涵盖的内容更丰实,既包含了教师个人的自

评,也包含了园际间的互评;既有评价的三级指标,又有小组的诊断报告;既有量化的全面评价,又有基于区域定点的观察记录。如此调整,使得园际交互评价不再是表面上的结果评价,而是通过抱团推进的形式,让每一位卷入的教师都能深入观察,定标,套标,向标和反思,真正发挥了园际交互式共研的价值。经过两个阶段共研,我们构建了六所幼儿园皆适用的共性化评价指标和优势园适用的个性化指标,探索了共性与个性指标呈现、应用的方式,让园际共研及交互式参与评价"有据可循"。

2. 从关注课程本身到注重师幼发展

在试水阶段,园际交互评价更关注课程方案质量,其指标维度全面,涵盖了各园优势领域课程方案本身,教师课程的实施质量,以及实施过程中师幼的表现与成长。在深化阶段中,我们为了让指标更匹配以教师为主体的评价实践的需求,更关注教师实施课程的质量。因此,深化阶段指向课程实施质量提升的评价指标体系主要包括班级环境的创设与运用、教师课程实施能力以及幼儿发展三个维度,根据评价内容的不同,上述三个维度下又包括不同的变量。以"数学游戏"质量评价表为例(如表3-8所示),幼儿活动评价表关注幼儿的思维能力和思维品质,其中思维能力包括探索、观察、解决问题、创造性、推理与验证能力和交流能力,思维品质包括情绪、规则、专注、态度。教师行为评价表(如表3-9所示)则关注教师的核心经验、内容材料与设计、观察指导。

表3-8 "数学游戏"质量评价表(幼儿)

班级:　　　　　幼儿姓名:　　　　　游戏名称:

评价者:　　　　　评价时间:

评价内容		表现水平	表现描述(勾选)		分析(举例说明)
思维能力	Ⅰ.探索	Ⅰ-1	在过程中探索积极性不高。		
		Ⅰ-2	有兴趣并能尝试探究,有一定的发现。		
		Ⅰ-3	能主动地探究,并能有所发现。		
	Ⅱ.观察	Ⅱ-1	有观察的行为,但注意力容易分散。		
		Ⅱ-2	能进行一定的观察,发现不同。		
		Ⅱ-3	能有目的、较持久地细致观察。		
	Ⅲ.解决问题	Ⅲ-1	面对问题,找不到解决的方法。		
		Ⅲ-2	面对问题,能跟随别人解决。		
		Ⅲ-3	能发现问题,并有相应的办法解决。		

评价内容		表现水平	表现描述（勾选）		分析（举例说明）
	Ⅳ．创造性	Ⅳ-1	认同和模仿别人的想法和意见。		
		Ⅳ-2	有一定的想法。		
		Ⅳ-3	能创新，能提出不同的想法和意见。		
	Ⅴ．推理与验证能力	Ⅴ-1	在提示下，能够逐步发现联系，并有正确的结论。		
		Ⅴ-2	能独立进行较简单的推理。		
		Ⅴ-3	能独立而迅速地做出判断。		
	Ⅵ．交流能力	Ⅵ-1	在他人的引导下，愿意与同伴交流。		
		Ⅵ-2	有与同伴交流的意愿。		
		Ⅵ-3	善于表达自己的想法，积极与同伴交流。		
思维品质	Ⅶ．情绪	Ⅶ-1	活动中情绪不高、比较被动。		
		Ⅶ-2	情绪一般，应和型参加。		
		Ⅶ-3	愉快活泼、积极参加活动。		
	Ⅷ．规则	Ⅷ-1	在他人的提醒下愿意遵守游戏规则。		
		Ⅷ-2	能较好地遵守游戏规则。		
		Ⅷ-3	能自主商定规则，并能遵守。		
	Ⅸ．专注	Ⅸ-1	多数时间不集中。		
		Ⅸ-2	有时集中、有时分散。		
		Ⅸ-3	注意力很集中。		
	Ⅹ．态度	Ⅹ-1	遇到挫折不愿意继续尝试，停止游戏。		
		Ⅹ-2	能在鼓励下，尝试继续挑战。		
		Ⅹ-3	不怕失败，能坚持挑战。		

表 3-9　"数学游戏"质量评价表（教师）

教师姓名：　　　　游戏名称：

评价时间：　　　　评价者：

评价内容	参 考 指 标	勾选	举例说明
核心经验	☆能准确把握数学核心经验。		
	☆符合本年龄段幼儿阶段发展水平。		

评价内容	参考指标	勾选	举例说明
内容材料与设计	☆游戏性强,能激发幼儿参与探索的兴趣。		
	☆内容科学正确,符合幼儿年龄特点。		
	☆材料具有层次性,能引发不同能力幼儿探索的兴趣。		
	☆☆设计具有挑战性,能引发多元思维。		
	☆☆玩法多变,结果有随机性的特点。		
观察指导	☆以幼儿为主体,注重幼儿主动学习,给予幼儿充分的探索空间。		
	☆观察幼儿与材料互动的过程,接纳差异,支持个性化的尝试与表现。		
	☆能及时发现幼儿的困难,对于幼儿提出的问题能有针对性地回应。		
	☆能根据需要组织交流,能充分运用交流分享帮助幼儿提升经验。		
总评			

3. 从聚焦园际互评到彰显互评自诊

在试水阶段中,共研园围绕园所优势领域课程进行诊断、评价,提出调整建议从而帮助共研园优势更优。我们更多地聚焦园际互评而忽视了优势园的自我诊断、自我评价。但实际上,交互的过程不仅仅是互评的过程,也是对照指标,进行自我反思和自我诊断的过程。因此,深化阶段中,我们从两个层面考虑评价指标,一是共研园的园际互评,二是轮值园的自我诊断。通过他评、自评相结合的方式,使得我们的园际交互评价更科学、更有效。

此外,每一次共研活动后,组长还需带领组员完成共研诊断报告和自我改进报告,汇总共研活动中各位老师的合理化建议或调整意见,轮值园需依据诊断报告作出自我分析、反思及改进策略,形成报告并给下一所轮值园提供参考,这就体现了持续优化和经验积累的过程。

（三）教研活动质量评价指标的优化设计

教研活动质量评价是对课程实施后一系列问题反馈与改进的评价机制,是幼儿园课程质量评价中重要的组成部分。拓展阶段中,我们聚焦区域内幼儿园教研质量的不断改进,期望通过园际交互评价,获取园际间教师对现场教研质量的评价和建议,实现信息互通及共享,以推动区域内幼儿园教研质量的共进。本阶段评价指标的开发与应用要点有:第一,采用专家评定法,邀请市、区两级专家及园长对指标的科学性、适切性进行评判,专家评判率达 66.66% 方可采用,以保证指标的科学、规范。第二,采用问卷星对现场教研实施线上评价,后期做好数据聚合。第三,采用星级评价与文字简述相结合的方式进行教研活动质量交互式评价。第四,在实践中应用,动态调整完善评价指标。

三、 评价指标的维度解析

(一) 课程方案质量评价指标体系的维度解析

　　鉴于指向课程方案质量提升的园际交互评价更关注课程本身的质量,包括课程方案设计与教师理解和实施课程方案的水平。因此,本轮共研制定的评价指标体系的维度主要包括各园优势领域课程方案本身,教师课程组织与实施,以及幼儿与教师在活动中以及活动后的表现与成长(如图 3-5 所示)。各园所因其园本优势课程领域的不

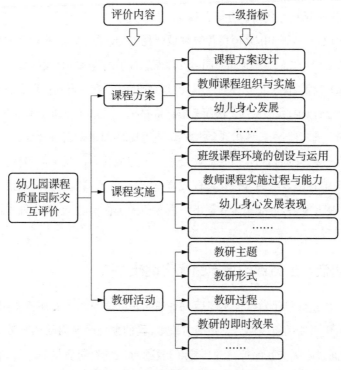

图 3-5　评价指标的维度解析

同,而在评价指标制定过程中更多关注自身作为优势园在各个评估指标上的行为
表现。

1. 课程方案设计

以我园制定的"艺术小沙龙活动质量评价指标"为例(如表 3-10 所示),在"艺术
小沙龙(课程)方案"一级指标下,具体包含"方案的价值定位"、"方案的目标设置"、"方
案的完善与发展"和"活动内容选择的适切性"四个变量,每个变量下又有具体的表现
性评价标准,评价者根据表现性评价标准对课程方案设计情况予以评价。

表 3-10　艺术小沙龙活动质量评价指标(节选)

评价内容	构成要素	评 价 标 准
艺术小沙龙活动(课程)方案	方案的价值定位	● 定位准确,符合"以幼儿发展为本"的要求、幼儿的年龄特点和幼儿艺术教育的本质。
	方案的目标设置	● 设置合理,与培养目标和价值定位保持一致; ● 符合幼儿身心和谐发展的需求。
	方案的完善与发展	● 预留完善和发展的空间,允许执行者(教师、幼儿和家长)完善、丰富活动内容。
	活动内容选择的适切性	● 能满足幼儿在艺术领域发展的关键经验; ● 符合幼儿的年龄特点,游戏性强,为幼儿喜闻乐见; ● 内容丰富,涵盖艺术欣赏与表现的多个方面; ● 幼儿能够获得接触大自然,欣赏和感受大自然和社会生活中的美的机会; ● 幼儿能够获得接触不同表现形式和手法的优秀艺术成果的条件和机会; ● 幼儿能够获得以不同形式表现、表达和创造的机会; ● 活动内容的选择考虑了园内已有的支持性资源,如教师资源。

再看美兰湖幼儿园的野趣运动质量评价指标,园所围绕幼儿发展、教师能力和课
程方案设计三个不同的切入点,设计了自主性情境运动质量评价表(如表 3-11 所
示)。在课程方案设计这一维度下,主要关注运动情境、自主性、观察与指导三大评价
内容。而在每个具体的评价内容上呈现了相应的表现性评价参考指标,并由评价者根
据指标描述参考与具体行为表现给予星级评价,同时举例说明。

表 3-11　自主性情境运动质量评价(课程方案)

评价内容	参　考　指　标	评价意见	举例说明
运动情境	有趣,吸引幼儿,与幼儿的年龄特点相符;注重多种基本动作的发展和运动能力的提高。	☆☆☆☆☆	
自主性	为幼儿创设自主活动的空间,满足不同幼儿的需要。	☆☆☆☆☆	
观察与指导	观察要点具体明确,符合幼儿的年龄特点,注重保教结合;关注特殊幼儿。	☆☆☆☆☆	

2. 教师课程组织与实施

以我园制定的"艺术小沙龙活动质量评价指标"为例(如表 3-12 所示),在"艺术小沙龙(课程)实施过程"一级指标下,包含"教师为实施课程营造的条件"和"教师实施课程的过程"两个变量,每个变量下又有具体的表现形式评价标准,评价者根据表现性评价标准对教师课程实施过程予以评价。

表 3-12　艺术小沙龙活动质量评价指标(节选)

评价内容	构成要素	评　价　标　准
艺术小沙龙活动(课程)实施过程	教师为实施课程营造的条件	● 课程实施环境艺术性强,艺术氛围浓厚; ● 课程实施场合包括艺术欣赏、表现和材料提供三个区域; ● 材料丰富,能满足幼儿的多种表达表现需求。
	教师实施课程的过程	● 活动过程、流程的有序性; ● 为幼儿创设充分自主的空间,允许幼儿自主选择活动内容、玩伴和形式,自主决定活动的进程; ● 教师对自己在活动中的角色定位有正确的认识,学会做支持者、观察者和共同游戏者,而不是指导者; ● 幼儿的创造表现能够得到重视、认可和欣赏。

在美兰湖幼儿园的野趣运动质量评价指标中(如表 3-13 所示),在教师能力这一维度上,重点关注环境与器材、专业指导两大评价内容,综合评估教师的课程实施过程。同时,在每个具体的评价内容上呈现了相应的表现性评价参考指标,由评价者根据指标描述参考与具体行为表现给予星级评价,并举例说明。

表 3 - 13　自主性情境运动质量评价(教师能力)

评价内容	参 考 指 标	评价意见	举例说明
环境与器材	能充分利用园所各种条件开展富有野趣的室内外运动；环境、器材安全,符合年龄特点,有一定的挑战性、科学性。	☆☆☆☆☆	
专业指导	合理安排一小时的运动时间；有安全和保育意识,关注幼儿基本动作的发展和良好个性品质的养成；关注幼儿运动量,确保合理的强度,适当的密度；了解幼儿的个体差异,关心照顾特殊幼儿；创设自主的空间(自主选择器械、自主摆放、自主选择玩法、自主与同伴合作等)；鼓励幼儿自主整理器械。	☆☆☆☆☆	

3. 幼儿身心发展

以本园制定的"艺术小沙龙活动质量评价指标"为例(如表 3 - 14 所示),在"艺术小沙龙(课程)实施效果"一级指标下包含"幼儿的成长"与"教师的专业发展"两个变量,囊括幼儿与教师在活动中的表现与活动后的成长等内容,每个变量下又有具体的表现形式评价标准,评价者根据表现性评价标准对幼儿身心发展和教师专业发展予以具体评价。

表 3 - 14　艺术小沙龙活动质量评价指标(节选)

评价内容	构成要素	评 价 标 准
艺术小沙龙活动(课程)实施效果	幼儿的成长	● 幼儿对艺术欣赏和表达活动有浓厚的兴趣,喜欢参与艺术小沙龙活动； ● 幼儿的审美能力与创造性表达能力得到提升； ● 幼儿的同伴合作能力与自主解决问题的能力得到提升。
	教师的专业发展	● 教师的艺术素养得到提升； ● 教师的教育理念得到转变,学会"退后",学会欣赏与尊重； ● 教师的观察记录与分析反思能力得到提升,能及时捕捉幼儿在活动中的闪光点与兴趣点,并通过活动后的分享交流促进幼儿的发展。

在美兰湖幼儿园的野趣运动质量评价指标中(如表 3 - 15、表 3 - 16、表 3 - 17 所示),在幼儿发展维度上,重点关注幼儿的运动兴趣、自主表现、动作协调灵敏与平衡、力量与耐力、个性品质等五大评价内容,并在每个具体的评价内容上又呈现了相应的表现性评价参考指标,由评价者根据指标描述参考与具体行为表现给予星级评价,并

举例说明。需要强调的是,美兰湖幼儿园非常关注不同年龄段幼儿的年龄差异与心理特征,所以为小班、中班、大班不同年龄段孩子制定了符合其身心发展规律的评价指标。

表3-15 自主性情境运动质量评价(小班幼儿发展)

评价内容	参 考 指 标	评价意见	举例说明
运动兴趣	在老师的引导下,乐意与老师共同创设运动情境,能愉快地投入到运动情境中,乐意尝试玩不同的运动器械,尝试玩具有适宜挑战性的运动项目。	☆☆☆☆☆	
自主表现	在老师的引导下,自主选择运动场景,过程中能自主调整器械,选择自己喜欢的玩法,调整运动量。	☆☆☆☆☆	
动作协调灵敏与平衡	能沿地面直线或在较窄的低矮物体上走一段距离;四散跑时能躲避他人的碰撞;手脚协调地进行攀爬等动作;能手脚平衡往前向上跳。	☆☆☆☆☆	
力量与耐力	单手将沙包向前投掷2米左右;能单脚连续跳2米左右;能快速向前跑15米左右。	☆☆☆☆☆	
个性品质	在老师的鼓励下,不怕累,坚持运动;能情绪愉快地与同伴友好运动;乐意与老师一起整理运动器械。	☆☆☆☆☆	

表3-16 自主性情境运动质量评价(中班幼儿发展)

评价内容	参 考 指 标	评价意见	举例说明
运动兴趣	按照情境需要,主动与老师一起摆放运动器械,创设运动情境;能迅速地投入到运动情境中;能选择不同的器械运动;在老师的引导下,乐意尝试有挑战性的玩法。	☆☆☆☆☆	
自主表现	能自主调整器械的摆放,尝试不同的玩法;自主调整运动量。	☆☆☆☆☆	
动作协调、灵敏与平衡	能在较窄的低矮物体上平稳一段距离;能以匍匐、膝盖悬空等多种方式钻爬;能助跑跳过一定距离或一定高度的物体;能瞄准球筐投掷。	☆☆☆☆☆	
力量与耐力	能双手抓杠悬空吊起15秒左右;单手将沙包向前投掷4米左右;单脚连续向前跳5米左右;快跑20米左右。	☆☆☆☆☆	
个性品质	不怕累,坚持运动;与同伴一起愉快运动;不怕困难,敢于挑战;有一定的自我保护能力;主动与老师一起整理器械。	☆☆☆☆☆	

表 3-17　自主性情境运动质量评价（大班幼儿发展）

评价内容	参 考 指 标	评价意见	举例说明
运动兴趣	分工合作,共同摆放运动器械,创设运动情境;能迅速地投入到运动情境中;能选择不同的器械运动;敢于挑战不同的运动器械和不同的玩法。	☆☆☆☆☆	
自主表现	能自主调整器械的摆放,探索不同的玩法;自主调整运动量。	☆☆☆☆☆	
动作协调、灵敏与平衡	能在斜坡、荡桥和有一定间隔的物体上较平稳地行走;能以手脚并用的方式安全地爬攀登架、网等;能灵活躲避扔过来的纸球或沙包。	☆☆☆☆☆	
力量与耐力	能双手抓杠悬空吊起 20 秒左右;单手将沙包向前投掷 5 米左右;单脚连续向前跳 8 米左右;快跑 25 米左右。	☆☆☆☆☆	
个性品质	不怕累,坚持运动;与同伴合作,愉快运动;不断挑战自我,对自己充满自信;有较强的自我保护能力;主动与老师一起整理器械。	☆☆☆☆☆	

（二）课程实施质量评价指标体系的维度解析

在前一阶段关注幼儿园课程方案质量的基础上,本阶段我们将评价内容调整选择为更具共性化的课程模块,聚焦教师的课程实施质量,由六所幼儿园的 36 位教师分成六个共研小组,各个小组围绕一个领域开展一个轮回的园际交互评价,相较于课程方案质量评价中强化教师课程实施与园本课程方案的匹配度,本阶段更聚焦教师课程实施的过程与成效,更为下位、具体、可操作化。这一阶段的评价指标设计原则主要有:从体现一园优势到区分星级梯度,从关注课程本身到注重师幼发展,从聚焦园际互评到彰显互评自诊。

1. 班级课程环境的创设与运用

班级课程环境的创设与运用关乎每一位教师的课程实施质量,在充分学习、内化、吸收《上海市幼儿园办园质量评价指南(试行稿)》的相关评价指标基础上,园际交互评价共同体内开展多轮互动研讨,形成如表 3-18 所示的班级环境的创设与运用评价表。

表 3-18　班级课程环境的创设与运用评价表

评价内容	参 考 指 标	评价意见			举例说明
		☆	☆☆	☆☆☆	
班级课程环境的创设与运用	1. 根据幼儿活动需要调整空间布局、环境材料等。 2. 师幼共同设计、共同布置班级课程环境,并有助于幼儿充分地进行自主表达。 3. 投放的材料能体现开放性、挑战性,支持幼儿开展自主和合作学习。 4. 鼓励幼儿自主探索并运用课程材料。 5. 有效整合社会、自然、信息技术等资源开展各类活动。 6. 班级课程环境具有班本化特点,并能体现班级文化标识的有效运用。				

2. 教师课程实施过程与能力

以小天鹅幼儿园的班级管理质量评价表为例(如表 3-19 所示),在教师课程实施过程与能力维度上,园所构建了相应的教师能力评价表,并从教师能否及时抓住教育契机、创设符合幼儿身心发展的活动情境、给予幼儿即时有效的正向反馈、尊重不同幼儿的独特特征并因材施教等参考指标出发,对教师课堂行为表现给予一星到三星的评价,并举例说明。

表 3-19　小天鹅幼儿园班级管理质量评价表(教师能力)

评价内容	参 考 指 标	评价意见			举例说明
		☆	☆☆	☆☆☆	
教师能力	1. 因势利导,抓住随机教育的契机。教师在幼儿生活、学习的各个环节会抓住教育契机,培养幼儿的亲社会行为合理渗透在一日的各个环节中。				
	2. 为幼儿创设同伴间共同活动的机会,以引发幼儿的亲社会行为。				
	3. 给予幼儿及时、有效的表扬和鼓励,强化幼儿的亲社会行为。 (1) 言语强化物,如"太好了"、"正确"、"对了"、"真聪明"等。 (2) 非言语强化物,如微笑、点头、拥抱、抚摸幼儿的脑袋、关注幼儿等。				

评价内容	参　考　指　标	评价意见			举例说明
		☆	☆☆	☆☆☆	
	4. 尊重和了解幼儿的个别差异,因材施教,采取灵活多祥、针对性强的策略促进幼儿的亲社会行为的发展。				
您对调整质量监控参考指标的建议					
您对提升幼儿亲社会行为的建议					

3. 幼儿身心发展表现

继续以小天鹅幼儿园的班级管理质量评价表为例(如表3-20所示),在幼儿身心发展的表现维度上,园所构建了相应的幼儿亲社会行为表现评价表,围绕谦让、助人、合作、分享、安慰等具体评价内容,下设分水平(水平一到水平三)的表现性评价指标。评价者依据幼儿课堂行为表现,对照评价指标,给予一星到三星的评价,并举例说明。

表3-20　小天鹅幼儿园班级管理质量评价表(幼儿亲社会行为)

评价内容	参　考　指　标	评价意见			举例说明
		☆	☆☆	☆☆☆	
谦让	表现水平一: 1. 知道人多的时候要排队等候、不争抢。 2. 在成人的提醒下,不争抢玩具,大家一起玩。				
	表现水平二: 1. 对大家都喜欢的东西乐意谦让他人,不争抢。 2. 在成人的提醒下,乐意谦让比自己小或体弱的幼儿。				
	表现水平三: 1. 对大家都喜欢的东西主动谦让他人,不争抢。 2. 主动谦让比自己小或体弱的幼儿。 3. 感受谦让给自己和他人带来的愉悦心情。				
助人	表现水平一: 1. 知道人多的时候要排队等候、不争抢。 2. 在成人的引导下,愿意帮助集体做一些简单的事,感受帮助别人的快乐。				

评价 内容	参　考　指　标	评价意见			举例 说明
		☆	☆☆	☆☆☆	
	表现水平二： 1. 在成人的提醒下，能注意到别人的情绪变化，了解他们的需要，并有关心、体贴的表现。 2. 乐意请求朋友帮助或帮助朋友，遇到问题尝试自己解决或与同伴一起解决，体验互帮互助的快乐。				
	表现水平三： 1. 能尊重关心身边的人，能关注到别人的情绪和需要，尝试用语言或行动给予力所能及的帮助。 2. 乐意主动承担任务并能尝试用不同的方法解决困难，相信自己的能力，有勇气尝试完成任务。				
合作	表现水平一： 1. 愿意和自己熟悉的长辈一起活动，体验在一起的快乐。 2. 想加入同伴的游戏，能友好地提出请求。				
	表现水平二： 1. 会运用语言、动作等简单的技巧和同伴一起活动。 2. 与同伴发生冲突时，愿意接受他人的意见和建议，和平解决问题。				
	表现水平三： 1. 在活动中，遇到困难时学会想办法一起克服解决，体验成就感。 2. 与同伴发生矛盾时，相互协商、接纳、分工、达成一致意见，共同完成任务。				
分享	表现水平一： 1. 在成人引导下，不争抢、不独霸玩具，愿意与朋友一起玩。 2. 愿意与同伴一起游戏，体验愉快的情绪。 3. 有好事物时，愿意与同伴一起分享。				
	表现水平二： 1. 对大家喜欢的东西，能轮流分享。 2. 喜欢和同伴、他人交流，有事乐意与他人分享。 3. 初步感受分享是一种美好的品质。				
	表现水平三： 1. 能愉快积极地参与和同伴、家人及他人之间的各类活动，愿意主动、大胆地表达与表现。 2. 在体验、互动中懂得关爱、帮助与分担的情感，感受分享的乐趣。				

评价内容	参 考 指 标	评价意见			举例说明
		☆	☆☆	☆☆☆	
安慰	表现水平一： 1. 在成人的提醒下,愿意去关注同伴的情绪变化。 2. 在同伴不开心、难受的时候,愿意在成人的提醒下学着用简单的语言安慰并帮助他。				
	表现水平二： 1. 在日常生活中乐意注意到别人的情绪,并有关心和体贴的表现。 2. 在活动中,能关注同伴的表情和行为,看到同伴有困难,能在老师的暗示下用较合适的语言去安慰并帮助他。				
	表现水平三： 1. 在日常生活中能识别他人的情绪、情感,主动了解他人的情绪与需要。 2. 在活动中,主动通过较完整的语言或行为帮助他人消除消极情绪,有同情心。				

（三）教研活动质量评价指标体系的维度解析

评判一次教研活动是否优质有效,应当是科学的、客观的,它既要符合《幼儿园教育指导纲要(试行)》的相关精神,又要具有可操作性和适宜性,便于每一个参与评价的主体快速使用。因此,课题组反复研读相关文献,并结合实践经验,整理出由"教研主题的确立"、"教研形式的选择"、"教研过程的实施"、"教研效果的表现"四个一级指标,"研讨主题有价值,体现新《3—6岁儿童学习与发展指南》等现代教育理念"等在内的18条二级指标构成的"园际交互式教研评价指标"供每一场教研后评价使用。在具体使用时,根据每场教研活动在18个二级指标上的具体表现,给予一星到五星的星级评价。

1. 教研主题的确立

在教研主题的确立维度上,我们重点关注主题选取的科学性与价值意义、主题开展的实际可操作性,及其对于解决园所真实问题的针对性和有效性。根据每场教研活动的具体表现,给予一星到五星的分级评价。

表 3-21 园际交互式教研评价指标(节选)

一级指标	二级指标	评价
（一）教研主题的确立	1. 研讨主题有价值,体现新《指南》等现代教育理念。	☆☆☆☆☆
	2. 主题内容符合本园教师的实际,具有园本特点且具针对性。	☆☆☆☆☆
	3. 能切实解决保教实践中的真问题。	☆☆☆☆☆

2. 教研形式的选择

在教研形式的选择维度上,我们重点关注其创新性与特色性,及其与内容的契合度。根据每场教研活动的具体表现,给予一星到五星的分级评价。

表 3-22 园际交互式教研评价指标(节选)

一级指标	二级指标	评价
（二）教研形式的选择	1. 形式创新,能突显园本教研特色。	☆☆☆☆☆
	2. 形式契合教研内容并能有效为教研主题服务。	☆☆☆☆☆

3. 教研过程的实施

在教研过程的实施维度上,我们又围绕教研准备、教研主持者的作用、教研组成员的参与度与反思等具体指标,研发更下位的表现性指标。根据每场教研活动的具体表现,给予一星到五星的分级评价。

表 3-23 园际交互式教研评价指标(节选)

一级指标	二级指标		评价
（三）教研过程的实施	1. 教研准备	（1）对教研主题及目标有比较明晰的预设。	☆☆☆☆☆
		（2）对研究内容有一定的知识或经验储备(理论支撑、案例、照片、录像等)。	☆☆☆☆☆
	2. 教研主持者的作用	（1）在教研过程中能引发组员进行积极的发言及讨论。	☆☆☆☆☆
		（2）在教研过程中能推进组员对问题的激烈思辨及深层思考的推进。	☆☆☆☆☆
		（3）在教研过程中能适度形成策略回应及方法提炼。	☆☆☆☆☆
		（4）在教研过程中能捕捉及抛接组员有价值的生成问题。	☆☆☆☆☆

一级指标	二级指标	评价
	（5）在教研最后，能梳理归纳，总结提炼适宜策略。	☆☆☆☆☆
3．教研组成员的参与度与反思	（1）教研组成员的参与度高，且氛围轻松活跃。	☆☆☆☆☆
	（2）能围绕研讨主题互动积极，且充分表达个人主张。	☆☆☆☆☆
	（3）观点表述条理清晰、语言表达精练到位。	☆☆☆☆☆
	（4）针对研讨中的问题，能求同存异，且大胆质疑。	☆☆☆☆☆
	（5）在研讨过程中能形成有价值的生成性话题。	☆☆☆☆☆

4. 教研效果的表现

在教研效果的表现维度上，我们重点关注教研活动能否达成预设目标以及活动对参与者的专业发展效果。根据每场教研活动的具体表现，给予一星到五星的分级评价。

表3-24　园际交互式教研评价指标（节选）

一级指标	二级指标	评价
（四）教研效果的表现	1．能达成教研预设的目标。	☆☆☆☆☆
	2．教研效果中能呈现对不同层面教师发展的推进作用。	☆☆☆☆☆

同时，为了保证评价指标的科学性和规范性，课题组在实践过程中不断修正和完善"园际交互式教研评价指标"，采用专家评定法对指标的科学性和合理性加以诊断。需要指出的是，我们对"园际交互式教研评价指标"加以评估，并不仅仅是为了诊断交互园所的教研活动质量如何，更重要的是让指标更具科学性、规范性、有效性与合理性，从而帮助参与园所更加明晰本园教研活动的实际质量，基于评价结果进行实践改进。

以小海螺幼儿园现场教研活动为例，课题组采用问卷星调研方式对照指标进行现场活动的评价，对指标的可行性和涵盖性进行评判，提问内容包括：您认为以上现场教研的观测指标内容是否能涵盖所有现场教研的质量评估点（完全能涵盖、能涵盖、一般、不能涵盖、完全不能涵盖）？如果您认为"一般"或"不能涵盖"，请您提出修改意见。如果您认为"完全不能涵盖"，请您指出问题所在。通过后台聚合数据的结果显示，超过66.6％的被调查者认为，现场教研的观测指标内容"完全能涵盖"或"能涵盖"现场教研的质量评估点,由此可以判断,评估指标基本符合科学及有效。

三、对教研指标的评估

1. 您认为以上现场教研的观测指标内容,是否能涵盖所有现场教研的质量评估点?

A. 完全能涵盖　B. 能涵盖　C. 一般　D. 不能涵盖　E. 完全不能涵盖

2. 如果您认为"一般"、"不能涵盖",请您提出修改意见。

_____

3. 如果您认为"完全不能涵盖",请您指出问题所在。

_____

图3-6　使用专家评定法对教研指标予以评估

综上所述,在评价指标体系建构的过程中,课题组充分关照其系统性和科学性。一方面,从系统性来看,我们充分关照国内外幼儿园教育质量监测体系、评估指标及已有的评估工具,在对幼儿园课程方案和课程实施质量进行评价的过程中,选取了参与园所的优势课程,围绕每门优势课程的核心概念以及在该课程中主要发展的幼儿核心经验,构建该课程的一级指标和二级指标,参考《3—6岁儿童学习与发展指南》、《上海市幼儿园保教质量评价指南(征求意见稿)》和《宝山区幼儿园保教质量评价与监测指南(试行)》等上位的指导性文件中相关行为特征的具体表述,借鉴学习了质量评价领域较为权威的研究成果,如ECERS-R(幼儿学习环境评量表)、ECERS-E(课程增订本)、《幼儿园教育环境质量评价表》(北师大刘焱教授)和《幼儿园教育质量评价手册》(中国教育科学院刘占兰教授)等,又结合幼儿身心发展特点,关照不同园所的个体发展特征,制定三级指标,即可观察评价的行为指标。在对幼儿园教研活动质量进行评价的过程中,则围绕教研活动质量的评价内容,基于已有相关文献,并结合具体的实践经验,整理出由"教研主题的确立"、"教研形式的选择"、"教研过程的实施"、"教研效果的表现"四个一级指标及下位的18个观察性行为指标。另一方面,从科学性来看,我们借助专家评定法,邀请市区幼教专家对指标的内容进行效度检验,他们也认可了相关评价工具的指标内容,认为其能反映对应的课程方案、课程实施和教研活动质量。同时,当专家、园长、教师分别使用评价工具对课程方案、课程实施和教研活动的质量进行独立的评价和打分时,得分的一致性较高,这也侧面反映了评估工具的信效度是比较高的。

第三节 拓展改进路径 点面结合推进

幼儿园教育质量保障与提升的路径多种多样，课题研究从"园际交互"的视角出发，尝试对幼儿园教育质量提升与实践改进路径进行一定程度的创新与突破，将点上实践、面上集优、以点带面三条路径进行多维联动，形成合力。

一、点上实践

点上实践，即各园在观摩学习优势园的活动后，基于本园发展特色的定位及现实的客观条件，依据本园的基础与个性化需求，选择适宜的"优化点"进行实践提升。如，对于美兰湖幼儿园来说，野趣运动是优势领域，其他幼儿园可以按照本园基础与需要，选择场地划分、材料提供与集体游戏组织等某一方面进行学习、实践与优化。例如，我园（七色花艺术幼儿园）在学习美兰湖的运动课程后，结合园本实际，通过聚焦课程方案、课程实施和教研活动质量的三阶段园际交互评价，对本园的运动课程进行了点上实践。

指向课程方案质量的园际交互评价：因势利导，动态实践。

美兰湖幼儿园的野趣运动极具特色，其原生态的环境硬件、丰富多元的材料、趣味有特色的集体运动游戏凸显了运动板块"优势"，我们通过观摩诊断、教研内省的方式，试图针对其优势寻找路径和方式进行借鉴运用，完成本园运动提质的可借鉴模型。

但是，我们发现该幼儿园野趣、生态的环境硬件无法复制，于是在对其价值意义作出分析了解之后，结合本园地理环境提出因势利导策略，从实践上进行动态调整，即：

第一，野趣化环境运用，激发幼儿的探索与运动兴趣。运用我园操场银杏树林、山坡、紫藤长廊等原生态环境充实探险、寻宝、挑战等运动情境，激活运动兴趣与质量。

第二，趣味性游戏设计，补充幼儿多元运动能力。借助教研组集体智慧，结合运动领域能力特质，充分发挥游戏的"趣味"与"创意"，同时兼顾对抗、合作、坚持等运动品质，让游戏有"质"有"味"。

指向课程实施质量的园际交互评价：内涵分析，内化实践。

通过观摩，我们看到美兰湖幼儿园关于场地材料从物化到幼儿发展需要的深度思考，即：以幼儿发展需要为基础，创新材料设计并思考有效收纳。我们看到，这些材料不仅能满足幼儿运动能力的发展,同时关注了幼儿自主、探索、服务和管理等多元能力的发展,凸显了运动能力与运动品质。

于是,我园以专项考核为途径,以运动观察推进为载体,开展关于幼儿运动能力发展与运动材料投放有效性的实践。将他人优势化为自身优势,将运动课程理念内化为运动课程实施行为。

指向教研活动质量的园际交互评价:借力教研,深度实践。

以交互评价为契机,通过环境、材料、游戏的园本化实施,运动板块逐步提质。在此基础上,我园通过园本教研活动进行课程的深度研究与实践。我们通过主题式教研,梳理运动中保持"量与质"的均衡的关注点和策略。同时从管理保障和课程实施的角度梳理实践经验,如:

从园方管理角度关注:(1)均衡布局——从时间的纵横角度进行质的均衡:一方面,根据平衡能力、协调能力(或称协调性)、灵敏性、力量和耐力五维角度保障平衡,由早锻炼运动单一时间,到上午(领域型运动)+ 下午(小器械运动),从时间上横向补充;另一方面,从周评价到月评价,甚至学期评价的纵向时间保障均衡。(2)经费支持——硬件设施设备的调整,保障质的均衡发展。如:耐力等方面的内容需要场地、器械的调整,需要园方管理统筹,经费支持。

从教师实施角度关注:(1)理解标准——教师对于质的均衡,从内容、理念等方面进行学习内化,强化自身,这是保障的基础。(2)内化均衡——由理念到实践的转变是需要内化的过程,作为教师,可以通过研修、学习、观摩等途径进行理念内化。(3)反思跟进——对于实践中的问题和困惑,通过反思、内省,逐步调整跟进,不断优化。(4)行动研究——教师的执行力、调整力、评价力都是研究、实践良性运作的保障,在优化过程中,行动研究即是教师对质的均衡的优化过程和优化途径。

二、面上集优

面上集优,是指每所幼儿园在某一领域都有其独到之处,各园间可以相互学习彼此优势,吸取精华,实现共赢发展。

以"表演游戏"的质量提升为例,在开展园际交互评价的过程中,课题组发现每一所幼儿园都结合园本特色,积累了一定的经验。

环境暗示:在促进小组合作、艺术表现的基础上,七色花艺术幼儿园作为优势园提出了游戏环境中应该有设计区的概念,即幼儿可以在这块区域对于原有作品进行图画表征式的关于情节、动作、队形、语言等的设计,也可以自主设计一些表演道具。其次,艺术氛围的环境暗示也尤为重要,比如:现场文学作品的图片、视频欣赏,幼儿先期表演游戏的实况回放、机器人小度的即时搜索等均是与时俱进的一些科技手段,而幼儿园正是通过这些手段,潜移默化地创造了艺术欣赏的环境暗示,让幼儿的艺术表现能基于感受与欣赏,更符合孩子的发展规律。

小先生制:小天鹅幼儿园将小先生制运用于幼儿的表演游戏,其中,能力较强的幼儿会积极统筹、组织策划,以个体带动小组,不仅将个体好的游戏经验分享给同伴,同时也激发小组合作,带动同伴创造游戏情节。

预约分享制:美兰湖幼儿园的分享评价运用了预约制和小主持制,让分享评价的内容来源于孩子,把分享评价的舞台还给孩子。孩子在互赏、互评的过程中积累了表演游戏的经验。

贴星评委制:在友谊路幼儿园的分享评价中,他们提出了可以用贴星和小评委的方式来进行评价,让每个幼儿都参与评价,鼓励幼儿积极地去发现同伴表演游戏中的亮点。

未完待续制:在表演游戏的共研过程中,大家发现,很多时候,有限的时间并不能满足幼儿高涨的情绪,如果游戏戛然而止,也就不了了之了。在青苹果幼儿园的活动中,老师们使用了一个包含本次表演游戏内容和所需材料的框,如此便于每组材料归放。同时,这个框是一物两用的,如:未完成此次表演游戏合作,想下次继续的孩子,只要再找到这个小框,根据记录就能回忆起上次的内容,继续游戏,从而让孩子在有限的时间里,可以无限地创造游戏情节,把一个游戏玩深、玩透。

幼儿联动制:在表演游戏中,有些孩子不善于表现,而会专注于某个区域材料的摆弄,比如:乐器的敲打、在旁观摩、声音的拨弄等。基于孩子的个体差异性,幼儿联动制提出,可以鼓励某些区域的孩子与同伴一起合作联动,比如:故事表演中来配音、探索材料做音效、做做小导演等,基于孩子的兴趣、能力,让孩子选择自己喜欢做的,体验到合作的快乐,游戏的成功。

基于此,在开展表演游戏领域的园际交互评价实践与共研的过程中,各园可以学习每一所幼儿园的经验,并根据园本条件与发展需求进行实践,改进各自园所的表演游戏,提升表演游戏对幼儿发展的价值。

三、以点带面

以点带面,即对幼儿园教育质量保障的内容选择达成共识,选取各园优势领域,做小切口与深度聚焦式的研究、实践与改进。以点带面包含两层含义:首先,对于参与共研的幼儿园来说,各幼儿园的优势领域是"点",其他园相关领域是"面",参照优势园的"优",发现自己园所的"短",形成改进策略,并通过实践加以改进,这是园际间的以点带面;其次,对于同一所幼儿园的不同领域来说,共研领域是"点",其他领域是"面",以共研领域的质量提升来带动其他领域的实践改进,是园所内的"以点带面"。

例如,在观摩了运动课程实施优势园美兰湖幼儿园的活动现场后,我们发现:相较于其他园所而言,该园幼儿在运动中的运动品质和运动素质都更为彰显和突出。而且,该园还在自主性"情境"运动中投放了充足的材料,比如在小班自主性"情境"运动"种水果"中,教师为孩子提供了一个完整的运动路线,创设了自制的"果树"并插满了"水果",幼儿在老师创设的运动情境中有趣地玩、创造性地学,充分满足了幼儿在运动中量与质的均衡发展。可以说,美兰湖幼儿园充分运用自身得天独厚的地理空间优势,向社区绿地借场地、借资源,使其成为幼儿园的"后花园",以满足幼儿自主运动中的活动空间。这一点是非常可取的。我们各园所都应该积极地谋划,汇聚多方力量,整合多元资源,尽可能地为幼儿发展创设丰富且适宜的活动空间与场所。活动中,其他五园的课题参与人员也高度肯定了美兰湖幼儿园的野趣运动课程优势,并表示要将美兰湖幼儿园的"情境性"运动环境以及运动中量与质均衡发展的相关策略带回去,学以致用。以引领园七色花艺术幼儿园的实践为例,在参与了共研活动后,七色花艺术幼儿园就召开了课程中心组的讨论,调整并重新规划了幼儿园运动场地,以满足幼儿自主运动中的运动量及运动质的均衡发展。同时也积极地与社区居委会沟通,将社区绿地拓展为幼儿运动场地,创设"寻宝藏"的运动情境。此外,还开展了全体教师基于自主运动游戏情境及材料提供的校本研修,以期弥补本园教师对运动课程领域的理解与实践的相对短板,实现共研园所园际间的以点带面。

第四节　接纳评价反馈　改进自身实践

每所幼儿园在评价自身教育质量的过程中难免会出现很多问题,而幼儿园或教师往往会出现一种"身在其中而不觉"的无意识状态。这时,我们迫切需要多面镜子、多双眼睛,依靠不同主体的专业眼光,帮我们"拼"出真实"全貌"。对于幼儿园课程质量园际交互评价而言,上级行政或业务部门领导、专家、家长、社区、他园等都可成为评价主体。通过园际交互评价的方式,我们依托市区领导专家、不同园所园长、副园长、保教主任、教研组长、教师等不同主体的力量,根据共同体协商研发的评价标准,对参与园所的课程方案、课程实施、教研活动质量予以评价。

然而,评价并不仅仅指向于诊断功能,更重要的是要运用评价结果和反馈,改进自身实践。科隆巴赫指出:"评价者不应只关心课程制定者规定的目标,检验这些目标达到的程度,更应关心谁是决策人、做了什么决策、按照什么程序决策。为决策提供信息应是评价的中心。"他强调,"评价能完成的最大贡献是确定教程需要改进的方面"。[①] 本书中,我们探索建立园际交互评价共同体,通过不同发展层次园所之间开放活动、相互问诊,把别人作为一面镜子,一是"照出"自己的问题,二是"照出"别人的优势,更重要的是借机学习别人的优势以提升自己的劣势,进而实现区域幼儿园教育质量共同发展的愿景,正所谓"以人之长补己短,以人之厚补己薄"。我们还提出了基于园际交互评价实践的四大循证改进原则:

一、前提在于儿童中心的价值落实

循证改进不是纯粹的收集数据、统计数据的技术性工作,而是指向价值引领的变革行动。价值引领的核心是什么? 核心在于促进儿童的发展。[②] 无论是教师还是家长,"促进"意味着他们的角色不是替代,不是以成人文化代替儿童文化。而是"退后"一步观察儿童,反思自我,改进行为。所以,今天循证改进追求的并非仅仅是在理念上认同"以儿童发展为本",而是与课程领导力理论的演进以及学习科学的发展联结在一

---

① 科隆巴赫. 通过评价改进教程. 瞿葆奎,教育学文集·教育评价[C]. 陈玉琨,赵中建,译. 北京:人民教育出版社,1989.
② 李伟涛. 学前教育高质量发展的核心内涵与重要标志[J]. 上海托幼,2019(9A):14—15.

起,关注课程实施中对"以儿童发展为本"的落实。

例如,班级管理共研小组成员七色花艺术幼儿园的吴航老师以儿童为中心,以活动记录为基础,详细记录了一个名叫嘻嘻的男孩在一个月中使用筷子的全过程,持续观察幼儿表现并采取措施帮助嘻嘻小朋友学会自主用筷子进餐,促进幼儿发展。

案例1: 我学会用筷子啦——"班级管理"共研之中班餐点活动

在为期一个月的观察过程中,我记录了一个名叫嘻嘻的男孩使用筷子的过程。在投放筷子的前期,我发现自己追踪观察的幼儿嘻嘻始终选择用小勺进餐。虽然有几次,嘻嘻在选择的时候产生了犹豫,但最后,他还是缺乏使用筷子的勇气,用他自己的话说就是"我不会用呀,在家里从来没有用筷子吃饭⋯⋯"

那该如何帮助嘻嘻学会自主用筷子进餐呢?对于嘻嘻来说,用筷子吃饭的难点在于什么呢?午餐活动对于幼儿来说又有怎样的发展意义呢?带着这些问题,我和我的共研小组进行了现场观察以及事后探讨。

一、第一次共研

表3-25 第一次共研观察记录表

观察日期	2018. 10. 16	观察时间	11:00—11:40	观察者	吴老师
观察对象	嘻嘻(男,5岁2个月)	观察情景		进餐时对于筷子的使用情况	
观察目的: 是否能使用筷子。					

案例、照片:
午餐时间11:00,嘻嘻走到桌子前,看着一半放筷子一半放勺子的筷筒,他的小手在筷子和勺子之间来回点,最终拿了一双筷子。

嘻嘻拿好筷子坐下后对着教师说道:"老师! 你看我今天拿的是筷子!"得到老师的肯定之后,嘻嘻笑得很开心。

首先,他看了身边的妙妙,观察了使用筷子的样子,模仿着先用左手拿筷子来夹饭,可是饭并没有被夹起来,在筷子上停留一下就掉落在碗里了,嘻嘻尝试了两次都没成功挑起饭,他随后换了右手。

第三次,他终于成功地用右手将筷子并拢,抄起了一小口米饭,迅速地把嘴巴凑近了饭碗,把饭放进了小嘴巴。成功一次后,嘻嘻开始用筷子夹菜,刚抄起蔬菜,滑溜溜的蔬菜就落了下来,就这样反复了三次他都失败了。于是嘻嘻将菜碗拿近些,把嘴巴凑上去用筷子扒了两口菜入口。这样吃了几口后,嘻嘻觉得用筷子来扒饭的方法更简单一些,于是开始尝试拿筷子的"新方法":用拿小勺的方法将两根筷子一把抓起,用"扒"的方法进餐。这样,嘻嘻就用自创的"扒"的方法又吃了好几口。这时嘻嘻举手,和老师说:"我吃不到菜菜,老师能不能帮帮我?"教师发现后上前指导嘻嘻筷子的姿势,试着让嘻嘻用筷子夹起食物。成功一次后嘻嘻对着老师说:"谢谢老师,我好像有点学会了。"

到11:40,嘻嘻碗里还有一部分的米饭和蔬菜没有吃光。

在第一次观察完嘻嘻这名幼儿在午餐进餐中对于筷子的使用情况后,我们小组成员进行了讨论,最开始我们达成的一致意见是:要观察如何使用筷子,就要首先对观察目标做到心中有数。根据《上海市学前教育纲要》中幼儿在进餐的提示:我们决定将观察目标定为观察记录幼儿拿筷子的姿势、使用筷子的方法,以及使用筷子送食物入口的情况。包括幼儿是否能手指配合较自然地拿筷子,而不是一把抓,是否能拿着筷子较顺利地夹食物入口,没有掉落在碗中或桌面上。

于是我们开始运用《班级管理中幼儿生活活动的评价量表》分析嘻嘻在午餐环节中的一些表现:在进餐的过程中,我们可以知道嘻嘻先是努力使用筷子夹食物,尝试三次"夹"的方法没有成功后,就先用筷子抄饭、扒菜的方法进餐。而后,嘻嘻通过尝试发现使用筷子夹食物并没有想象中的这么简单后,他开始使用了自己的方法——一把抓筷子扒饭菜吃。

由以上表现可知,虽然嘻嘻有使用筷子的兴趣和勇气,但还没有掌握拿筷子的自然姿势和使用筷子的正确方法,只是在使用的过程中不断摸索,试图用简单的方法将饭菜送入嘴巴。并没有完全掌握使用筷子的办法。嘻嘻在愿意为自己服务的维度中,接近达成了表现水平二:自己的事情尽量自己做,不依赖成人,体会自我服务的快乐。即使没有很快学会用筷子吃饭,但也没有放弃,这也是一种自我服务的快乐。嘻嘻在保持积极的情绪态度维度中,也达到了表现水平二:经常保持愉快的情绪,不高兴时能较快缓解。愿意把自己的情绪告诉成人或同伴,一起分享快乐或求得安慰。能够在无法顺利进餐时主动向大人寻求帮助,并且能够比较愉悦地挑战使用筷子。于是,在分析了嘻嘻使用筷子的技能以及参考量表对他做出的评价之后,我们决定通过以下的教育行为进行跟进:

嘻嘻在案例中的表现是由于他平时在家、在园吃饭都是使用小勺,家中多有家人喂饭,以至于他缺乏使用筷子的生活经验。所以,他入园后使用筷子次数不多,暂时不了解正确拿筷子并使用筷子的方法。

1. 设计与组织:在班级生活管理方面,结合个别化学习活动——"喂小动物吃饭"、"我来喂宝宝吃饭"等,在情景式的游戏中引导嘻嘻以及更多有兴趣尝试使用筷子进餐的幼儿来区角进行操作练习,逐渐学会正确使用筷子的方法。

2. 与家长的合作:向家长进行及时的宣传,告知家长让孩子自己尝试使用筷子进餐的意义,以得到家长的配合,从而在家中也坚持让孩子尝试使用筷子吃饭,每天进行一定的练习,家园共育更有助于嘻嘻掌握正确使用筷子的方法。

3. 师幼互动：进餐期间,注重对幼儿进行个别的鼓励和引导,指导幼儿使用筷子的正确方法和益处,提高幼儿使用筷子的信心。同时,加强对幼儿在进餐环节外使用筷子方法的观察指导,鼓励嘻嘻在个别化学习活动及午餐环节使用筷子中所取得的进步。

4. 环境与资源：结合个别化学习活动区域,创设正确使用筷子方法的墙面,通过图示,演示正确的拿筷子的自然姿势及手指自然配合用筷子夹物的方法,鼓励幼儿在个别化学习活动时进行观察和模仿练习。

二、第二次共研

表3-26　第二次共研观察记录表

观察日期	2018.11.16	观察时间	11:00—11:40	观察者	吴老师
观察对象	嘻嘻(男,5岁2个月)	观察情景	进餐时对于筷子的使用情况		
观察目的：是否能使用筷子。					
案例、照片： 午餐时间(11:00)到了,嘻嘻走到桌子前,选择了筷子后走到座位上,等待妈妈老师盛饭。当妈妈老师给嘻嘻盛饭完毕后,嘻嘻先把米饭碗、汤碗和菜碗摆成米老鼠的头的形状。嘻嘻用右手拿起筷子,先用筷子夹起一片青菜送到嘴里,成功之后又夹了汤里的一小块山药。没有成功,山药比较滑掉入了汤中。嘻嘻马上再用筷子尝试夹汤里的山药,还是滑掉了。嘻嘻把汤碗端起来,靠近自己的嘴巴,用筷子拨到山药后往嘴巴里送。成功吃到了汤里的山药,接下来,嘻嘻用筷子夹米饭,很快就大口大口吃饭。听到老师的提醒："宝贝们一口饭一口菜哦。"嘻嘻就放下米饭去夹菜。11:28,嘻嘻基本上把三个碗都吃干净了。					

老师们第二次观察嘻嘻进餐时,都情不自禁发出来哇的感叹。因为嘻嘻已经学会了使用筷子的办法。用筷子夹青菜,一次成功。用筷子夹汤里的山药,失败两次,于是转而端起汤碗用筷子拨菜,成功了。用筷子夹米饭,成功。经过一个月,在愿意为自己服务的维度中,嘻嘻已经能够达到表现水平三：乐意自己的事情自己做,不会做的事情愿意学。

嘻嘻在使用筷子的过程中,能够愉快地进行体验自我服务的快乐,不会因为不会使用筷子乱发脾气。通过一个月的观察和教育行为的跟进,我们很高兴看到嘻嘻的表现有了进步,从技能上学会了使用筷子之后,嘻嘻在为自己服务的坚持性和乐意自我服务方面都能够达到水平三。

三、分析与反思

经过共研小组的讨论和学习,我们六所幼儿园的老师基于合作、共赢、互补、开放的学习态度,通过一起观摩互动研讨,认真梳理共性,寻找共性中的短板与长板,研究幼儿发展、教师教育行为以及园际交互的可实施的机制。这每一次的交流过程,都是反思问题、调整问题的过程。我在本次活动的参与中,也收获了以下经验:

1. 共研的基础是整体了解基于生活活动的幼儿观察评价内容,坚持常态观察记录。

在班级管理生活活动组织实施过程中对幼儿进行观察评价时,首先要对表格中的评价内容与标准、表现水平、途径进行通读和把握。只有这样,教师才能在生活活动的相应环节中做到有目的地去捕捉、记录幼儿的行为表现、精彩瞬间。使我们的观察更聚焦、更常态。

2. 持续观察幼儿的行为表现,注重过程性评价及相应措施的跟进。

本次午餐环节对幼儿初期使用筷子的观察评价,是为了了解幼儿使用筷子的初始水平,进而在后期进行有的放矢的教育,提高幼儿使用筷子的能力。在班级管理中,教师在生活活动的环节确立观察目的和内容进行幼儿初始表现的评价后,后期应关注幼儿在后期进餐不同阶段的多次表现,通过持之以恒的观察和后继的相应措施跟进,不断促进幼儿使用筷子的水平,从而让我们的幼儿发展评价更客观和有效。

3. 发挥共研之所长,促进幼儿发展。

共研的目的是让幼儿发展得更好。而幼儿发展评价的意义之一是提升保教质量、促进幼儿的发展,而促进幼儿的发展离不开有效的措施跟进,因此我们应该从多方面整合资源,如关注园所的特性与共性、环境与课程、家园共育等,以促进幼儿发展。

(宝山区七色花艺术幼儿园　吴航)

二、 基础在于评价主体的多元参与

谁来评价? 谁来循证? 谁来改进? 从主体的视角来看,多主体的参与不可或缺,不只是共研园所的园长、副园长、保教主任、教研组长、教师,还包括市区专家、幼儿家长等。在具体的园际交互评价实践过程中,不同参与者有着各自的职责定位和身份认同,也知道要改进的方向。教师作为循证改进的参与者,能力受到挑战是必然的,对于教师而言,必须经历"证实"的过程,即能够找到证据证明哪些因素是关键因素、怎样的实践方式才是有效的。关于这一点,我们可以基于七色花艺术幼儿园黄莉老师编写的案例作出思考。

案例2: 基于多元主体参与的教研循证改进

在拓展阶段指向教研活动质量的园际交互评价实践中,我们的评价主体范围更广、层次更凸显。横向分为专家、引领园、轮值园、卷入园,纵向涵盖了市、区两级行政专家、理论专家、园长、保教主任、教研组长、教师各层面,总共约80人次。

其中,引领园是课题领衔人所在的七色花艺术幼儿园,轮值园为其他六所"兰馨社"教研联盟园,分别是小海螺、太阳花、马泾桥、保利叶都、月浦四村、海尚明城,卷入园为区域内自愿参加的非"兰馨社"教研联盟园,包括:小天鹅、青秀城、友谊路、四季万科。

在评价实践前,我们对各参与主体在现场教研活动前、活动中、活动后的职责做了清晰的界定。具体如表3-27:

表3-27　教研活动质量评价实践中各参与主体的职责划分

参与主体		职责		
		活动前	活动中	活动后
引领园	园长	1. 统筹管理教研联盟展示活动。 2. 设计"规格化"教研活动。	1. 作为专家现场观诊。 2. 参与现场教研问卷星评价。 3. 分享解读上一轮现场教研诊断报告。	1. 撰写现场教研诊断报告。 2. 给予轮值园后续教研改进建议。
	保教主任	1. 指导轮值园保教主任开放教研现场活动。 2. 关注活动流程、评价工具等。"规格"的调整完善与动态生成。	1. 现场参与"主任对对碰",与轮值园保教主任开展你来我往的"碰撞"。 2. 参与现场教研问卷星评价。	参与后对于本园课程领导与调整的思考。
	教研组长	1. 指导轮值园教研组长开放教研现场活动。 2. 关注每一次活动的咬尾循证改进。	1. 现场参与"组长开开杠",与轮值园教研组长开展你来我往的"碰撞"。 2. 参与现场教研问卷星评价。	参与后对于本园教研活动的组织、设计等的调整思考。
	教师		1. 观摩现场"教研直播间"。 2. 参与现场教研问卷星评价。	反思自己在教研活动中的专业角色和定位问题,思考如何优化。
轮值园	园长	指导本园教师开展现场教研。	1. 作为专家现场观诊。 2. 参与现场教研问卷星评价。	1. 参与后对于本园园本课程进行调整与思考。 2. 参与后对于本园园本教研活动进行调整与思考。

参与主体		职责		
		活动前	活动中	活动后
				3. 参与后对于本园教师团队的专业成长的思考。
	保教主任	1. 与引领园保教主任共同商议开放教研现场活动。 2. 与本园教研组长共同组织开展现场教研活动。 3. 关注活动流程、评价工具等"规格"的调整完善与动态生成。	1. 现场参与"主任对对碰"，与引领园保教主任开展你来我往的"碰撞"。 2. 参与现场教研问卷星评价。	参与后对于本园课程领导与调整的反思。
	教研组长	1. 与引领园教研组长共同商议开放教研现场活动。 2. 组织开展现场教研活动。 3. 关注如何对前一轮值园教研活动进行有效的循证改进。	1. 现场参与"组长开开杠"，与引领园教研组长开展你来我往的"碰撞"。 2. 对现场教研活动进行自诊、自评。	1. 依据引领园出具的诊断报告撰写教研改进报告。 2. 调整、改进、优化本园教研活动。
	教师		1. 观摩现场"教研直播间"。 2. 参与现场教研问卷星评价。	反思自己在教研活动中的专业角色和定位问题，思考如何优化。
卷入园	园长		1. 作为专家现场观诊。 2. 参与现场教研问卷星评价。	反思自己园所的教研活动质量，找准"位置"，对标准有更深入的理解，并对照标准加以改进和优化本园的教研活动的组织。
	保教主任		1. 观摩现场"教研直播间"。 2. 参与现场教研问卷星评价。	反思自己园所的教研活动质量，找准"位置"，对标准有更深入的理解，并对照标准加以改进和优化本园的教研活动的组织。
	教研组长		1. 观摩现场"教研直播间"。 2. 参与现场教研问卷星评价。	反思自己园所的教研活动质量，找准"位置"，对标准有更深入的理解，并对照标准加以改进和优化本园的教研活动的组织。

参与主体	职责		
	活动前	活动中	活动后
教师		1. 观摩现场"教研直播间"。 2. 参与现场教研问卷星评价。	反思自己在教研活动中的专业角色和定位问题,思考如何优化。
各类专家		1. 现场观诊,指导点评教研活动。 2. 参与现场教研问卷星评价。	

以 2019 年 11 月 29 日马泾桥幼儿园现场教研活动"基于'学习故事',对大班平衡区幼儿运动行为的识别与回应"为例。

活动前,引领园七色花艺术幼儿园保教主任、教研组长分别深入轮值园马泾桥幼儿园,指导其保教主任、教研组长,开展多轮互动研讨,制定教研展示活动方案、完善教研预案,就教研主题的确立、目标的设计、内容、环节等的优化进行了一对一深入的指导,同时,着重指导轮值园基于前一次"太阳花幼稚园教研诊断报告"中存在的不足与问题,改进问题、借鉴经验,进行有效的咬尾循证改进。

活动中,课题领衔人暨引领园园长魏群首先对前一次"太阳花幼稚园的教研诊断报告"进行了现场的分享与解读,随后,轮值园进行了现场教研展示活动,展示之后,轮值园组长针对现场教研活动进行了自诊与自评,轮值园、引领园双方的教研组长、保教主任进行了现场的"开开扛"与"对对碰",在思辨互动中,帮助与会人员进一步理清教研框架、明晰教研思路、提升教研中的课程意识……之后,所有与会的教师、专家等扫码进行问卷星评价,专家、领导等给予观诊后的指导点评。

活动后,引领园聚合马泾桥幼儿园组长自诊、对话式互诊、问卷星大数据会诊、专家导诊等信息,出具"马泾桥幼儿园现场教研诊断报告",帮助马泾桥幼儿园明确自己在园本教研中的优势、不足及整改方向。马泾桥幼儿园教研组长也要依据诊断报告反思调整教研活动,撰写"马泾桥幼儿园教研改进报告",优化本园教研活动的同时,提供给下一家轮值单位循证改进的依据及方向。诊断报告同时也给予其他联盟、卷入园对照改进的方向,借鉴马泾桥教研现场,对照自身教研,反思教研活动质量,找准本园教研在标准中的"位置",寻优补短。

以此多轮循环会诊，逐步循证改进，共同攻破教研难题，实现区域内幼儿园教研质量的同步共进。

（宝山区七色花艺术幼儿园　黄莉）

三、 核心在于基于证据的实践改进

经验主义行为往往局限于自身经验，是随心而非用心，预设性过多，动态性太少，封闭性太强，开放性不足，这种行为发生在承担公共服务职能的幼儿园里则显得不合理。因此，园际交互评价决定在行为上从随心式的经验主义走向科学循证，这需要园长和教师把自身的行为作为分析的对象，通过多维度的信息、运用科学的方法乃至借助工具进行分析，从而基于客观的依据进行实践改进。我们建构的评价指标体系为课程质量评价和教师教学行为改进提供了有效的依据和参照。实践改进和行为转变是一个动态的过程，评价指标体系和园际交互评价共同体实践为整个评价过程提供了静态和动态、结果反馈与情境分享相结合的模式，这种模式为幼儿园的实践改进和教师行为转变提供了科学化和个性化的依据。而且，在这样循环深入的实践中，幼儿园的课程质量不断提升，教师也实现了专业发展。

实践改进的循证路径体现在：一方面，从试水阶段对课程方案质量的评价走向深化阶段对课程实施质量的评价，再到拓展阶段对教研活动质量的评价，无论是评价主体人数上的循环递增，还是评价内容上的扬优克难，都呈现了课题组在三大阶段的大循环中开展基于证据的实践改进。另一方面，在三个阶段中的任何一个阶段，都不是一所轮值园开放现场活动就结束的，而是呈现出内部的小循环，同一个问题在前后多个轮值园现场活动中如何得以发现和改进的过程，也是课题组从小循环的角度开展基于证据的实践改进的过程。

具体来说，一方面，随着评价内容的变化，从课程方案到课程实施再到教研活动，课题组围绕评价主体、评价指标、评价方式、评价模式等进行新一轮的循环改进。另一方面，在教研活动质量园际交互评价实践中，主要由课题组的引领园指导轮值园就教育教学中的真问题开展真研讨，并通过组长自诊、对话式互诊、交互式评价、专家会诊等聚合评价信息，形成诊断报告和优化策略；而下一个轮值园要在上一轮教研质量交互评价建议的基础上"取其精华，去其糟粕"，以此促使各园的教研质量呈现不断的咬尾递进与提升。也就是说，在每一次开放现场教研活动时，轮值园都会通过活动前的设计与准备、活动中的研讨与诊断、活动后的反馈与优化的循环过程,晒出自己的亮点与特色、发现自己的问题与不足,并不断调整完善本园实践。而在每一次其他园开放现场教研活动时,把别人作为一面镜子,通过"照镜子"活动,既"照亮"自己的优势、又"照出"自己的问题,更"照射"出他人的优势,从而学以致用,改进自身实践,实现共研小组及不同园所之间持续的循环改进。关于这一点,我们可以基于青苹果幼儿园唐颖璐老师编写的案例作出思考。

案例 3:"退"与"推"——中班表演游戏共研的思与行

一、背景分析

上海市宝山区青苹果幼儿园是一所以幼儿自主发展为办园理念的市一级公办园,我园表演游戏的开展主要是在我园自主游戏特色活动"苹果派对"环节中进行,同时也会定期进入表演室排练。虽然我园幼儿在社会交往以及表达表现方面都比较自主开放,但在表演游戏的组织与开展方面,一线老师依然存有一些"困惑"和"思考",如:表演游戏怎么玩,是表演还是游戏,表演游戏观察什么等。

带着这样的"困惑"和"思考",这次我有幸与宝山区其他 5 所共研幼儿园一起,共同参与了七色花"园际交互式评价"的表演游戏组共研活动。通过一次次表演游戏的现场共研,我们根据《3—6 岁儿童学习与发展指南》《各年龄段幼儿表演游戏行为特点》等文本,完成了中班、大班在表演游戏中的质量评价表,有了一级标准指标、二级挑战指标、三级艺术指标的具体幼儿行为表现的参考。对照质量评价表,我们分享策略,研究机制,积累了一定有效、可操作的经验。从理论研习到实践研讨,再到观察分享、反思调整,在这个过程中,我对表演游戏的概念、价值定位都有了全新的理解。

二、案例分享

观摩完第一次共研现场后,共研小组成员们发现以下几个情况:一方面,小朋友还不能围绕一个主题进行故事表演。另一方面,老师总是忍不住要进行介入,指导孩子们应该怎样做。同时,共研小组成员对共研现场做了相关评价(如表 3-28 所示):

表 3-28　中班表演游戏质量评价表(3.0 版)(节选)

评价对象		典 型 表 现	达成情况		
			达到	部分达到	未达到
幼儿	人际交往	☆喜欢和同伴一起表演,乐意表达自己的想法。	√		
		☆能按自己的想法进行表演游戏。	√		
		☆☆能初步关注别人在表演游戏中的情绪与需要。		√	
		☆☆能与同伴友好相处,愿意接受同伴关于表演的意见和建议。	√		
		☆☆能用较丰富的词汇进行交往。	√		
	群体适应	☆愿意并主动参与表演游戏,过程中能集中注意一段时间。	√		
		☆在游戏中能遵守共同制定的表演规则,与同伴发生冲突时,能在他人的帮助下和平解决问题。	√		
		☆☆能用较丰富的词汇进行交往,游戏中遇到问题能主动求助。	√		
	表征行为	☆能自发组织表演游戏,与同伴合作并商量表演主题、分工角色等。		√	
		☆能根据表演主题自主选择表演服装、道具进行装扮,材料使用符合艺术形象的需要。	√		
		☆能通过手、口、动作、表情等进行表达表现。	√		
		☆☆能围绕主题进行表演。		√	
		☆☆能根据表演需要自制道具或使用多种替代物,初步出现以物代物的替代行为。		√	
		☆☆以自己最感兴趣、印象深刻的经历作为表演主题,开展更丰富的游戏情节。		√	
		☆☆☆能对故事作品有一定的理解,根据原有情节或创造的情节有较生动的表演(目的性角色有象形特征)。			√

　　基于这个表格,共研组的成员提出了以下几个问题:幼儿为什么无法围绕主题表演? 教师是否要介入幼儿的表演游戏? 如果介入,教师应该以何种方式介入幼儿的表演游戏,同时不破坏幼儿游戏的自主性?

　　围绕以上问题,共研组成员们集思广益,梳理改进建议。于是,我做了如下调整:第一,增加了故事旁白,通过材料和环境的辅助以支持幼儿的游戏活动开展。第二,基于表演游戏的内容应基于幼儿的经验和兴趣,内容选择可以多元化的原则,与孩子们进行了班本化故事的再创作。第三,吸取了美兰湖幼儿园提出的利用成品和原创的建议,提供相关素材,将孩子们熟悉的一些六一舞蹈节目加入到表演游戏中。第四,通过这次共研,转换了教师的指导理念。老师不再一味地介入,而是把游戏现场还给孩子们。

基于以上的调整意见,我在本园通过了一段时间的实践研究后,我们的表演游戏又进行了第二次的共研。观摩现场后,共研小组成员又给出了评价(如表 3 - 29 所示):

表 3 - 29　中班表演游戏质量评价表(3.0 版)(节选)

时间:2019.4　班级:中一班

评价对象		典型表现	达成情况		
			达到	部分达到	未达到
幼儿	人际交往	☆喜欢和同伴一起表演,乐意表达自己的想法。	√		
		☆能按自己的想法进行表演游戏。	√		
		☆☆能初步关注别人在表演游戏中的情绪与需要。		√	
		☆☆能与同伴友好相处,愿意接受同伴关于表演的意见和建议。	√		
		☆☆能用较丰富的词汇进行交往。	√		
	群体适应	☆愿意并主动参与表演游戏,过程中能集中注意一段时间。	√		
		☆在游戏中能遵守共同制定的表演规则,与同伴发生冲突时,能在他人的帮助下和平解决问题。	√		
		☆☆能用较丰富的词汇进行交往,游戏中遇到问题能主动求助。	√		
	表征行为	☆能自发组织表演游戏,与同伴合作并商量表演主题、分工角色等。		√	
		☆能根据表演主题自主选择表演服装、道具进行装扮,材料使用符合艺术形象的需要。	√		
		☆能通过手、口、动作、表情等进行表达表现。	√		
		☆☆能围绕主题进行表演。	√		
		☆☆能根据表演需要自制道具或使用多种替代物,初步出现以物代物的替代行为。		√	

评价对象	典 型 表 现	达成情况		
		达到	部分达到	未达到
	☆☆以自己最感兴趣、印象深刻的经历作为表演主题,开展更丰富的游戏情节。		✓	
	☆☆☆能对故事作品有一定的理解,根据原有情节或创造的情节有较生动的表演(目的性角色有象形特征)。		✓	

借由第二次共研现场的中班表演游戏质量评价表,我发现通过第一次共研后的调整,孩子们在表演的兴趣、肢体表达、小组合作意识等各项指标都有所提升,同时老师在理念上也发生了转变,不会一味地在前,更多的是退后观察孩子的行为表现。但当孩子们游戏水平提升后开始有自创表演时,新问题又开始出现了。比如说,孩子的创造并不合适,比如"小矮人和王子"打起来了,创作情节的合理性、生动性欠缺,甚至有点暴力。再比如说,个别孩子很有想象力,自己玩得很开心,但是小组当中没有达成共识。

经过第二次共研,共研团队就现场提出了两个问题:幼儿为什么无法合作完成创造情节的表演?老师如何支持幼儿的创造性表演?基于以上问题,大家集思广益,纷纷发表意见,大家就改进方法达成共识,所以我又进行了以下几个方面的调整:一是表演游戏的材料要根据幼儿的经验发展即时调整,体现层次性、差异性;二是游戏的分享形式应多元化,过程中小组可以调整自我评价,游戏后可以集体分享辐射经验;三是教师的介入应基于有效的观察,在需要的时候可以以游戏者的身份参与,激发幼儿合理的创造表演。

经过第二次研讨后的调整,我又将孩子们最近阶段的表演游戏发展情况拍摄了短片与其他共研小组的成员进行了第三次共研探讨,大家进行了一次"共研直播间"的有效共研。老师们发现孩子们的故事表演有了很大的变化,他们会在过程中用记录纸或者平板电脑进行记录,以小组的形式互评他评。在分享阶段,孩子们自创的节目也越来越多,他们的表演更加自主,更有自信。老师的观察也更仔细,站位也更退后。

三、共研收获

我感觉到,每次的共研就是一次互动合作的交流平台,为我们老师与老师之间,园所与园所之间的成长发展打开了一个交互学习的新模式、新机遇、新体验。

以六所幼儿园的教师共同发展为主旨，基于合作、共赢、互补、开放的学习态度，大家通过一起观摩互动研讨，认真梳理共性，寻找个性中的短板与长板，研究出针对每个园所个性发展的有效且可行的机制方案。而这每一次的交流过程，对其他单位共研的老师来说，也是一次个体反思问题、调整问题的机会。这种经验的双向分享是一种双向输出，也是对于共赢机制最好的再现。

同时，这种共赢的价值不仅仅在于直接将共研的成果输出给参与共研的六位一线老师，这其实是一场"园际"间的交互平台，更大化收益的是参与其中的六所园所。就我们青苹果幼儿园为例，我也将这次共研中收获到的好的经验和机制带到自己幼儿园，与园内教师、领导共同分享并结合我园自主的特色活动，进一步完善了我园表演游戏在环境创设上的短板，丰富了我们的材料架构，提升了我园老师对于幼儿表演游戏的观察和评价能力，同时我们的孩子们也玩得更加自主自信了。这样一种"以点带面"的交互成效。对参与其中的老师来说，每次共研都是一次新的成长，对整个共研小组来说，每次共研都是一个新的挑战，对参与联动的幼儿园来说，每次共研更是一个新的探索。

从点到面，从纵向到横向，我们共研共学，共赢共进。希望借由老师一次次的"退"后的研究，能够一次次"推"动园所间开放交流的互动平台，海纳百川，集思广益，促进我们的教师专业素养的不断进步以及幼儿园之间共赢发展的良好愿景。

（宝山区青苹果幼儿园　唐颖璐）

四、 根本在于改进开启新一轮循证

循证改进中的"证据"是极其重要的。从闭环的角度来思考，我们需要明确：后一轮循证改进的"证据"恰恰是前一轮改进的行为表现。无论是试水阶段对课程方案质量的评价，还是深化阶段对课程实施质量的评价，或是拓展阶段对教研活动质量的评价，在三个阶段中的任何一个阶段，都不是以一所轮值园开放现场活动的结束而告终的，而是呈现出内部的小循环，同一个问题会在该阶段各个共研园所的活动现场与改进实践中不断得到迭代更新和咬尾改进。

例如，在指向课程实施质量的园际交互评价实践中，表演游戏组于 2018 年 9 月至 2019 年 5 月在各共研园依次深入开展了园际交互评价的实践研究活动，重点就幼儿在游戏中的"人际交往、群体适应、表征行为、感受与欣赏、表达与表现"等方面进行了深入解读和剖析，也发现了不少共性问题。我们聚焦这些表演游戏中的突出问题，围绕表演游戏的环境创设、材料提供、幼儿游戏的行为表现、教师的作用等展开了六轮咬尾改进，以循环的操作范式将所有共研园卷入其中，在实践——发现问题——举荐策略——再实践——优化策略中阶梯式、螺旋式上升，谋求表演游戏课程实践的同步共进。案例4为表演游戏共研小组就共性存在的问题——"表演游戏中幼儿开展的游戏情节单一"如何咬尾改进做进一步的回顾梳理：

案例4：咬定青山不放松　立根原在破岩中

第一次中班表演游戏质量评价的小组诊断报告（片段）

实践园：友谊路幼儿园　徐惠清

分　析	建　议
幼儿在表演游戏中能根据自己的兴趣选择内容，音乐表演区域的幼儿能根据主题选择服装装扮并通过手、口、动作进行舞蹈表现，但表演的内容大多是音乐舞蹈成品的单一反复再现或模仿，游戏情节较单一。 故事表演区域的幼儿游离在外，无法与同伴较好地商量、合作。	1. 提供故事绘本、背景音乐、运用一些园本化、班本化特色的表演内容为孩子搭建一个故事表演的阶梯。 2. 游戏材料建议以更低结构呈现，不要全部提供现成匹配的表演服饰和道具，可以适当在区域中增加"百宝箱"，激发幼儿的替代行为。

基于同一问题的咬尾改进

共研问题：表演游戏中幼儿开展的游戏情节单一

自诊评价	改进措施	咬尾建议	改进成效
四季万科幼儿园：陈丽丽 结合园本科技特色和幼儿的兴趣，创设了科学情景剧的故事表演区域，由于内容来源于幼儿的学习经验，所以幼儿能自发组织表演，并无游离在外，只是游戏情节还不够丰富。	**游戏内容来源** 表演游戏的内容应基于孩子的兴趣，呈现多元化的特点，既可以融入园本、班本化特色的内容，同时也可以完全来源于生活创造或鼓励幼儿进行改编。 **材料提供** 除了根据幼儿的学习经验提供现成的故事录音等，还可根据幼儿的兴趣提供"半成品"，激发幼儿的创造。	1. 游戏内容来源多元化，激发幼儿的改编与创造。 2. 游戏材料投放循序渐进，从"成品"到"半成品"，满足不同游戏水平的幼儿。	能根据上次咬尾建议将园本特色的内容融入游戏，为幼儿的表演搭建了一个阶梯，幼儿的"人际交往、群体适应"指标达成度有提升。 但材料投放上大多为成品，使得部分区域开展的游戏情节仍比较单一，表征行为指标达成度一般。
小天鹅幼儿园：张晴 表演游戏生成的内容、形式较丰富，有园本特色的民间舞蹈内容，也有幼儿改编的	**材料提供** 故事表演中提供了文字较多的故事剧本，建议在环境创设上可提供一个"设计区"，让幼儿自主设计表演	1. 在环境上创设"游戏设计区"，激发幼儿的自主创造。 2. 尝试在游戏中运用"小先生制"。	各游戏区域中幼儿都能围绕主题进行表演，在故事表演区中，幼儿能创造游戏情节并自制道具，材料使用符

自诊评价	改进措施	咬尾建议	改进成效
故事表演,游戏中部分幼儿还会自制道具,出现了替代行为。每个表演区域有一个能力强的幼儿主动组织游戏,拓展了表演的形式和情节。	的剧本、舞蹈的队形、制作使用的道具等。 **"小先生制"** "小先生"避免由教师指定,切忌不能让能力强的孩子更强,而忽略了其他的孩子和游戏中每个孩子的创造。		合艺术形象的需要。但在运用"小先生"机制的时候应关注所有孩子的创造,避免出现有些区域的孩子仅处于模仿小先生动作表现的状态。
七色花艺术幼儿园:黄莉 利用了多媒体给予幼儿艺术欣赏的环境。创设了"设计区"、"换装区"、"化妆区"等游戏环境区域,在游戏中幼儿会通过图示设计表演的队形,激发了幼儿与同伴的交往和表演游戏中的创造,游戏情节较丰富。	**材料提供** "设计区"、"换装区"、"化妆区"等游戏区域的划分激发了幼儿的创造和游戏趣味,幼儿参与度较高。但材料提供应体现层次性,幼儿熟悉作品后,故事表演可以提供一些背景音乐,而不是完整的故事,角色的道具也可以多一些,甚至出现一些原来没有的角色,如此也可以丰富游戏的情节。	1. 根据各园实际,将幼儿艺术欣赏的环境融合在游戏和日常学习生活中。 2. 结合各园特点,充分利用游戏空间,适当融入"设计区"、"换装区"、"化妆区"等。 3. 材料提供应体现层次性。	基于艺术欣赏环境的暗示和部分游戏空间的合理布局,如:增加了"设计区"等,幼儿在表演游戏中的艺术领域指标达成度较高,游戏中能出现以物代物的替代行为,部分表演能开展较丰富的游戏情节。
青苹果幼儿园:唐颖璐 大多数游戏区域都充分运用了"小先生制",舞蹈区域的幼儿能组织同伴商量表演的队形、服装等,但部分区域出现了幼儿争抢做"小先生"的现象。 在游戏中和游戏后都有随机的预约分享交流,幼儿能自主组织同伴分享、交流自己的表演游戏成果。	**机制的再优化** "小先生"制中,小先生的产生应由孩子商量决定,可以由一个孩子担任,也可以同时由几个孩子担任,或者由几个孩子轮流担任;它的作用是要让孩子了解,"小先生"要做的不仅是让别人模仿动作,而是更主动地组织游戏、分享游戏经历经验、创造丰富情节。 **分享交流** 在游戏中或游戏后,鼓励幼儿自发组织分享交流,讨论自己的表演游戏成果,教师可以适当用一些多媒体进行记录、回放,帮助幼儿分析、学习同伴的创造亮点。	1. "小先生制"的再优化。 2. 关注分享交流的时机和幼儿的主体作用。	基于"小先生"机制的使用,音乐区域幼儿表演游戏的表征行为达成度较高。同时,随机的分享交流预约,让幼儿能及时发现自己和同伴在游戏中的亮点创造。
美兰湖幼儿园:陈婷 各区域都有几个"小先生"组织游戏,有的小先生分享自己的表	**游戏内容的来源** 鼓励幼儿日常争做"小先生",对自己在园外的表演经历或感兴趣的故事、音乐	1. "小先生制"的再拓展:幼儿的游戏经验来源于生活,小先生可以拓	各区域的小先生会主动分享日常各自的表演经历,从而以自己印象深刻的经历作为表

自诊评价	改进措施	咬尾建议	改进成效
演经历,有的小先生组织游戏过程中表演的形式,有的小先生商量如何进行表演,整个游戏过程大多数幼儿都能主动参与,与同伴商量,部分区域根据原有情节或创造的情节有较生动的表演。 游戏后的分享交流幼儿都想来预约分享,使得实际时间有点长。	作品进行交流,激发幼儿的表演游戏的情节创造。 **分享交流** 过程中的随机分享,如果有条件的话,可以提供多媒体,让幼儿自己摄录,过程中回看,对自己的表演游戏提出建议,做出自主的调整。而游戏后的分享可以预约分享精彩片段,不用完整表现,如此让幼儿学习发现自己和同伴的亮点。	展到日常生活中,鼓励小先生们多分享自己的表演经历。 2. 关注提升分享交流的实效,如:分享交流的时机(前、中、后),分享交流的工具(多媒体记录),分享交流的方式(预约精彩片段)。	演主题,开展了较丰富的游戏情节,部分创造的情节有较生动的表演。幼儿的表征行为达成度较高。

(宝山区七色花艺术幼儿园　王燕妮)

第四章 园际交互评价的操作路径

幼儿园教育质量直接关系到幼儿的身心健康,其重要意义不言自明。课程是支持儿童持续性发展的重要载体,是学前教育质量监测的重要指标,课程质量的高低直接关系到儿童的学习和发展。在园际交互评价共同体的具体实践行动中,我们针对不同评价内容明确相应的评价路径,包括"听—观—评"的课程方案质量评价路径、"晒—研—合"的课程实施质量评价路径和"观—诊—疗"的教研活动质量评价路径。

　　客观有效的园际交互评价前提在于模式的系统性运行和实践行动的顺利开展。我们紧扣园际交互评价模式的核心——基于循证改进的"研评"结合式交互评价流程,创设"咬尾改进式"园际交互评价模式,后一所轮值园关注对前一所轮值园问题的弥补与改进,参与的共研园所实现"咬尾改进"式的交互评价实践,并形成参与园所开放现场活动的整体循环。同时,从信息收集方式和评价主体的不同分类出发探索适宜于园际交互评价共同体进行实践的运行方式,包括基于信息收集方式的视频信息收集、现场观察发现、专题互动交流,以及基于评价主体的专家现场诊断、小组自主诊断、园际轮值诊断。在此基础上,通过园际交互评价共同体的园际共研机制和论坛交流机制的形成与运作,以及信息共享平台的建立与试行,确保了整个互评模式持续、有效地运行,达到稳中求进、循环改进、以评促建的目的。

第一节　明确评价路径

一、"听—观—评"的课程方案质量评价路径

在试水阶段中，我们探索了"听—观—评"的课程方案质量评价路径，即轮值园开放活动，介绍课程方案与思考，解读评估指标与工具，共研园聆听相关介绍和解读；随后，轮值园开放相关优势领域课程现场活动，共研园观摩现场活动，并在轮值园自诊基础上评价轮值园相关领域的课程质量，提出相应的改进建议。活动结束后，轮值园和共研园充分汲取活动精华，优化完善本园课程方案。

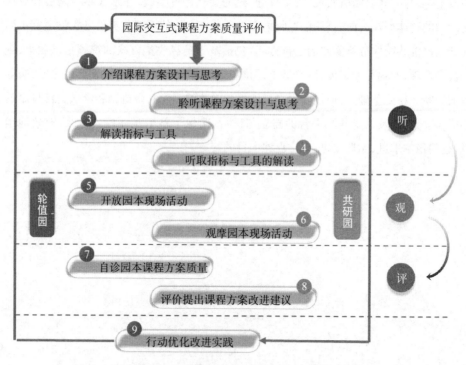

图 4-1　园际交互式课程方案质量评价路径图（试水阶段）

例如，七色花艺术幼儿园作为课题研究引领园，提供并开放了第一场的共研现场。在本园形成"艺术小沙龙活动质量评价指标"讨论稿后，开放现场活动，介绍园本课程方案、解读标准，开放"艺术小沙龙活动"现场，再请"共研小组"和参与的专家运用标准

试评,研讨如何改进指标。如此一来,经过多轮园内、园际与专家之间的研讨交流,各园都有了较为规范的适合本园实际的优势领域的课程评价标准。

二、"晒—研—合"的课程实施质量评价路径

在这一阶段,六个小组共有 36 名教师参加共研,各组围绕同一课程领域的教师实施质量,逐园依次开展现场的交互评价及共研活动。共研小组组长有目的、有规划地制定小组共研活动开放的园所、对象、时间、内容及评价的设计与调整,带领组员自主开展、自主管理小组共研,在与组员们的相互沟通协作中,形成共研小组经验、进而达成组内教师在情感上与研究中的共识。

模块一:晒,组长指导轮值园组员共同制定共研活动开放计划,每次一位小组成员开放某一教学模块活动,其余组员观摩。

模块二:研,共研小组成员借助评价工具进行交互诊断,包括园际他评、轮值园自诊两部分,通过现场教研评价该成员某一教学模块的课程实施质量并提出改进建议,分享自身经验、做法等,也可对该模块的质量评价指标提出调整意见。

模块三:合,之后,组长汇总梳理,完成小组阶段共研诊断报告(如图 4-2),提供

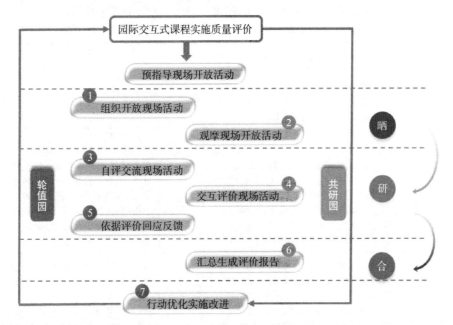

图 4-2 园际交互式课程实施质量评价路径图(深化阶段)

下一次咬尾建议,并发布下次活动预告。轮到下次开放活动的组员,需基于本次活动的反馈,运用策略,实践优化。依次,六所共研园轮流开放总结优势、提出建议。

围绕同一课程模块的质量开展园际交互评价,是一个持续的实践优化和经验积累的过程。A园晒活动,共研小组在研与评中发现问题、交流经验、寻求策略,B园借鉴A园经验,运用策略,实践优化课程后,再次开放活动,在晒、研、评中发现问题、寻求策略,在循环往复、首尾衔接的交互评价活动中,不断优化课程,提升课程实施质量。

以表演游戏组的一次现场评价活动为例,七色花艺术幼儿园的王燕妮老师担任组长,指导组员制定活动计划,2019年3月共研团队来到青苹果幼儿园,组员唐颖璐老师开放活动,其余组员观摩。组员借助评价工具进行交互诊断,包括园际他评、轮值园自诊两部分,评价该成员某一教学模块的课程实施质量,并提出改进建议,分享自身经验、做法等,也可对该模块的质量评价指标提出调整意见,如表4-1的五条分析与五条建议所示。组长汇总梳理,形成"改进措施",完成小组阶段共研诊断报告(详见表4-1),提供"下一次咬尾建议",并发布下次活动预告。轮到下次开放活动的组员,需基于本次活动的反馈,运用策略,实践优化。依次,六所共研园轮流开放,总结经验、提出建议。

表4-1 中班表演游戏质量评价——小组评价诊断报告
评价时间:2019年3月29日　评价园所:青苹果幼儿园
评价班级:中班　　　　　　被评价教师姓名:唐颖璐

评价教师单位姓名	四季万科幼儿园　陈丽丽 七色花艺术幼儿园　王燕妮 小天鹅幼儿园　张晴 美兰湖幼儿园　陈婷 友谊路幼儿园　徐惠清		
	评价记录与分析		
分析1	白雪公主故事表演区域的幼儿,群体适应中的一级二级指标都能达成,特别是二级指标中幼儿在游戏中能主动求助,与同伴发生冲突时,能在他人的帮助下和平解决问题,甚至可以自己想办法解决。	建议1	在表演游戏时,可以通过提供故事绘本、背景音乐,运用一些园本化、班本化特色的表演内容为孩子搭建一个表演的阶梯,孩子有了经验、熟悉了作品,也就萌生了兴趣、合作性和创造性。
分析2	在几个故事表演游戏区域的幼儿,人际交往中的一级二级指标都达成了,特别是二级指标中幼儿能关注别人在表演游戏中情绪和需要,与	建议2	孩子们更多地是表演一个成品,而并没有开展丰富的游戏情节,过程中的创造、替代行为比较少。所以,要基于孩子的兴趣投放材

	评价记录与分析		
	同伴不断沟通商量该如何游戏。但三级指标并未达成，也就是说在今天的表演游戏中，我更多地看到了孩子基于一个音乐素材反复表演成品，而缺少了对原有作品的创造。基于之前共研产生的"幼儿联动制"，已被运用于拔萝卜这个游戏区域，也起了一定的作用。在游戏中，孩子的水平是有差异性的，虽然有些孩子不愿意参与，但是有了这个"同伴互助联动"的机制，孩子就会邀请不愿意表演的同伴来放放音乐、打打节奏，懂得关注其他同伴的情绪。		料。表演游戏应该更多地注重社会交往表现，给予幼儿商量、分工、合作的机会，所以在材料提供上应该更加开放和多元性。今天的表演游戏中，每个区域都有一个材料框，孩子们会把今天表演的内容简单地画下来，对有哪些同伴一起玩进行了简单记录，同时每个材料框配了一个自主选择的播放器。有的孩子今天没有完成表演，他们把材料框放回了原位，可是下一次他们可以继续表演，而不会就此终止。这样的机制可以推广运用。
分析3	舞蹈秀区域的幼儿，在人际交往、群体适应的指标达成度较高，她们会积极地和同伴一起表演，能按自己的想法进行表演游戏，同时过程中较专注。这个区域的幼儿不仅在过程中基于音乐的变化商量动作、队形，同时游戏的情绪一直很愉悦。在表征行为上对于音乐表现的两个三级指标也能基本达成。	建议3	这个区域已经运用了我们之前共研形成的优化策略"小先生制"。有一个小先生在游戏中带领同伴一起来参与，使得整个游戏过程中小组十分投入。但小先生制是不是会让能力弱的孩子一直顺从"小先生"，而忽略了自己的创造，所以我们需要思考的是，如何能更好地运用"小先生制"？
分析4	纵观整个表演游戏的现场来说，在表征行为指标中，幼儿都能自发组织表演游戏、商量分工，白雪公主、拔萝卜、小兔乖乖等区域的孩子能根据表演主题自主选择表演服装、道具进行装扮。但部分游戏区域更多的是动作模仿、成品的再现，艺术的创造性和表现性的达成度还不够。	建议4	作为游戏，表演游戏肯定要以游戏的形式呈现，同时它又要包含表演的特质，所以也要关注艺术的表现力，让幼儿在游戏的过程中体验艺术表现，但千万不能走进误区，让它成为艺术表演。
分析5	在游戏中，教师能处于一个退后观察的角色，关注活动中幼儿的互动；在分享交流中，一级二级指标也都能达成，幼儿能主动预约自己的表演游戏成果，过程中能专注地观看同伴展现的游戏表演。同时小主持人还会邀请同伴来说说看完表演的看法，老师也能及时梳理游戏经验。	建议5	整个游戏的材料还可以更丰富，同时游戏的时间也应该充分保证，今天的游戏时间可能稍微短了一些。

	评价记录与分析
改进措施	**1. 内容来源** 　　表演游戏的内容应基于孩子的兴趣,呈现多元化的特点,既可以完全来源于生活创造,同时也可以遵循园本特色——班级主题——幼儿改编或原创逐步推进,从而为孩子的表演游戏搭建阶梯,使得孩子的主动性明显提高,在幼儿原有经验的基础上激发合作与创造(各共研园可以将各自的园本特色内容融入其中)。 **2. 材料提供** 　　材料的提供应体现低结构性、层次性和主题性。我们不仅应该在游戏中继续投放低结构材料的"百宝箱",就故事表演游戏而言,还可以在初期给予幼儿一些图夹文剧本和故事录音,让幼儿熟悉文学作品,支持幼儿的表演;中期可以提供一些背景音乐,让幼儿自己创编情节、语言;后期可以提供设计区,让小组通过图文表征的方式共同创造情境,创造连续的情节,达成游戏合作。同时,材料也可结合幼儿现阶段的主题经验,提供班本化自制的主题材料,立足幼儿经验,激发幼儿的游戏动机。 **3. 艺术创造性** 　　游戏环境中应该有设计区的概念,即幼儿可以在这块区域对于原有作品进行图画表征式的关于情节、动作、队形、语言等的设计,也可以自主设计一些表演道具。其次,艺术氛围的环境暗示也尤为重要,比如:现场文学作品的图片、视频欣赏,幼儿先期表演游戏的实况回放、网络即时搜索均是与时俱进的一些科技手段,通过这些手段,也可以潜移默化地创造艺术欣赏的环境暗示,让幼儿的艺术表现能基于感受与欣赏,这也更符合孩子的发展规律。
下一轮咬尾 操作建议	**1. 丰富幼儿表演游戏经验** 　　表演游戏内容基于幼儿兴趣和生活经验,可结合主题学习经验和各园园本特色,鼓励幼儿在游戏中的表现与创造(避免在游戏中只是重复模仿)。 **2. 材料提供多元化** 　　材料提供更开放,避免全部是现成的服装、道具。运用好"百宝箱"和"设计区",丰富幼儿的替代行为(在表演游戏区域和日常活动中,适当增加艺术欣赏的环境与材料,以激发幼儿的艺术表现力)。 **3. 共研机制的运用** (1)原有机制的再运用:幼儿联动制 鼓励幼儿选择喜欢做的,与同伴一起合作联动。 (2)原有机制的再优化:小先生制 小先生制是一种个体带动小组的机制,小先生的产生可以由老师指定、也可以由孩子商量产生、过程中还可以轮流,可以1人,也可以2人或多人担任;小先生在游戏中的作用是应该让孩子们了解到要更多地主动组织游戏、主动分享经历经验、创造丰富情节。切忌不能让能力强的孩子更强,而忽略了其他的孩子和游戏中每个孩子的创造。 (3)新机制的尝试:未完待续制 使用一个包含本次表演游戏内容记录的材料框,此次未完成表演游戏合作而下次又想继续的幼儿,只要再找到这个材料框,根据记录就能回忆起上次的内容,继续游戏。让表演游戏不会突然中止,让有限的时间不断激发无限的创造。

三、"观—诊—疗"的教研活动质量评价路径

在每一次现场教研前,由引领园七色花艺术幼儿园课题中心组成员参与轮值园教研团队研讨,为现场教研展示做好充分的准备,如确立教研主题、设计教研预案、预设教研研点等。在形成初步教研预案后,教研团队将充分考量上一轮轮值园出具的"基于诊断报告的改进方案",规避上一轮共享教研中梳理的弱项,形成优化后的教研预案。

进入第一模块"观",即轮值园开放现场教研,全体参与的专家、园长、教师等对轮值园教研活动进行现场观摩。

接着进入第二模块"诊",即对轮值园的现场教研活动质量进行自诊互诊,分四个环节:一是轮值园主持教研现场的组长开展自诊自评,基于本场教研的前情回顾、解读教研的逻辑背景、对本场教研的质量与成效进行自诊。二是轮值园与引领园的教研组长、保教主任展开现场交互式对话互诊,就本次教研内容、环节、互动、成效等的相互质疑问答及现场的抛接反馈等。三是与会人员的交互评价,完成对本场教研的问卷星扫码评价及反馈建议。四是参与的专家与领导现场会诊评价,包括市区专家、课题主持人、"兰馨社"社长、各园园长代表等,采用现场与园长、教师的互动式方式,以及对教研成效的提升式点评,进行评价。

第三模块"疗",即基于现场教研观摩与诊断后的联盟园的共同实践改进,引领园负责聚合评价信息,撰写本场教研基于各类"诊"后的微报告,然后在"兰馨社"教研联盟幼儿园中提供评价信息的共享,各园按评价信息,实现对本园教研的实践与改进,轮值园还要撰写整改思路,提供反馈改进的报告。最后,由本课题主持人,也就是"兰馨社"领衔人,在下一场教研现场前,对上一场的微诊报告进行分析与解读。以上"观"、"诊"、"疗"的园际交互式教研共研评价活动依次循环,加上各园轮流开放,促使各园的教研质量呈现不断的咬尾递进与提升。

在本阶段的实践研究中,课题组先后进行了4场教研共研,每次共研都在上一次的经验上递进设计、咬尾改进。"兰馨社"七所幼儿园轮流开放教研现场,A园作为引领园,首场开放现场教研活动前,其中心组成员多次展开研讨,在确立教研主题、教研预案、教研研点的同时,形成一系列的教研文本规格,包括教研活动告示单、活动流程、活动记录表、评价工具等。随后,A园开放现场教研,专家、园长、教师等进行现场观

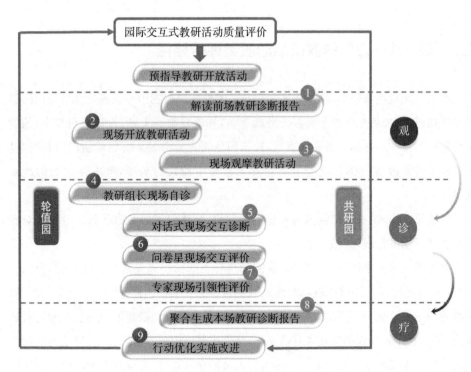

图 4-3　园际交互式教研活动质量评价路径图(拓展阶段)

摩。活动中,通过组长自诊、同行互诊、专家导诊、数据会诊实现交互式诊断评价。活动后,引领园需完成评价信息的聚合并形成微诊报告,A园基于微诊报告形成反馈改进方案。在B园开放共研前,引领园的中心组成员多次与B园园长、保教主任、教研组长展开互动,确立教研主题、教研预案、教研研点等。运用教研文本设计的规格,做好研前准备,并借鉴A园经验,重点关注对A园薄弱环节的咬尾改进,B园再次开放共研现场,在观、诊、疗中发现问题、交流经验、寻求策略、实践改进,一直到G园结束,形成本轮教研质量交互式评价的实践闭环。同时,我们通过"园际论坛"的方式,在"兰馨社"联盟内搭建了交流展示平台,并开启了新一轮的教研质量交互评价实践。在循环往复、首尾衔接的交互式评价及共研活动中,不断提升联盟园教研质量,打造各园优秀教师团队。

1. 轮值园现场教研活动的设计与开放

以太阳花现场教研活动为例,活动前,七色花和太阳花通过多轮互动研讨后确立主题、设计预案、预设研点。活动中,太阳花教研组长基于本场教研的前情回顾、解读教研的逻辑背景,并对本场教研的质量与成效进行自诊自评;太阳花与七色花的教研组长、保教主任展开现场交互式对话互诊,就本次教研内容、环节、互动、成效等进行相互质疑问答与抛接反馈;现场观摩的教师完成问卷星的扫码评价及反馈;参与专家与领导进行现场指导。

2. 聚合多方交互式诊断信息的微诊报告

(1)报告来源依据

各园每次开放现场教研后,七色花需要出具一份《××幼儿园现场教研实践改进的诊断报告及建议》。报告的来源依据主要有:一是轮值园教研组长的自诊自评,二是轮值园与七色花的教研组长、保教主任展开的现场交互式对话互诊,三是与会人员通过问卷星进行的大数据会诊,四是参与专家与领导的现场指导。

(2)报告构成要素

经过四场教研开放及共研,课题组已基本形成了较为规范的《××幼儿园现场教研实践改进的诊断报告及建议》框架结构,由评价者基本信息、诊断结果与分析、诊断建议三部分构成。其中,评价者基本信息包括职务、职称、教龄等。诊断结果与分析主要包括对园际交互式现场教研质量的评价和对指标的评价,其中前者围绕教研主题的选择、教研形式的确定、教研过程的呈现、教研主持者的作用、教研组成员的参与度和反思、教研的即时效果、现场教研的优势与不足、评价者的建议八部分内容具体展开,辅以相匹配的调研数据结果。诊断建议则由七色花艺术幼儿园根据调研结果,尤其是根据现场教研的不足提出有针对性的改进建议。这份诊断报告既能成为本场教研的评价报告,又是下一场教研专场设计组织的参考依据,更是对每一所共研园教师的教研培训专题,实现了一场教研交互评价、交互共享、交互受益的效果。

(3)报告共享途径

形成诊断报告不是我们的研究终点,而恰恰是教师实践改进的起点。我们借助联盟园微信群第一时间共享微诊报告电子稿,并开展线上讨论与交流,确保信息的即时性。B园开放教研现场时,七色花园长会首先对上一场轮值园的微诊报告进行长达20分钟的现场解读,既能唤起与会人员记忆,又能深化大家对幼儿园教研质量的认识与思考,更为投入也更为专业地开启新一轮园际交互式评价实践。

3. 回应微诊报告诊断建议的反馈改进方案

(1)方案来源依据

在每一场轮值园开放教研现场,七色花出具微诊报告后,轮值园都需针对微诊报告中的诊断建议提出有针对性的改进措施,形成《××园现场教研诊断反馈改进方案》。除微诊报告之外,轮值园在前期活动准备、设计,现场活动研讨,活动后与专家的个别互动等过程中,园长、保教主任、教研组长、教师各自的实践体认与理性认识,都是本园改进方案的重要来源。

(2)方案构成要素

我们并未对《××园现场教研诊断反馈改进方案》的框架结构作出具体规定,从目前几所园的方案中可以发现:各园都能对标诊断报告进行系统反思并提出相匹配的改进策略。同时,各园也能够针对诊断报告中给予的操作建议,在理解内化的基础上加入自己的思考。

(3)方案共享途径

每次形成的诊断反馈方案均会通过微信群在七园共享,使共同体成员均能知悉轮值园的改进举措,便于在新一轮现场活动时,通过比对方案,复核实践改进的成效。同时,我们也会通过校本研修、专家讲座、小组研讨、制度保障等措施共同助力改进方案在轮值园内的层级共享,使之成为园长、保教主任、教研组长、教师不同层级的一致性认识,从而真正成为教师的实践改进依据。

4. 轮值园依次进行的"咬尾改进"式实践

在每场教研现场开放时,轮值园都需对前一场轮值园的教研现场所诊断的不足之处予以重点关注,让其他参与园所知道如何在这方面有所突破,从而反思本园相关实践,进行不断的优化改进、调整完善。如此一来,每一次现场教研实践与评价都是一次对薄弱点的重点攻关,这样一来,也就实现了咬尾改进的系统循环。

5. 循环结束后的A园改进结果复核

依次轮流开放七所园的教研现场后,共研小组再次回到A园,开启新一轮的教研质量交互式评价,对照当时《A园现场教研诊断反馈》提出的改进措施,比对A园实践改进的成果成效,真正让教研质量交互式评价结果成为共同体实践改进的依据,并将教育教学行为的改进落地实践。

目前已有四所"兰馨社"教研联盟幼儿园开放了现场教研展示。他们分别是:小海螺幼儿园的运动课程、太阳花幼儿园的美术课程,马泾桥幼儿园的运动游戏、七色花艺术幼儿园幼小衔接课程实施的三方教研。

第二节　创设运行模式

　　有研究表明,学习的关键在于一种审视功能的发挥,即学习的成败取决于学习者能否以有某种新的和有意义的方式审视某个事物或现象,辨别异同。[①] 对于课题研究亦是如此,课题组成员如果能够参悟园际交互评价模式的核心——基于循证改进的"研评"结合式交互评价流程,那么对于不同评价内容、主体、指标的评价实践来说,所谓的评价模式不过是"万变不离其宗"的变式混搭。

一、 园际交互评价模式的运行

　　无论是试水阶段指向课程方案质量评价的"听—观—评",还是深化阶段指向课程实施质量评价的"晒—研—合",或是拓展阶段指向教研活动质量评价的"观—诊—疗",都是某一场园际交互式质量评价活动的具体化操作流程和规格,但是要上升到各个共研园所之间如何为了实现幼儿园教育质量提升的目的,顺次开展基于循证改进的园际交互评价实践,进而形成评价模式及其变式,则需要更系统的思维和全局的考量。在近三年的研究与实践过程中,历经了试水、深化和拓展三大阶段后,我们开展园际交互评价的内容呈现从课程方案到课程实施再到教研活动质量的阶段性变化,而实际运作的园际交互评价模式也在阶段演进中不断调整优化,最终我们形成了如图4-4所示的基于循证改进的园际交互评价模式。

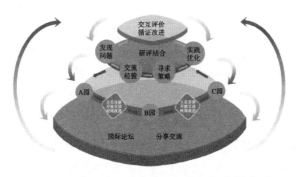

图4-4　"咬尾改进式"园际交互评价模式图

---

① 李树英,高宝玉.课堂学习研究实践手册[M].安徽:安徽教育出版社,2011:6.

该模式强调园际交互评价的"咬尾"特质,后一所轮值园关注对前一所轮值园问题的弥补与改进,参与的共研园所实现"咬尾改进"式的交互评价实践,并形成参与园所开放现场活动的整体循环。关于这一点,我们可以通过七色花艺术幼儿园申明珠老师编写的案例进一步了解。

案例5:共研中的彼此成长——践行"咬尾式"教研模式案例

在"兰馨社"联盟活动中,我们以教研为载体,教研质量评价指标为研究点,现场展示园际互诊为形式,旨在共同提升轮值园教研的质量。轮值园以本园课程为教研内容,开展主题式教研,在过程中我们共同参与预案前期指导、流程"规格"调整、现场智慧碰撞,在咬尾共研中,通过借力团队及专家,我们聚焦教研,同时审视课程,记录彼此渐步成长的足迹。

一、A园到B园——从主题形式到教研价值

在第一次共研中,小海螺幼儿园以室内运动材料培养幼儿创造力为切入点,开展现场教研。现场诊断互动中,我们就教研形式与教研主题的贴合,以及教研的纵深推进作出了深度思考。另外,基于问卷反馈的数据,我们在针对小海螺幼儿园现场教研实践改进的诊断报告中提出了"研点挖深,聚焦小点纵向研究"、"重视预案,激发教研主体性"、"重视教研形式的适切性"等建议。就以上教研中的思考点,我们跟进第二次轮值园——太阳花幼稚园的教研现场:

太阳花幼稚园教研就"在创意美术活动中做'活课堂'提升教师互动能力的实践研究"开展主题式教研,分析教师专业能力与教师专业自觉。通过前期对园内教师课堂现状的观察与分析以及教师课堂困惑与问题的收集,教研将研究方向聚焦,确定为美术教学活动中的"师幼互动"和"环节优化",把研究落到实处。在教研活动中教师们亮观点、提困惑、辨析、辩论,最终形成了一些有效策略。当然,教研活动后教师们还要将获得的策略进行实践、反馈,以检验、优化最终研究的策略成果。

二、B园到C园——从预设生成到教研质量

根据太阳花幼稚园开展的关于"创意美术教学活动中的环节优化"美术项目组教研活动现场反馈以及调查的诊断报告数据分析,我们也发现了一些问题:预设生成思考留白;策略的梳理有待加强;教研矛盾点不够突出。针对这些问题,我们跟进马泾桥幼儿园的第三次轮值园教研活动。

马泾桥新村幼儿园开展了关于"基于'学习故事',对大班平衡区幼儿运动行为的识别与回应"大教研活动现场。从现场教研,在教研主题、教研形式、教研现场的组织、教研准备、教研即时效果等方面深入推敲,不断凝练。我们看到:

其一,教研内容以学习故事为载体,分析解读有温度。用学习故事的理念和思维模式去看孩子,通过一案多析的教研方式呈现实践研究中教师的成长轨迹。运用新颖的案例呈现方式着力于对大班孩子在运动平衡区中的幼儿运动行为作出识别与回应,以反映自己的教育理念和行为。

其二,教研主题反应园本特色,亮出观点很鲜明。现场研讨中教师们围绕幼儿在运动中的自我调节、行为识别,以及在互动交流中形成有价值的生成性话题。

其三,教研过程互动有效,研点真实有价值。研点以幼儿的运动观察为基础,分析幼儿行为的背后原因,发现问题,解决问题。教师互动积极有效,针对教研中生成的问题,不断探讨与思考,研点真实有价值。

三、C园到D园——从普适提炼到教研资源

从马泾桥新村幼儿园开展的大教研活动现场反馈以及调查的诊断报告数据分析,我们同时也发现了一些问题:研点聚焦大班年龄段,未形成小中班相关策略方法的提炼;教研内容的前后联系不清晰,未形成针对性的实践策略。针对这些问题,我们进一步跟进了下一所轮值园的教研:

七色花艺术幼儿园聚焦幼小衔接课程,以"任务意识"为研点进行现场教研,拓展教研资源,教研最终以小学教师、大班家长与幼儿园教师三方共研的方式展开。在过程中我们看到教研呈现了以下特点。

教研形式新颖:教研以案例为切入点,幼小家三方汇聚教研,观念碰撞,大胆表述,有理念的冲击和策略的优化。

关注凝练梳理:教研热度具有激励性,提炼策略具有普适性,组员有思辨能力,研讨问题有价值,三方互动教研的形式有助于达成共识,并且有助于明确下阶段研究方向。

教师思维激辩:现场灵动,激烈思辨,教研预案留白,教研组长回复,提炼睿智。三方联动,各有所需,形式有创意,体现彼此认同,相互靠近。

在参与中我们"咬尾"跟进,"循序"提质。过程中也看到每所轮值园对园本课程的"研究"与"践行",彰显其优势领域研究的"深度"。在望他人之所长的同时,我们也思考自己之所治,以研磨为生长、展示为平台、诊断为契机,关注过程中的学习思辨、践行

反思和活动后的诊断自省、反馈跟进，让共研通过学思践悟、细照笃行，实现彼此成长、提质教研。

（宝山区七色花艺术幼儿园　申明珠）

二、交互评价模式的阶段发展

如前所述，园际交互评价模式的形成并非一蹴而就，而是在实践的过程中根据评价内容、评价流程、评价方式的变化而不断调整优化。我们认为，本书中基于循证改进的园际交互评价模式历经了"初期—中期—近期—定稿"四个阶段的变化，每个阶段有各自的典型特征，从试水阶段之初的"抱团研究式"走向"可分可合式"，再到深化阶段的"园际交流式"，最终才在拓展阶段形成了"咬尾改进式"的园际交互评价模式。以下对这一历程做出具体描述。

（一）阶段一：抱团研究式

首先，共研园所聚合成"共同体"抱团研究，园所负责人聚在一起头脑风暴，思考如何制定合理的共同体章程与规则，进而便于基于循证改进的园际交互评价实践得以顺利有序地开展，形成如图4-5所示的"抱团研究式"园际交互评价模式。

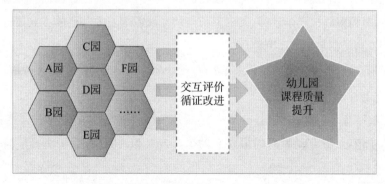

图4-5　"抱团研究式"园际交互评价模式图

2017年9月，课题组在开题论证结束后，召开了第一次课题启动会，共研园所园长及教育学院科研室两位科研员共同参与。我代表课题组介绍了本课题的研究背景、价值意义、目标与内容、过程与方法等，并提出了与在座的六所幼儿园开展抱团研究的殷切希望,主动向大家征询如何开展抱团研究、交互评价、循证改进,探索以提升幼儿园教育质量为目的的策略与方法。在座参与的幼儿园园长畅所欲言、各抒己见,比如,四季万科幼儿园宋斌园长提出:"是否可以依次轮流开放现场活动?我们也非常希望在座专家与园长们的亲临指导与现场评价。"友谊路幼儿园的柏敏琴园长说道:"对幼儿园教育质量的保障与评价也是我们的短板,所以我们也非常希望能够与示范园捆绑结对,只是具体的活动频次该如何安排呢?"区教育学院科研员袁老师指出:"这个课题需要大家平等协作,抱团研究,整体提升。我希望,我们的课题组能整理出一个具体到安排的活动章程与规则,便于活动的常态化开展与持续推进。"

作为课题负责人,我结合在座共研园所园长与区科研员的意见与建议提出:"首先,需要强调的是,我们的园际交互评价共同体遵循'平等中的首席'的价值取向,倡导友好和谐、互助进取的生态氛围,既没有行政监控的压力,也没有评价结果的好坏之分,更多的是希望大家可以提出自己的想法,坚持自己的观点,在交互评价实践中相互学习、取长补短、抱团取暖。而本园作为课题主持园,理应承担起制定共同体活动章程与规则的任务,囊括活动频次、流程安排、参与人员、文本规格等相关元素。此外,本园作为引领园,将先行试点,首次开放活动现场,探索文本规格、评价指标及活动流程,并与共研园所分享与交流,在实践中为各园所提供改进依据。"

最后,区教育学院科研员周老师总结发言:"这是一个市级层面的课题,且在座的幼儿园都有在研评价课题,相信你们一定能够在共研中汲取他人经验,优化自身实践。期望你们的研究能够拉动区域幼儿园教育质量的整体提升,创新幼儿园教育质量提升的可能路径,并形成区级层面的行动范式。"

(二)阶段二: 可分可合式

随着研究的推进,共同体各园所从最初为了共同目的在一起抱团研究,转向目标一致、但相对独立的可分可合状态。共研园所顺次开放活动现场,其他园所来到轮值园观摩并评估,本阶段,我们在充分尊重共研园所的个性优势和汲取他园优势及经验的基础上,把他园作为一面镜子,反思自身的园本课程设计与实施现状,进而更好地改进自身实践,形成如图4-6所示的"可分可合式"园际交互评价模式。关于这一形式,我们可以通过七色花艺术幼儿园周芙蓉老师编写的案例而有所了解。

图 4-6 "可分可合式"园际交互评价模式图

园际交互，我们到底做什么，怎么做？其实交互就是我们不仅要学会看到优势园的数学游戏内容很丰富，游戏玩法很到位，模仿可替代等，更重要的是要看到他们选择这些数学游戏内容的背后，即他们为什么会选择这些内容，教师的设计是出于一种什么样的考量，我们要弄清楚他们选择背后的原因。也就是相比于搬他们的内容，更重要的是要学会他们的方法。

一、第一阶段：优势园交互评价，诊断特质与要素对比

以 2018 年 12 月友谊路幼儿园大班"数字翻翻乐"的数学游戏活动为例，通过课堂观摩后，我们对优势园特质做如下分析：第一，在组织特点方面，全园有数学游戏的课程模块，每天有固定时间、固定地点进行数学游戏的课程实施；每个年级都有关于数学游戏的研讨活动，定期定时研讨；每个班级都有属于自己的数学游戏内容，这些内容会根据幼儿需求定期更换；每次结束后老师的分享会帮助幼儿对玩法以及规则进行再认识。第二，在材料方面，多采用低结构材料，如纸牌、网兜、豆子、薯片罐、自制拍子等；多利用当下流行元素，如灰太狼、拯救美羊羊、打地鼠等；多注重思维发展的内容，如转盘、翻翻乐、谁先赢罐子等；多挖掘数学游戏的玩法，如抓蝴蝶、扑克、拯救美羊羊等。第三，在活动特点方面，5—6 岁儿童的数学能力均由数学交流、数学表征、数学关联、数学推理与验证四个要素构成，这表明数学能力的构成要素不存在年龄差异；教师完全退后，尊重幼儿的自主选择，自主玩法。

根据评价指标对优势园数学游戏活动进行评价后,我们发现:优势园在思维能力四大维度上表现水平一的占比为 10％,表现水平二的占比为 20％,表现水平三的占比为 70％。相较之,本园在思维能力四大维度上,表现水平一的占比为 20％,表现水平二的占比为 50％,表现水平三的占比为 30％。

表 4－2　数学游戏活动评价指标(思维能力部分)

思维能力	Ⅱ．观察	Ⅱ－1	有观察的行为,但注意力容易分散。
		Ⅱ－2	能进行一定的观察,发现不同。
		Ⅱ－3	能有目的、较持久地细致观察。
	Ⅲ．解决问题	Ⅲ－1	面对问题,找不到解决的方法。
		Ⅲ－2	面对问题,能跟随别人解决。
		Ⅲ－3	能发现问题,并有相对应的办法解决。
	Ⅳ．创造性	Ⅳ－1	认同和模仿别人的想法和意见。
		Ⅳ－2	有一定的想法。
		Ⅳ－3	能创新,能提出不同的想法和意见。
	Ⅴ．推理与验证能力	Ⅴ－1	在提示下,能够逐步发现联系,并有正确的结论。
		Ⅴ－2	能独立进行较简单的推理。
		Ⅴ－3	能独立而迅速地做出判断。

二、第二阶段:跟进园交互评价,实施调整与要素分析

以 2018 年 12 月七色花艺术幼儿园大班《四季棋》的数学游戏活动为例,通过观摩学习优势园友谊路幼儿园《数字翻翻乐》后,执教者对活动设计做了一些调整。首先,在组织特点方面,数学游戏在个别化课程板块的落实上有相应的内容;数学游戏围绕每个月的主题活动核心经验展开;以青苗组数学小组为形式,定期展开活动,研讨内容;以教师阶段性观察要点为基点,以分享为手段,达成经验共享。【设计说明:友谊路幼儿园是数学特质的幼儿园,他们已经形成自己的课程模块,我们幼儿园在基础性课程实施中纳入数学游戏,围绕每月主题活动展开,形成自己的特色。以青苗组的活动形式帮助教师提升数学游戏素养。】其次,在材料提供方面,我们注重多挖掘数学游戏的玩法,比如蝴蝶找花、看谁记忆强等;多关注数学游戏的趣味,比如白天和黑夜等。【设计说明:经过时间的打磨,友谊路幼儿园积累了更多的素材,因此对幼儿思维的考量比例增大,而我们在实践的道路上属于起步阶段,因此对思维的开发还比较欠缺,但

结合数学游戏本身的特点,我们更多地考虑增强趣味性,吸引幼儿。】最后,在活动特点方面,教师完全退后,尊重幼儿的自主选择、自主玩法;幼儿自主选择、自主商定。

表4-3 数学游戏活动评价指标(思维品质部分)

思维品质	Ⅶ. 情绪	Ⅶ-1	被动、活动中情绪不高。
		Ⅶ-2	情绪一般,跟着参加。
		Ⅶ-3	愉快活泼、积极参加活动。
	Ⅷ. 规则	Ⅷ-1	在他人提醒下愿意遵守游戏规则。
		Ⅷ-2	能较好地遵守游戏规则。
		Ⅷ-3	能自主商定规则,并能遵守。
	Ⅸ. 专注	Ⅸ-1	多数时间不集中。
		Ⅸ-2	有时集中,有时分散。
		Ⅸ-3	注意力很集中。
	Ⅹ. 态度	Ⅹ-1	遇到挫折不愿意继续尝试,停止游戏。
		Ⅹ-2	能在鼓励下,尝试继续挑战。
		Ⅹ-3	不怕失败,能坚持挑战。

根据评价指标进行评价后发现:优势园在思维品质的培养上明显占有优势,但本园在思维品质的具体表现上还有所欠缺,思维品质的培养需要一段时间的积淀,特别是幼儿对于专注和规则的表现与理解明显存在差异,在相同内容的情况下,可能老师的分享也是影响要素之一。

三、第三阶段:梳理园际交互的小方法

经过两所幼儿园的实践对比,我们发现:两所幼儿园在组织管理形式上存在不同,引发在具体实践模式上的不同,但在材料提供和教师的组织实施方面,两所幼儿园是保持一致的。我们可以借鉴优势园的特点,关注数学游戏内容本身以及教师的理念和行为,将其投射到自己所在的幼儿园,开展内容相同但模式不同的数学游戏。在前期实践的基础上,我们组内梳理了一些方法:

第一,体系设计。我们看到了优势园的强项,尤其是在管理组织等方面的优势,如何改进本园实践,首先要保证有专人负责的体系。比如数学组由组长领衔,每个园推一个领域特质的教师参与组织,组长有目的地制定时间、地点、内容,实施具体过程。

第二，名园设计。每一个单位都是名园，这里的名不是有名，而是具有本园特色的名，友谊路幼儿园的数学游戏就是交互中的名园，通过他们的辐射引领，本园可以模仿、变通、创新，实现自己的名。

第三，内容设计。以点带面，比如在数学游戏这一点上，友谊路实现了全面开花，本园可以以实验班为点，直面问题，务实高效。主题内容以实验班每月主题开展为研究课例，通过观摩教研活动，实现交互。

第四，形式设计。在实施主题内容的基础上，通过两个园的对比式研讨，梳理组织数学游戏在方式方法、环境创设、玩法设计等方面的不同，为后续开展交互提供经验。

（宝山区七色花艺术幼儿园　周芙蓉）

（三）阶段三：园际交流式

各园所依次开放现场活动后，基于循证改进的园际交互评价模式又有了新的推进及演变，各园的优势课程在一线教师组成的共同体中依次开放、交互诊断、循环实践。之后，六个共研小组共36名教师以"园际论坛"为载体，以反思改进为起点，深度交流与剖析课程实施的质量，尝试组内小循环和组间大循环的"园际论坛"，在基于经典案例的"园际论坛"后，共研园所有教师在同为"实践者"及"评价者"的过程

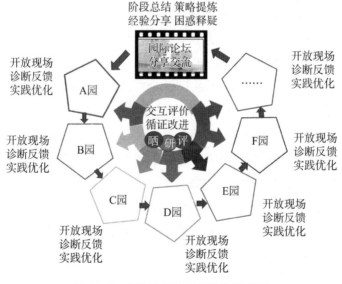

图 4-7　"园际交流式"评价模式图

中,再次获得循证改进的相关策略,实现共研园所的阶段总结、策略提炼、经验分享、困惑释疑。

案例7：借助园际论坛　探索循证改进

在深化阶段共研活动中,我们按各园优势领域组建六个共研小组,轮流深入六所幼儿园的六个领域课程实施的质量评价活动,这个阶段的共研活动运行至后期,课题组召开了六位组长围绕共研小组活动的反馈交流会议,会议中科技共研小组组长张莹老师介绍,她将四季万科的科技集体教学活动"微 talk"评价方法在小组共研活动中进行了推广,其他 5 位组员也进行了"微 talk"评价的实践,并结合各自幼儿园的实际做了园本化的调整,形成了相关操作经验;表演游戏共研小组组长王燕妮介绍,通过共研实践,她们已初步形成了中、大班幼儿表演游戏质量评价表……大家一致认同,36 位教师人人都有实践中成就的小经验,人人都在交互评价中获得小反思,而这些小经验、小反思可否能在更大的平台上相互交流、教学相长呢？随后课题组决定,搭建分享与交流的平台,形成不同大小范围的"园际论坛",分别为 6 人的"组内交流论坛"、36 人的"组间分享论坛"以及区级层面的"园际展示论坛"。

一、组内交流论坛

共研小组围绕同一课程模块的质量开展园际交互评价,如：A 园开放活动,共研小组在研与评中发现问题、交流经验、寻求策略;B 园借鉴 A 园经验,运用策略,实践优化课程后,再次开放活动,在开放、研讨和评价中发现问题、寻求策略;C 园、D 园、E 园和 F 园重复上述过程。一轮结束后,共研小组以"组内交流论坛"的形式进行案例交流、经验共享、困惑释疑等,通过共研案例的剖析,循证改进并以此作为下一轮共研实践的起点,如此循环往复,实现共研小组组内的循证改进。

比如小天鹅幼儿园陈梦雪老师作为班级管理共研小组组长,带领六所幼儿园的教师在各园分别开展一次班级管理的实践与共研活动。在经历了一轮六园次的共研实践后,陈老师召集组员召开了一次"组内交流论坛",主题是研讨本组的微诊报告及组员共研实践案例,剖析六场实践活动,提炼共性经验,挖掘共性问题。

陈艳(四季万科幼儿园)：幼儿对拟人化的语言、美观化的物品特别感兴趣。只要老师能抓住幼儿的心理,运用生动、有趣、拟人的游戏化教学手段,让孩子们在快乐无压力的氛围中掌握做事要领,并给孩子动手的机会,孩子们学习的效果就一定特别好

（案例《衣服也会做早操》）。

曹娴婷（友谊路幼儿园）：一方面，教师应摆正心态，尊重和承认幼儿在班级中的主人翁地位，与幼儿一起共同协商制定规则。另一方面，班级常规的培养应该是灵活多样的，以游戏化、生活化等形式，潜移默化地影响幼儿，这样幼儿的行为就不需要通过那么多层"关卡"的检查，而"小先生"也不必以"监督者"的面孔出现在同伴面前（案例《叠被子》）。

吴航（七色花艺术幼儿园）：在评价前首先要对评价量表中的评价内容与标准、表现水平、途径进行通读和把握。只有这样，教师才能在生活活动的相应环节中做到有目的地去捕捉、记录幼儿的行为表现、精彩瞬间，使观察更聚焦、更常态（案例《我会使用筷子啦》）。

······

本场组内交流论坛中梳理的共性经验有三点：第一，班级管理工作最主要的是做到师幼和幼幼的相互尊重，这可以通过共同协商制定规则，共同创建班级公约等形式落实。第二，在班级管理中，教师要把握幼儿的心理，尊重幼儿的发展规律，多为孩子创设可互动、可游戏的环境氛围。第三，将"小先生制"用于班级管理活动中有其不可替代的价值，它能够充分发挥幼儿的主观能动性与创造性，能够培养幼儿合作互助的情绪情感。共性问题也有两点：第一，对于"小先生制"的应用，应探索适宜不同年龄段幼儿的具体方法。第二，在班级管理中，如何有意识、有目的地关注幼儿的成长点滴，并用适宜的方式进行记录，可以进一步深入探索。

这是一个持续的实践优化和经验积累的过程，在这个过程中，通过上述梳理的共性经验与共性问题，再行各园同领域课程的循环实践，将改进后的经验再通过组内论坛进行交流，并获得基于案例剖析后的经验，再行循证改进。如此一来，各个幼儿园都能对自己在各个领域的教育质量做到心中有数，并获得改进的策略，这发挥了共研的共同诊断与改进功能。

二、组间分享论坛

我们注重让交互评价同时成为不同共研小组教师交流经验、共研共训的平台，因此，在"组内交流论坛"的基础上，我们拓展论坛交流范围，开展"组间分享论坛"。鼓励各共研小组通过"组间分享论坛"，共享小组微诊报告及精选案例，晒经验、亮优势、解困惑、共改进。"组间分享论坛"打破了共研小组独立研究、单领域研究的局限性、狭隘性，全员交流、专家指导让交互评价更深更广、更有质量。

三、园际展示论坛

通过"组间分享论坛"的交流与分享,我们遴选出部分优质小组诊断报告与案例,开展更高规格的"园际展示论坛",借助国际交流的平台,让各园所园长、中层、一线教师都能有机会与专家面对面交流经验与感悟,得到专家的指导。

借由不同规格的"园际论坛",我们基于经典案例的剖析,整合专家现场点评等评价信息,帮助各共研园、共研小组更清晰、全面地找准"位置",发现问题,探寻策略,循环改进,使各共研园所被评价领域的课程得到了螺旋式的优化与提升。

(宝山区七色花艺术幼儿园　黄莉)

通过对这些案例的解读,我们发现,园际交互评价实践过程并不是对模式的简单套用,而是根据评价主体、内容、指标、方式、流程的变化对模式不断进行灵活微调的过程。例如,试水阶段中参与的六园所依次轮流开放现场,主要呈线性变化,尚未形成系统循环;深化阶段中六个共研小组同时进行开放现场活动,以小组为单位形成组内循环,定期开展组际交流;拓展阶段中各园所实现"咬尾改进"式的教研实践,并形成参与园所开放现场活动的整体循环。未来,随着研究内容的不断调整,随着项目研究的纵深推进,基于循证改进的园际交互评价模式也会有更多变化的空间与可能,形成更多版本的模式变式。

第三节　提炼运行方式

　　客观有效的园际交互评价前提在于模式的系统性运行和实践行动的顺利开展。在创设运行模式的基础上，我们开始探究适宜于园际交互评价共同体进行实践的运行方式。运行方式主要从两个方面交互展开：基于信息收集方式的视频信息收集、现场观察发现、专题互动交流；以及基于评价主体的专家现场诊断、小组自主诊断、园际轮值诊断。这两种方式相辅相成，在一定程度上确保了园际交互评价实践的顺利开展。

一、多渠道信息采集

表 4-4　信息采集渠道的分类

评价方式	使用条件	信息内容	典型特征
视频信息收集	信息涉及内容多、人员广、历程长	园所课程发展历程、幼儿现场活动、相关课程资源等	生动
现场观察发现	需采集一手信息、直观证据、可供现场解读的描述性信息	园所课程方案设计与思考、课程实施现场和教研活动现场	直观
专题互动交流	对信息的分析或价值判断存在争议	围绕某一特定主题展开的分享交流和互动研讨	深入

（一）视频信息收集

　　视频信息收集，即当评价信息涉及内容多、人员广、历程长的时候，共研园所通过观看活动视频并从中采集评价信息的方式，诸如试水阶段观看的园所课程发展历程视频、幼儿现场活动视频，深化阶段的相关课程资源视频等。以 2018 年 6 月 21 日的青苹果幼儿园现场活动为例，活动当天，青苹果幼儿园科研组长刘老师作题为"创特色课程，促自主评价"的专题汇报，介绍了本园"自主教育"特色课程时，便通过数字故事的呈现方式向大家介绍了本园特色创建的历程与后续思考。

　　再如，拓展阶段指向教研活动质量提升的园际交互评价实践中，小海螺幼儿园开放了主题为"大班室内运动中幼儿创造性行为的观察、识别与回应"的现场教研活动。对于小海螺幼儿园的室内运动如何在空间小、廊道窄的现状下更适宜地投放运动材料，以满足幼儿的室内运动发展需求，从而更大程度地提升幼儿在室内运动中的身体素质，一直是该园针对实际问题解决的教研研究方向。因此该园前期开发了大量适合本园特点的小轻软运动材料，以及与之相匹配的室内运动评价量表，并积累了丰富的实践经验，但因现场教研时间和空间的限制，无法开放幼儿室内运动活动现场，因此在教研活动前通过视频播放的形式向与会者充分展现了该园开发小轻软的室内运动材料以满足幼儿攀爬、平衡、力量及耐力等身体素质发展，而参与交互评价的园所及教师也通过视频充分获取了小海螺幼儿园室内运动场景中孩子们与小轻软材料之间的互动及游戏等相关信息，并从中对小轻软材料也能助推幼儿创造性行为的生成这一点有了理念上的转变，也为之后的现场教研提供丰富的评价信息，做到针对运动量表的分析，有标可研，有表可量，有理有据，真正帮助教师读懂幼儿的运动行为。

（二）现场观察发现

现场观察发现，即轮值园开放活动现场，共研园所聆听课程方案设计思考、观摩课程实施现场和教研活动现场，在观察和发现中采集评价信息。从流程上看，无论交互评价的重心是课程方案、课程实施还是教研活动质量，每一次现场评价活动均以"阅资料"、"观现场"、"做访谈"和"看跟进"四种形式开展，且四种形式构成一个循环或轮回。以拓展阶段的教研活动质量评价为例，现场观察发现具体包括"参与教研活动组长的自评"、"教研组长开开杠"、"保教主任对对碰"和"专家问诊点评"等。

形式 1：教研组长开开杠。组长聚焦教研本身，思考本场教研主题中选择的研点与本学期教研专题的关联，就教研过程中是否推进组员对问题的激烈思辨和深层思考、教研最后是否形成有效策略回应和方法提炼等进行开杠思辨和互诊。

形式 2：保教主任对对碰。保教主任从保教管理的视角进行诊断，更关注本场教研中模糊不清的问题、教研现场教师研讨成效等的诊断，碰的是现场，却在教研背后衍生出对保教工作中园本课程的组织推进、教师专业推进中培养策略的对话、思考。

形式 3：一线教师连连看。一线教师可就研点选择、教研形式、教研过程中任意有困惑的点进行"问题连连看"，结合各自教育教学实践，大胆质疑、互诊碰撞。

在实践应用环节，每轮不同层级的对话互诊在 10—15 分钟左右，上述形式可基于某次教研活动后全数运用；也可根据某次教研活动的主题有针对性地选择适合的层级进行连续对话诊断；抑或是这些分层的教师属群可以建立一个主体交流的网络空间，日常随机对话、诊断。

无论是开开杠、对对碰还是连连看,虽对话互诊的侧重点不同,但却能让各个层级的教师通过园际交互评价的平台,站在不同的角度聚焦园本课程的优化和教研的提质,在对话互诊中深度思考、举荐策略,从而帮助轮值园组长诊断明晰教研中的疑点、困惑,也帮助在场参与的教师更全面地诊断教研、更好地"看懂"教研。对话互诊机制,既彰显了园际间交互诊断的平等、民主、互学与共进,也能以当前评价诊断谋划区域教师专业的共生发展。

以太阳花幼稚园现场教研活动为例,活动前,引领园(七色花艺术幼儿园)中心组成员与轮值园(太阳花幼稚园)教研团队多轮互动研讨,确立教研主题、设计预案、预设研点。在形成了初步教研预案后,教研团队充分考量上一轮轮值园(小海螺幼儿园)出具的"基于诊断报告的改进方案",规避上一轮教研中梳理的弱项,形成优化后的教研预案。

基于本场教研的前情回顾、解读教研的逻辑背景,太阳花幼稚园教研组长对教研质量与成效进行自诊自评;太阳花幼稚园与七色花艺术幼儿园的教研组长、保教主任展开现场交互式对话互诊(教研组长开开杠、保教主任对对碰),就教研内容、环节、成效等进行互动反馈;现场观摩的教师完成问卷星扫码评价;参与专家与领导进行现场观诊。

活动后,七色花艺术幼儿园作为引领园出具一份聚合太阳花幼稚园组长自诊、对话式互诊、大数据会诊、专家导诊等多方诊断信息的《太阳花幼稚园现场教研实践改进的诊断报告及建议》,并将其通过联盟园微信群、现场解读等方式予以共享。在七色花艺术幼儿园出具微诊报告后,太阳花幼稚园需针对微诊报告中的诊断建议,提出有针对性的改进措施,形成《太阳花幼稚园现场教研诊断反馈改进方案》,通过微信群在共同体内共享,通过校本研修、专家讲座、小组研讨、制度保障等方式在轮值园内共享。

每场现场教研活动时,轮值园都需对前一场轮值园的教研现场所诊断的不足之处予以重点关注,让其他参与共研的园所知道如何在这方面有所突破,从而反思本园相关实践,进行不断地优化改进、调整完善,循环开展"咬尾改进"式教研实践。如此一来,每一次现场教研实践与评价,都是一次对薄弱点的重点攻关,也就实现了咬尾改进的系统循环。依次轮流开放七所幼儿园的现场教研活动后,共研小组再次回到太阳花幼稚园,开启新一轮的教研质量交互评价实践,对照当时《太阳花幼稚园现场教研诊断反馈》提出的改进措施,比对复核实践改进的成果成效,真正让教研质量交互评价结果成为共同体提升教育质量的实践依据,并将教育教学行为的改进落地实践。

（三）专题互动交流

专题互动交流，即当共研团队对评价信息的分析或价值判断存在争议时，大家会围绕某一特定主题开展分享交流和互动研讨，在此过程中采集评价信息的方式。在专题互动交流的过程中，共研团队基于某一专题展开讨论，各个幼儿园基于自身课程建设与实施的优势，首先各抒己见，并在此基础上，经历表达——争议——辩论——循证——达成共识的过程，积累过程性评价信息和资料，最终实现在共研互评中，促进课程设计与教学行为不断完善和改进的目的。

例如，拓展阶段指向教研活动质量提升的园际交互评价实践中，太阳花幼稚园的现场教研活动引发了与会者的激烈讨论，尤其是针对"范例"是否能应用在幼儿美术活动中这一核心问题，教师们开展了头脑激辩，当时有两种观点，一种观点是教师范例的提供在很大程度上会阻碍幼儿创造与想象力的发生；另一种观点是如果没有范例，幼儿就难以习得基本的作画技能。当大家的意见出现分歧的时候，教师通过自身实践经验以及书本学习进行现场辩论，引导教师说出自己的观点，还能听听同伴的想法，在头脑风暴中达成某些统一，梳理形成策略。在教研的后半段中，教师们渐入佳境，据理力争，"吵"得非常激烈。但一场教研活动毕竟时间有限，难以在激烈的讨论现场迅速形成共识，课题主持人建议与会教师考虑从"'范例'与'实例'在美术课堂中的对比运用实践研究"这个方向出发，开展循证研究与实践，将研究内容予以拓展，真正让教研发挥最大化、最具成效的价值意义。

二、多主体参与互评

表 4-5　交互评价主体的分类

评价方式	使用条件	信息内容	典型特征
专家现场诊断	课程方案质量评价	听取轮值园对课程方案的设计与思考以及轮值园对评估指标和工具的解读后，观摩现场活动，并在此基础上评价其课程方案质量，给出改进建议。	专业
小组自主诊断	课程实施质量评价	观摩轮值园现场开放活动后，根据评估指标，对其课程实施质量予以诊断和评价，并给出改进建议。	浸润

评价方式	使用条件	信息内容	典型特征
园际轮值诊断	教研活动质量评价	观摩轮值园现场开放活动后，根据评估指标，借助现场诊断和问卷星等线上线下相结合的方式，对其教研活动质量予以诊断和评价，并给出改进建议。	全面

（一）专家现场诊断

专家现场诊断，即在课程方案质量园际交互评价过程中，专家组现场观诊共同体进入轮值园，听取轮值园对课程方案的设计与思考，以及轮值园对评估指标和工具的解读后，观摩现场活动，并在此基础上评价其课程方案质量，给出改进建议。

（二）小组自主诊断

小组自主诊断，即在课程实施质量园际交互评价过程中，小组式交互诊断共同体观摩轮值园现场开放活动后，根据评估指标，对其课程实施质量予以诊断和评价，并给出改进建议。

（三）园际轮值诊断

园际轮值诊断，即在教研活动质量园际交互评价过程中，联盟园循环会诊共同体观摩轮值园现场开放活动后，根据评估指标，借助现场诊断和问卷星等线上线下相结合的方式，对其教研活动质量予以诊断和评价，并给出改进建议。

仍以拓展阶段教研活动质量评价为例，除了前文提到的现场观察发现的方式，线上评价式作为有力补充，在这一阶段也发挥了重要作用，即借助问卷星、微信群、腾讯会议等线上工具，共研园所依据评价指标对轮值园的课程方案、课程实施和教研活动质量予以评价、分析与研讨。七色花艺术幼儿园黄莉老师将问卷星评价的优势概括为如下三条：其一，节能环保。利用"问卷星"可以节约大量的纸张和油墨，实现无纸化评价。其二，便捷灵动。现场评价的教师可以事先打开问卷星二维码，根据现场教研情况，结合评价指标，边观摩、边评价，评价信息相比于事后的评价更为精准；此外，一星到五星的评价设置直观且便于操作，老师只需要动动手指，即能完成评价。其三，结果显性。问卷星后台会依据每位教师评价的内容进行聚合,形成大数据,教研活动的质量及成效可以通过量化的数据得到实实在在的呈现。

在拓展阶段共研时,参与现场教研的教师众多,据统计每一场都有近80人次参加教研共研,如何保证共研评价质量,保证每一位观摩的评价都建立在自己独立思考的基础上。课题组改变了以往发放纸质问卷评价表(表4-6)的做法,设计在线问卷星(图4-8),期望获取园际间教师对现场教研质量的评价和建议,从而为园际间开展教研实践改进提供信息互通及共享,进而推动区域内幼儿园教研质量的同步共进。评价表为无记名填写,之后,课题组聚合评价信息,生成对现场教研的综合质量分析。调查实现交互评价,评价设置了一到五星级的标准,从教研主题、形式、过程、即时效果四方面开展星级评价,还设置了对现场教研的优势、不足及建议部分的文字简要评述题,如表4-6和图4-8所示:

表4-6　幼儿园现场教研质量园际交互评价(纸质问卷节选)

尊敬的老师:

您好,我们聚焦区域内园际幼儿园教研质量的不断改进,期望通过此评价,获取园际间教师对现场教研质量的评价和建议,从而为园际间开展教研实践改进,提供信息互通及共享,旨在推动区域内幼儿园教研质量的同步共进。为此,请您仔细阅读每一个选项,并如实评价。本评价表为无记名填写,我们将会聚合评价信息,生成对现场教研的综合质量分析。

谢谢您的支持与合作!

一、评价者基本信息

1. 您的职务:

A 市级专家　B 区级专家　C 园长　D 保教主任　E 教研组长　F 教师

2. 您的教龄是:

A 5 年以下　B 6—10 年　C 11—15 年　D 16—20 年　E 20 年以上

3. 您的职称是:

A 初级　B 二级　C 一级　D 高级

二、园际交互式现场教研质量评价(请根据实际达成度给予相应数量的☆)

(一)教研主题选择

1. 研讨主题有价值,体现《3—6 岁儿童学习与发展指南》等现代教育理念

☆☆☆☆☆

2. 主题内容符合本园教师的实际,具有园本特点且具针对性

☆☆☆☆☆

……

(二)教研形式选择

(三)教研过程

(四)教研的即时效果

……

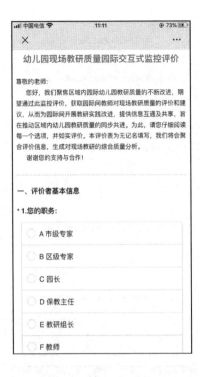

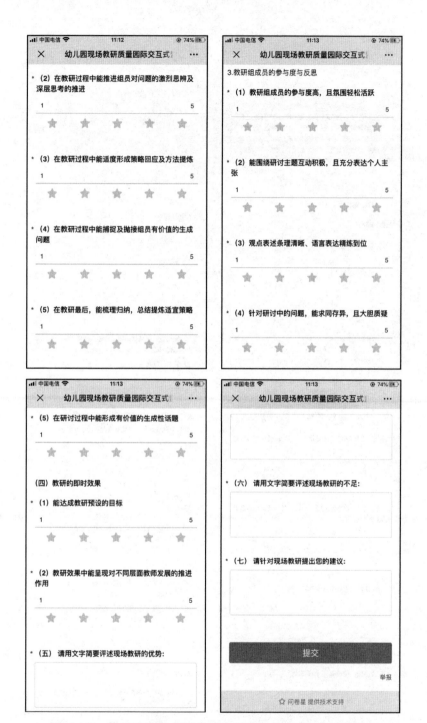

图 4-8 幼儿园现场教研质量园际交互评价(问卷星节选)

每一次现场活动前后，引领园中心组成员与轮值园教研团队的微信群、交互园园长微信群、交互园保教主任微信群等多个微信群都在不停地滴滴滴……大家借助微信群这一线上工具，即时分享收获与感悟、问题与困惑，每次新鲜出炉的活动简讯、微诊报告、反馈改进方案等也都第一时间在群内共享，微信群不仅是大家开展课题研究的好帮手，更是大家增进彼此友谊、加强彼此联结的好媒介，也见证了大家不分昼夜的辛勤付出。

第四节　构建运行机制

园际交互评价模式的可持续发展需要稳健的运行机制做保障,通过园际交互评价共同体的园际共研和论坛交流机制的形成与运作,确保了整个互评模式持续、有效地运行,达到稳中求进、循环改进、以评促建的目的。

一、园际共研机制

（一）园际共研机制的提出

在课题研究之初,我们对于如何开展"园际交互评价"有如下思考:一是园际交互评价到底要评价些什么? 是否需要面面俱到? 二是园际交互评价的主体是谁? 由谁来评价? 三是如果评价主体是一个群体,那么群体成员的来源如何,又如何组成?

基于上述思考,我们确立了园际交互评价的内容,即在六所幼儿园各选取一个优势课程模块作为评价对象,在相互诊断、改进问题的同时让交互评价发挥优势辐射与经验交流平台的作用。我们认为,应该让教师成为评价的主动行动者,即成为评价的主体。同时,为凸显交互评价的特质与优势,应吸纳不同幼儿园的教师开展抱团研究,在开展交互评价的自诊和互诊中提升教师们的质量意识,并让这些教师成为"火种",带动园内更多教师提升质量意识,进行基于证据的教育教学实践改进。

（二）园际共研机制的理论基础

社会建构主义主张,人是在社会文化情境中接受其影响,通过直接地与他人发生交互作用来建构自己的认识的,强调他者的存在及与他人的交流在个体学习过程中的作用,人类的学习活动是共同体性质的活动,由此而形成的对学习环境、人际交往等方面在个体学习过程中发挥的作用的重视,使得"学习"与"共同体"相结合而形成的学习共同体成为人们研究学习与教育教学的重要问题。"学习共同体是由学习者及助学者共同构成的以完成共同的学习任务为载体,以促进成员全面发展为目的,通过人际沟通、交流和分享各种学习资源而相互影响、相互促进的学习团体。"①知识建构、意义协商、身份形成三者同时进行、相互交叉的过程构成了学习共同体学习活动的运行机制。知识建构使得学习共同体的产生成为可能;意义的认同与协商使得学习共同体的学习活动能够得以进行;身份形成使学习者个体在学习共同体中获得了社会性发展,是学习者充分参与学习共同体的学习实践的表现。

园际共研机制将共研园所视为学习共同体,每个园所都是忠实的主体和参与者,借助基于循证改进的园际交互评价实践,在对照指标自评、互评的过程中,建构对评价指标的新认识、对现状的全面分析,并在协商的过程中形成园际交互评价共同体的智慧共识,各园都基于共同体智识进一步优化完善本园实践。

（三） 园际共研机制的构建与运用

园际共研机制是指不同发展层次的园所开放活动现场,围绕本园优势课程领域、优势课程实施的过程、教研活动设计与优化等核心内容,相互之间取长补短、发现问题、解决问题,共同开展教育质量保障的实践,形成园际交互评价共同体的智慧共识,从一园评价到园际交互式评价,从行政领导、专家到一线教师,从优势园开放活动到多园多领域轮流深入,教师由被动的评价客体变成了主动的评价主体。

在试水阶段中,六所幼儿园开展抱团研究,来自六所幼儿园的教师组成了一个"园际共研小组",各园分别在优势领域开放活动,园际共研小组通过观摩现场活动与研讨,诊断各园优势课程模块的不足,抽取"优"的特质以调整、完善评价指标。

在深化阶段指向课程实施质量评价的园际共研时,课题组将重心下沉,由来自六所幼儿园的一线教师按研究模块组成六个共研小组,组长由优势园在优势课程模块有特长的教师担任,组员由其他五所幼儿园中对该模块有一定经验或兴趣的教师组成。每个小组轮流深入六所幼儿园的六个领域独立开展活动。如,数学游戏小组由各幼儿园相关教师组成,由数学领域优势园友谊路幼儿园教师任组长并组织友谊路幼儿园开放第一次"数学游戏的组织与实施"现场共研活动。其后,其他五所共研园在对照指标自我诊断本园在组织与实施数学游戏中的不足之处、并学习上一所幼儿园组织与实施策略的基础上,轮流开放数学游戏现场活动(包括数学游戏集体活动与个别化活动),"数学游戏园际共研小组"依次循环现场观摩各园的活动,对六所幼儿园的

---

① 伏荣超.学习共同体理论及其对教育的启示[J]. 教育探索,2010(07): 6—8.

数学游戏组织与实施的质量进行现场评价,并通过小组共研总结优势经验、提出质量提升建议,供下一所幼儿园参考。经过六所幼儿园的交互评价与共研后,数学游戏小组达成了要提升数学游戏的组织与实施质量需关注游戏材料投放的年龄契合度、挑战性,教师要转变理念、关注幼儿游戏的过程及观察中应把握数学核心概念、明确游戏中的观察点等共识。可见,共研小组成员在作为评价主体参与园际教育交互评价活动的同时,也在反思、评价自我及所在园在相关模块的课程实施质量,并在吸取各园优势的基础上,达成共识,为本园相关课程模块实施质量的进一步提升提供建议。

从一园评价到六园交互评价,从行政领导、专家到一线教师,从优势园开放活动到六园多领域轮流深入,深化阶段中"园际共研小组"成员的来源范围更广,卷入教师更多,更接地气,更多被动的评价客体成为了主动的评价主体。关于这一点,我们可以从青苹果幼儿园薛丽华老师编写的案例中一窥究竟。

案例 8: 借助工具指标,"拼"出个别化学习活动质量的全貌

一、共研背景

青苹果幼儿园是上海市宝山区个别化学习基地,在个别化学习活动方面有一定的实践和研究基础,因此在本轮研究中,课题组选定青苹果幼儿园作为优势园,成立个别化学习活动共研小组,研究成员分别来自于六所幼儿园,在轮流展示个别化学习活动的基础上,共研小组负责对六所幼儿园的个别化学习活动进行全面的诊断分析。

在共研过程中,课题组试图客观分析每一个园所个别化学习活动的优势及不足,以统一的指标进行现场观察、评价、调整,以客观的、统一的标准"拼"出每个园所个别化学习活动的全貌。

二、共研方式

第一步:解读分析——质量把控"出"标准。即带着评价指标工具,走进个别化学习活动现场。

第二步:交互诊断——共学共进"研"优化。即共同诊断,拼出个别化学习全貌。

第三步:发现收获——共学共赢"促"成长。即梳理形成各个幼儿园个别化学习活动的优点与不足,提炼经验,发现问题,改进实践。

三、共研评价工具

表4-7　个别化学习活动共研评价要点说明

序号	评价要点	要点解读
1	个别化学习活动的结构分布	各班级所创设的个别化学习活动内容是不是囊括了科学、艺术、语言等各个领域,各个领域在数量上是不是均衡。
2	个别化学习活动的内容选择	个别化学习活动内容在选择上必须凸显核心经验,以《动物大世界》主题为例,可以从三个角度选择活动内容。这样既保证了内容科学性,又简化了思考内容点的工作量。
3	个别化学习活动的材料提供	材料提供可以根据不同年龄段特点,小班可以从趣味性、情境性出发,中班材料增加层次性、任务驱动,大班在中班的基础上增加挑战性,同时增加适宜的低结构材料投放可以使幼儿的学习更主动、学习更有效。
4	个别化学习活动的现场探索	教师要关注幼儿在个别化学习活动过程中的学习品质以及深度思维,幼儿能否对某一区域有一个不断推进、不断深入的思考过程。
5	个别化学习活动的分享交流	分享的质量很大程度取决于分享点的选择,以及师生互动、生生互动的讨论过程。

四、共研收获

经过个别化学习的共研活动已经结束,诊断一轮下来,我们发现六所幼儿园的个别化学习活动有以下优缺点,列表如下:

表4-8　六所幼儿园的个别化学习活动优缺点一览

指标\\幼儿园	优点					不足		
	核心经验把握到位	材料投放体现年龄段	活动预约制	幼儿有深入学习	结构分布均衡全面	幼儿深入学习不够	缺少低结构材料	分享交流分享点过多
青苹果幼儿园	√	√	√	√	√			√
七色花幼儿园	√	√		√		√	√	
四季万科幼儿园	√	√			√	√		
友谊路幼儿园	√	√			√	√		

指标＼幼儿园	优点					不足		
	核心经验把握到位	材料投放体现年龄段	活动预约制	幼儿有深入学习	结构分布均衡全面	幼儿深入学习不够	缺少低结构材料	分享交流分享点过多
小天鹅幼儿园	√	√	√				√	
美兰湖幼儿园	√		√		√	√		

具体而言,聚焦幼儿园课程质量评价的教研活动,可以反映出各个幼儿园个别化学习活动的全貌,凸显出各个园所的优势与缺点,经过一轮诊断,我们的收获在于:

1. 个别化学习活动应当聚焦核心经验、把握幼儿年龄特征。

活动中发现各个幼儿园在个别化学习活动的创设过程中,都能紧扣教参上的核心经验,比如"蜘蛛织网"聚焦于核心经验"动物的习性"。紧扣核心经验不仅为教师创设个别化学习活动提供了思路,也保证幼儿探究活动与其年龄特征相符合,保证各项活动的顺利展开。

2. 个别化学习活动中应当放手让幼儿自主、自由地探究。

在共研过程中,我们也发现在个别化学习活动中,仍旧有部分幼儿园的个别化学习活动是由教师安排或者建议,幼儿往往是被安排的对象,这也导致幼儿在活动中缺乏探究兴趣。因此在活动开始时,我们应当充分尊重幼儿的自主权利,让幼儿自主选择自己喜欢的个别化学习活动项目。

3. 个别化学习活动应当给幼儿深度学习提供充分的支持。

由于认识的局限性,个别化活动在实施的过程中常常流于表面形式上的喧嚣与热闹,而无法使幼儿进行深入的探索学习。因此,要想将个别化活动的优势发挥到最大程度,就必须要实现深度学习,在充分尊重幼儿自主的前提下,给予幼儿适宜的环境支持、时间保证、材料支撑等,从而激发幼儿的深度学习。

(宝山区青苹果幼儿园　薛丽华)

在拓展阶段,我们将"共研小组"的团队成员切换成由课题负责人领衔的"兰馨社"教研联盟的七所幼儿园,每次轮值园开放现场教研活动,共研园均来到轮值园观摩活动现场、进行教研质量的全方位、立体化诊断与评价,轮值园基于诊断结果加以实践改进。

在以"园际共研小组"方式开展幼儿园课程质量园际交互评价实践与研究的过程中,我们逐步确立了共研小组成员的来源(教师为主体)、组织形式(课程优势模块园教师任组长,负责共研方案的设计、共研活动的联络与组织)、活动时间(每月 1—2 次,一学期完成一轮共研)和活动形式(一所幼儿园开放活动,共研小组成员在观摩活动、听取开放园介绍与自诊的基础上现场评价课程质量并提出改进建议)等,确立了"园际共研机制",更重要的是借助园际共研的机制运作,帮助共研小组围绕核心问题达成智慧共识,并基于智识开展后续实践,保障了实践与研究的有序推进。

二、 论坛交流机制

(一) 论坛交流机制的提出

对于"园际交互评价"的特质和功能,我们有如下思考:一是园际交互评价与行政监控、幼儿园自主监控的区别在哪里? 二是通过园际交互评价,我们想让每所幼儿园获得些什么? 仅仅是诊断问题和就此改进吗?

我们认为,园际交互评价最大的价值是创设一个相互学习,相互交流的平台,让每一所幼儿园在通过评价发现问题后也能从研讨与交流中获得改进的策略,也就是都能从交互评价实践中得利,并以此作为园际间开展交互评价的持续动力。据此,我们提出了创建园际交流论坛的设想。

(二) 论坛交流机制的理论基础

对话是促进教师专业发展的有效途径。与文本的对话,让教师在阅读中丰盈;与专家的对话,使教师的先进理念得到提升;与学生的对话,是教师在实践中成长的契机;与自我的对话,帮助教师在反思中得到沉淀;而与同伴的对话,让教师在碰撞中激起火花,共享教育经验与智慧。同伴对话是教师之间一种平等的交流与探讨,在"对话"中,教师对自身的教育行为及教育观念进行更新重组,促进教师知识的升华和个人教学能力的提高。"同伴对话的过程是教师将缄默的隐性知识显性化的过程。这是一个智慧共享的过程,对话的双方将对方视为知识的可能性来源,通过对话活动,将公共的共享知识转化为个人知识,同时,教师也可以通过对话将个人教学中遇到的难题转化为共同的难题,借助教师群体的力量来解决个人的困境,从而促进全体教师的专业素质发展。"[①]

通过论坛交流这一平台与载体,参与共研的教师能够将自己在共研过程中的思考与体悟、问题与困惑表达出来,并在这个过程中开展平等的交流与对话。通过同伴对话,教师个体的缄默的隐性知识能够得以显性化,个人观点也会转化为共同体研究智慧共识,共同助力教师的专业成长、共研园所的内涵建设、以及课题研究的纵深推进。

(三) 论坛交流机制的构建与运用

论坛交流机制是指课题组为共研园所与共研小组教师搭建交流与展示的平台,让每一个园所与每一位教师能够晒出自己在共研中的观点与收获,晒出自己的问题与困惑,供大家分享与研讨。论坛的坛主由各所幼儿园轮流承担,每学期开展两次,论坛主题来源于规定时间段内通过园际交互式评价发现的共性问题、核心经验和当前各园都普遍关心的热点话题等。

在具体实践中,六所幼儿园的园长还组成"共研论坛联合理事会",由六所幼儿园园长轮流承担论坛的"坛主",每学期开展两次论坛交流活动。"坛主"会首先向各园所征集话题,甄选有价值的内容生成论坛主题,并提交"理事会"审阅;审阅通过后,"坛主"再围绕主题制订论坛的活动方案并提请"理事会"审定,随后向共研园所发布,并鼓励有意向的教师积极报名参加;对该主题特别感兴趣的教师可提交发言提纲或主题论文,由"理事会"引入专家资源甄选论文并确定发言者。最后,每学期的论坛资料会专门集结成册,供所有教师交流分享。在组织每学期两次的园际交流论坛的过程中,我们逐步形成了"论坛交流机制",明确了活动的价值追求、规格设计、活动流程等,让参与交互评价的园所和教师成为一个学习与发展的共同体,实现多方发展的共赢。

例如,教师小李在论坛交流的过程中与大家分享了其参与"大班幼儿户外游戏的设计与实施"这一项目研究时,学习到的将理论学习、案例分享及大数据分析等方式有机结合的教研方法。她在交流时展示了自己设计的活动观察表以及在实践中总结出的部分数据结果,更直接地反映出大班幼儿与游戏材料的互动情况,为其他教师在开展类似教学活动中提升投放游戏材料的有效性、创设游戏环境的适切性提供了参考依据。同时,根据与会专家的指导,教师小李将在之后的教学活动中尝试将"故事记录"

---

① 王媛媛.同伴对话——教师专业发展的有效途径[J].科教文汇(上旬刊),2014(05):24—25.

与数据分析相融合,以更好地记录幼儿在户外游戏中运动能力的成长与发展轨迹,为其教学方法的改进提供有力的支持。关于论坛交流的具体细节,我们也可以通过四季万科幼儿园张莹老师编写的案例有所了解。

案例 9: 园际交互中的"微 talk"组内交流论坛

一、共研背景

"微 talk"是课题组用来评价教学活动的一种方法,它是由"微访谈 + 参照表"两部分构成,参照表包括:"微 talk"导引单、"微 talk"反思访谈点、"微 talk"表。

表 4 - 9 "微 talk"问题提纲

内容	访谈问题
幼儿行为	你觉得幼儿对今天的活动感兴趣吗? 幼儿的表现是否达到了预期目标? 请举例说明。
	今天幼儿获得了哪些经验? 发展了哪方面科学技能或素养?
	活动中,哪些孩子或孩子的哪些表现给你留下了深刻印象? 请举例说明。
教师行为	你提供的材料能满足幼儿的探索需要和欲望吗,是否符合幼儿的年龄特点? 请举例说明。
	活动中你运用了哪些方法支持、鼓励幼儿探究? 效果怎么样?
	你用什么方法帮助幼儿梳理提升经验? 是否有效?
	你可以怎么为幼儿创设支持性的心理氛围?(如:是否能认真倾听幼儿的表达,是否允许幼儿出错并在分享交流中给予幼儿正面回应;是否给予幼儿提问、质疑的机会,并重视幼儿提问与质疑。)
	你认为活动中为帮助幼儿得出结论而组织的交流与讨论的形式是否合适? 讨论交流是否有效?
活动本身	活动来源于哪里,体现科技教育的哪方面?
	活动科技目标是否达成? 从哪里体现? 是否符合该年龄段的特点?
	整个活动主要运用哪种方法或形式帮助幼儿获取经验?

"微 talk"评价其实是一种通过参与性、规范化的诊断,帮助执教者反思提升教育教学行为,促进访谈者听、评课能力,不断完善教案,最终改善课程的一种方法、机制。

对六所幼儿园科学活动交互评价时,科学小组就推广了这种方法。下面是对七色花艺术幼儿园的"微 talk"诊断的案例。

二、共研片段

2019 年 1 月,交互评价的科技小组观摩了四季万科幼儿园的大班科技活动"痕迹",并使用"微 talk"的方式进行分析诊断。

第一步:"微 talk"前开展教学活动现场观摩。

第二步:"微 talk"论坛时,组员就核心问题开展访谈。

诊断小组参照"反思访谈点"和"导引单",就幼儿的操作、教师提供的探索材料和科技活动环节这三方面与朱老师进行了微访谈。

表 4-10　"微 talk"活动记录表——以《痕迹》为例

访谈日期:2019 年 1 月 11 日		活动名称:痕迹		班级:大二班
访问者:张莹　张琦		访谈对象:朱琦		访谈方式:面对面访谈
活动目标	1. 了解关于痕迹的经验,能根据发现的痕迹作出合理的判断。 2. 愿意参与破案游戏,尝试用观察、分析、推理等方法解决问题。			
序号	访谈问题	反思回答		
1	你觉得幼儿对今天的活动感兴趣吗? 幼儿的表现是否达到了预期目标? 请举例说明。	幼儿非常感兴趣。特别是在第二环节,孩子们拿到盒子,他们非常认真地用各种方法发现盒子中遗留的痕迹,之后再去寻找物品,他们在这个期间作出了合理的推理和判断,所以大部分孩子都能找到,达成第一条目标。		
2	活动中,哪些孩子或孩子的哪些表现给你留下了深刻印象? 请举例说明。	在第三环节,孩子们交流:人会留下什么样的痕迹? 有一个孩子说:"妈妈的身上,总会有香香的味道,每次闻到这个味道,就知道是妈妈来了,这就是妈妈留下的痕迹"。这说明孩子们已经有较好的发散思维,能够通过痕迹去联想到生活中真实的事件,进行合理的推理。		
3	你提供的材料能满足幼儿的探索需要和欲望吗,是否符合幼儿的年龄特点? 请举例说明。	第二环节中,教师让幼儿用看一看、闻一闻、摸一摸材料的方式,观察痕迹,进行分析判断猜测,寻找答案,激发幼儿的探索兴趣。		
4	活动科技目标是否达成? 从哪里体现? 是否符合该年龄段幼儿的特点?	第三环节中通过每 1 幢房子里面的图片来推断出谁曾经来过,这个环节的设计稍微简单了一点,因为在这一环节中出示的人物是医生,而医生这个职业对于大班的孩子而言是相对比较熟悉的,但他们有可能看了一两张图片就能直接猜出这个职业了,所以在这一环节中,我认为可以稍作修改。比如可以设计一些孩子们平时不太熟悉的人物,让他们通过小组商量讨论来猜出谁曾经去过这栋房子,这样设计的话,比较符合大班孩子的年龄特点。		

总体评价与建议	1. 活动的设计是从生活中来,最终的目的也是回归到生活中去,激发幼儿在生活中尝试用观察、分析、推理等方法解决问题,这对于大班幼儿思考能力、行动能力的提升都是很有帮助的。通过和执教者的访谈,我们发现教师对于活动本身和幼儿的表现都有比较清晰的认识,教师能够在把控活动进程推进的同时关注幼儿的表现,并及时给予回应和总结梳理,这点是非常好的。 2. 整个活动的氛围很好,幼儿都能够沉浸在观察、发现、讨论、推理的情境中,很多幼儿敢于大胆表述自己的意见,即使同伴给出了不同的建议,大家也能够有理有据地讨论,这点说明班级幼儿在日常的活动中建立了非常好的相互学习的习惯。 3. 科学活动的意义在于让幼儿发现现象背后的科学道理,这就对教师的语言和活动设计提出了要求。教师的总结应该是把复杂的科学概念融入到与幼儿的对话中,帮助幼儿梳理和提升,这一方面教师还需要更进一步的磨练。 4. 活动中出现的讲故事的环节相对于幼儿发现和推理本身不再具备提升经验的作用,可以稍作调整和改动,比如把设计意图中的绘本《痕迹》引进来,让幼儿感受生活中各种各样的痕迹和其背后的奥秘。这样就有一定的提升和延伸的意义。

第三步:"微 talk"后,梳理调整结论。

根据"微 talk"访谈结果,执教老师梳理出了活动调整意见:第一,让情境贯穿始终。由侦探破案情境导入活动,孩子们兴趣非常高涨,但整个活动只在第一环节中提到了侦探破案,之后并没有再出现,与预设的情境有些脱节。第二,提升活动难度层次。幼儿在第一次的探索中操作得比较好,选择了各种材料并分析推理,效果很好。在此基础上,第二环节,推理房子里谁来过,应该更加复杂一些,线索更隐性一些。第三,开阔延伸环节的视野。延伸环节可以利用绘本《痕迹》中的内容,展示动物、植物、大自然等等方面的痕迹,拓展幼儿的眼界,激发幼儿思考,提升幼儿的经验,真正地激发幼儿在日常生活中能够留心观察,愿意去分析和思考。

三、共研收获

科学活动小组分别对青苹果幼儿园、美兰湖幼儿园、小天鹅幼儿园的集体科学活动开展"微 talk"实践活动。诊断发现,各幼儿园科学活动有几个共性问题:一是从某种程度上来说,教师在活动中提供的操作材料的科学性和精准性有所欠缺。因为材料其实是科学活动的灵魂,材料的提供要符合幼儿的年龄特点;条件许可的情况下,应该尽量人手一份;材料还应蕴含探究的层次性,但往往老师们对此重视不够。二是科技活动中的记录表,有为了记录而记录的嫌疑。有时为了帮助幼儿探索,教师会在科技活动中提供记录表,但是我们往往会发现,教师提供的记录表只是为了记录而记录,从而忽视了其中的实际意义。三是教师在开展科学活动中,常常出现重结果、轻过程的现象。比如教师经常会问:"你成功了吗?"幼儿如果没有成功,教师就会急于提示甚至讲解。其实,我们应该多问:"你在操作时遇到了什么困难吗? 你是怎么解决的? 能和大家分享一下吗?"在孩子思考问题时,还应多等一等。注重孩子思维的方式和思维的过程,这也是科技教学活动支持幼儿发展的特点之一。

(宝山区四季万科幼儿园　张莹)

综上,"园际交流论坛"搭建了一个平台,让参与交互评价的园所和教师成为一个学习与发展的共同体,实现多方发展的共赢,提升了园际交互评价的价值。以园际共研的形式开展抱团研究,既可以让处于不同发展层次的幼儿园携手就某一领域课程实施中的问题开展研究,集聚智慧寻求解决策略,攻克共性难题;也可以通过对优势领域的深度聚焦,让实践者和研究者对这一领域的课程特质与幼儿在这一领域的发展表现有更深入的了解和把握,对这一领域课程的质量标准达成共识;同时,在研讨与交流中获得进一步发展的建议与策略,这些都在实践中促进了各园优势领域课程质量的提升。此外,以教师为主体的园际共研本身也是促进教师自我反思与改进的过程,这可以让课程的质量意识伴随教师课程实施的始终。

"园际交流论坛"为园所间的分享、交流与学习创建了平台,让园际交互评价实践过程成为六所幼儿园相互学习、共建共享的过程,也就是让一个园所的优势成为共研园所的质量标准、拉动共研园所课程质量的过程,这拓展了示范园发挥引领作用的途径,也在实践中形成了学习共同体,让参与园际交互式共研的实践者与研究者能够在交流中碰撞智慧,在研讨与反思中实现专业的自主发展。

第五节　搭建信息共享平台

从信息传播的视角来看,话语是一种信息,话语权的生产是一个信息传递的过程。根据拉斯韦尔的"5W传播模式",即"谁——说什么——通过什么渠道——对谁——取得什么效果"[①],信息"离不开一定的物质载体而存在和传播,所以信息同物质一样都不能脱离运动而存在,运动也是信息的固有属性"[②]。运动着的信息汇集成"信息流",通过各种"渠道"使信息向人们普遍传递成为可能。信息运动有着非对称性,主要体现在信息量和信息质的"不守恒",以及与外界交换过程中的"不等价"[③]。

在大数据时代,"技术"自身开始走出了附属的"角色",走上教育改革的最前台;而对于园际交互评价而言,运用科学信息技术手段有利于聚合评价的信息数据,提供诊断报告,使园际交互评价的呈现更便捷、更科学、更灵动;同时通过在联盟园内共享评

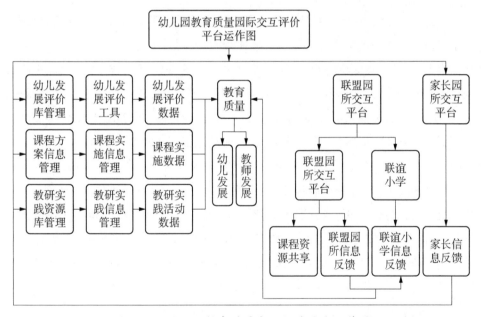

图4-9　幼儿园教育质量交互评价平台运作图

① Harold D. Lasswell. The Structure and Function of Communication and Society: The Communication of Ideas [M]. New York: Institute for Religious and Social Studies, 1948: 203.
② 薛昌芬. 信息运动申论[J]. 情报杂志, 1998: 6.
③ 雷淑霞, 成东娥, 熊伟. 信息资源共享的若干基本理论[J]. 情报杂志, 2001(09): 13—14＋17.

价诊断信息，可实现各园结合自诊后的实践改进。基于此，为了实现评价信息的及时共享与后续实践优化改进，课题组立足幼儿园教育质量的宏观视野，初步开发了集幼儿园自身、幼儿园之间、幼儿园与小学三位一体的评价信息共享平台。它以幼儿发展评价库及课程资源库作为大数据创建的基点，即一方面运用幼儿发展的评价工具获取幼儿评价数据，对课程从建立到实施的数据进行信息化整合，并对各园教研活动从设计到实施的数据进行信息化整合。另一方面则通过平台联通了各使用者，即为幼儿园管理者、幼儿园的老师、幼儿的家长、联盟幼儿园、幼儿园与联谊小学等主体间的沟通提供了可能，实现了评价信息和课程资源的共通共享，也强化了评价结果的深入解读与实践应用。而运用大数据实时多维监测各园教育质量的实际状况，具体包括对幼儿发展和教师发展情况等的监测。

一、 平台建设历程

信息共享平台资源库的建设历经了三大主要阶段。**第一，聚拢各类资料，形成大储量资源库**。从形式上看，信息共享资源库分为文档类、视频类、照片类三大类资料；从内容上看，信息共享资源库涉及课程评价、评价工具、观察工具、教研组建设、教研组长培养等 10 大类热搜关键词；从领域上看，信息共享资源库涉及运动、幼小衔接课程、游戏、集体学习、个别化学习、生活等领域；从数量上看，信息资源库共积累了 48 个交互评价方案及视频、13 份评价工具、61 篇实践反思案例、40 多份共研微诊教研报告、40 多份评价改进方案。**第二，依托互联网平台，实现信息资源库共享**。课题组依托百度云软件建设了云上信息资源库，这一方面可以保证大量文件、视频的有效储存，另一方面也方便各共研联盟单位成员能无障碍地获取信息资源。**第三，借助文件搜索功能，便捷信息资源库的使用**。建立课题资源库最主要的目的是为了方便共研联盟幼儿园的使用，因此，如何保证联盟园内的园长、教师快速便捷地检索到所需信息是课题组需要考虑的。最终，我们实现了在设计使用时只需要轻松两步，就能完成信息的选读。第一步：标注搜索关键词。第二步：使用者在搜索栏中，输入想要寻找的相关热搜词，便能一目了然地找到各种与之匹配的文件，供使用者浏览选用。

当然，资源库中的海量信息对于共研联盟园园长、保教主任、教研组长、教师等不同层面的使用者发挥了不同的实际价值，所以在信息共享资源库建设的基础上，共研联盟园的老师们可以按需所选，按需所鉴，充分发挥信息共享资源库价值。

二、平台内容架构

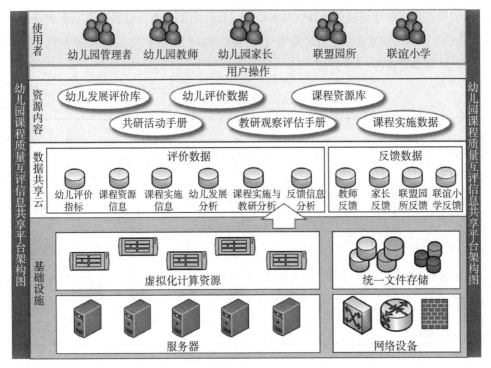

图 4 - 10　幼儿园课程质量互评信息共享平台架构图

通过各种渠道对课题研究过程中交互园所的各类研究信息、文献资料、诊断报告、改进方案、实践案例等予以分享与传播，借助信息共享机制的运作，使平台内容真正成为共同体的智慧共识，也成为后续教师教育教学行为改进的实践依循，助推课题研究的持续推进。其中，活动前的文本设计规格、活动中的流程运作规格以及活动后的反馈共享规格，就构成了平台上共享内容的重要组成部分，平台通过规格化设计一系列保障共同体协调运作的操作支架，保障共同体成员各司其职，行动研究有章可循。

（一）活动前的文本设计规格

以教研活动质量园际交互评价与共研为例，每次活动前，引领园与轮值园的团队成员会通过多次互动，确定活动主题、具体安排和呈现方式等，最终形成本场活动的活动告示单、活动流程、活动记录表、评价工具。在下一次现场活动前，引领园要形成前一场活动微诊报告，前一场轮值园还需形成有针对性的反馈改进方案。这些文本设计规格均是共同体成员在共研共享中逐步形成并优化完善的。而每一次现场活动开始前，轮值园都需参照规格设计提供与本场活动相对应的文本。以活动告示单为例（如表4-11所示），文本中会呈现时间地点、出席对象、活动主题、选题动因、活动内容、效果预估、活动资源等。

表4-11 教研活动告示单

时间		地点	
教研主题		策划组织	
出席对象			
教研活动设计（概述）			
选题的动因			
活动过程安排	内容	预先准备	
活动效果预估			
活动资源			

（二）活动中的流程运作规格

活动过程中，根据评价内容的不同，我们建构了相应的组合式活动流程，规范化了幼儿园园际交互式评价实践活动，具体包括："听—观—评"的园际交互式课程方案质量评价路径、"晒—研—合"的园际交互式课程实施质量评价路径以及"观—诊—疗"的园际交互式教研活动质量评价路径。

（三）活动后的反馈共享规格

每次教研活动结束后，引领园会运用信息化数据平台聚合多方评价信息，形成微诊报告，通过QQ群和现场解读两种静动态相结合的方式分享至共同体内全体成员。轮值园既要撰写本场活动简报，将其发布在区域网、公众号及联盟园微信群内，还要针对微诊报告的建议形成反馈改进方案，并通过QQ群分享至共同体全体成员。

三、 平台具体运作

在此仍以教研活动质量园际交互评价与共研为例，介绍信息共享平台的具体运作，即明确哪些信息需要共享，以及它们是如何被共享的。所谓需要共享的信息，即来源于园际交互式教研在不同时段的多元自诊与互诊信息。就现场教研而言，共享的内容包括教研活动本身释放的信息、各层级教师对话互诊的信息、专家领导会诊的信息；就共研结束后而言，共享的是"问卷星"线上采集所有参与教师的诊断信息后聚合的评价数据信息及质性评价建议、引领园汇总现场评价和问卷星数据给出的诊断报告、轮值园基于诊断报告拟定的改进方案等。这些由多元主体共同参与的诊断信息的共享，为联盟园实施经常化、结构化的教研反思提供了支撑点。

在园际交互式教研活动质量评价中，我们力求运用科学化、模式化的手段来实现信息互通及共享，使教育质量看得见、可评价。信息共享的循环模式大概是：通过"问卷星"后台对于各项评价数据进行聚合——引领园提供诊断报告——轮值 A 园依据诊断报告拟定改进方案——提供给轮值 B 园以咬尾改进，可以说，这种模式的信息共享环环相扣、上下关联，它让每一轮园际交互评价都独具其不可或缺的价值，让我们的每一轮评价变得更有意义。同时，各园基于自诊改进的教研实践开放、各层级专家的现场指导引领，包括课题主持人对于现场教研各项指标以及诊断报告的解读等，都是不同形式的信息共享。

值得一提的是，我们的信息共享还会基于科学的大数据分析诊断予以呈现，在每次新的共研活动前，课题主持人都会对上轮教研活动的大数据评价诊断结果进行分析，如：单个轮值园的教研评价诊断用饼状图、曲线图等直观反映整体评价数据；多个轮值园的教研评价诊断则用柱状图反映期间相同评价指标的数据对比等，最后基于大数据筛查，给出中肯的诊断建议，并辅以优化策略。关于这一点，我们可以通过七色花艺术幼儿园苏艳老师编写的案例有所了解。

案例 10：基于信息共享的教研实践改进

一、迷茫的教研组长 A——困惑：如何在教研活动中积极调动组员参与的积极性？

A 组长是共研园中的一名教研组长，在最近的几次教研活动中，有一个问题常常困扰她:如何打破教研活动一言堂,让组员更积极地交流自己的观点呢?

她打开信息共享资源库,以"教研组成员参与度"为关键词进行搜索,出现了一份名为《太阳花幼稚园与马泾桥幼儿园诊断报告的比对与建议》,该份报告备注词(热搜词)为"教研组成员参与度"、"学习故事"、"绘画示范"等。

A组长迅速从中找到有关教研组成员参与度的两页说明(见图4-11):

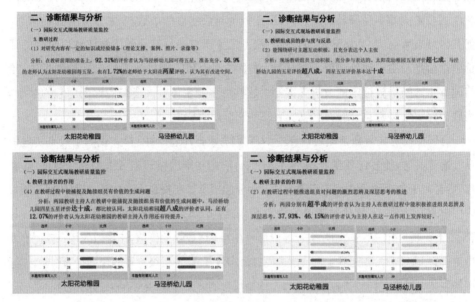

图4-11　太阳花幼稚园与马泾桥幼儿园诊断报告的比对与建议

通过问卷数据的汇总,我们可以得出结论,即马泾桥幼儿园教研成员的参与度明显高于太阳花幼稚园,带来这种差异的原因有两点:一是马泾桥幼儿园组织的该场教研活动中,每一位教师都带着幼儿的照片或视频,并用学习故事的方式对幼儿行为进行了记录和分析,教师在教研前有备而来。二是教研组长抛接问题的能力、诱发组员开展深层研讨的能力直接影响教研研讨的效果。可见组长在与组员交流时,应关注如何引发大家的互动,并抛出更进一步的问题,从而引发组员有话可说,有意可议。

二、即将开放活动的保教主任B——困惑:观摩了前一场,她该复制还是创新?

B主任所在幼儿园作为下一场交流园,正处于筹备教研活动阶段,在观摩第一场(小海螺幼儿园)现场教研后,B主任受到了冲击,也有所反思。她思考作为后一场的东道主,该设计应该选择怎样的设计研点呢?是否应该基于小海螺幼儿园的已有形式进一步开展研讨？结合 B 园正在开展的大教研内容，她可以怎么做？复制套用还是再创新？

正当她迷惑不解时，一份来自信息资源库里的《小海螺幼儿园现场教研实践改进的诊断报告及建议》让她瞬间解开谜团。这份由引领园园长出具的诊断报告，清晰地罗列了海螺教研的优势与问题（见图 4-12）。

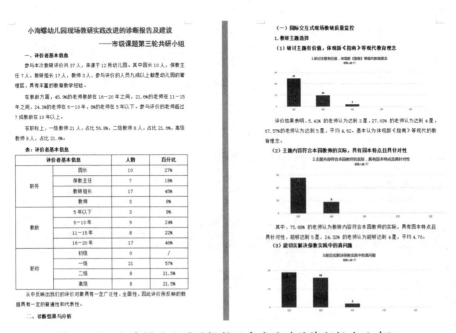

图 4-12　小海螺幼儿园现场教研实践改进的诊断报告及建议

在学习以上报告后，B 主任逐步形成了教研设计思路。首先，总结小海螺幼儿园（前一场）现场教研优势：教研形式丰富多样，教研主题强调凸显。其次，通过比对发现本园教研活动存在的不足：教研形式一层不变，教研内容不够聚焦。再次，挖掘经验，明确"形式为内容服务，贯穿整个教研"和"强调研点矛盾，强化教研内容"两点启示。最后，调整教研活动预案，为下一场展示做好准备。具体来说，一是增加问卷调查。教研前了解教师对教研主题各自的观点，剖析教师经验认知、实际操作中的困惑与问题。二是开展头脑风暴。凸显矛盾研点，教师"站队"亮观点，聚焦问题进行思维碰撞，在经验共享后教师达成共识。三是聚焦核心话题。通过摆事实、讲道理、勤思辨，梳理解决问题的方法与策略。四是精心预设"组长开杠"环节。

三、分管业务的副园长C——收获：优化各类工具表开展所在园课程质量评价

C园长是课题共研园负责课程及教学业务的副园长，她日常分管的工作是园特色课程的管理、课程质量的评价以及教研组建设等，在参与共享教研的过程中，她关注到的是各个幼儿园在进行课程管理、教研组质量评价等方面工作时所使用的评价工具及评价指标，这些工具及指标都是各园在课程优化实践过程中的积累与成果。

第一，工具借鉴，提升短板课程。小海螺幼儿园是一所以运动为特色的市一级幼儿园，经过多年的课程研究，形成了一套基于3—6岁幼儿动作发展核心经验的指标以及与之匹配的观察工具（如图4-13、图4-14所示）。发展指标中详细罗列了该年龄段幼儿身体素质发展的不同阶段，C园长组织老师们共同解读指标，在解读指标的过程中，老师们对标幼儿的动作发展，判断幼儿在同一动作上的发展趋势，并客观记录下发展过程，在观察中给予其适切的指导，从而提升C园长带领的团队教师在短板课程方面的专业性。

区域运动观察记录表

	投掷区	出处
上肢力量（提示:可观察幼儿在投掷时上肢力量的表现）	要点：1. 投掷距离 2. 投掷高度 3. 投掷物碰到障碍物时弹跳程度	P172
手眼协调（提示:可观察幼儿投掷时手眼的配合及肢体协调）	要点：1. 投掷方向是否正确 2. 投中靶子的概率 3. 转体时身体是否协调	
动作达成度（提示: 可观察幼儿是否能够完成动作要领）	要点：1. 两脚开立与肩同宽 2. 蹬转、翻肘 3. 挥臂、甩腕	
	攀爬/钻爬区	
手脚协调（提示:可观察幼儿攀爬、钻爬中手脚的配合）	攀爬要点：1.是否交替脚上下台阶 2.双手双脚攀登时是否协调 3.是否灵敏地进行钻、移位、悬垂等动作 钻爬要点：1. 钻爬时手与脚是否交替配合 2. 能否正面手膝着地爬行 3. 能否侧面钻，两腿屈伸交替 4. 通过障碍物时是否顺利，能否有意识弯腰、紧缩身体	P110
社会性情绪（提示:可观察幼儿规则意识）	要点：1. 是否依次有序进行钻爬 2. 是否有争抢通过行为	

图4-13 小海螺幼儿园幼儿运动观察工具（部分截图）

身体素质	基本动作	形式	阶段 I	阶段 II	阶段 III
1.具有一定的平衡力，动作协调、灵敏 2.具有一定的力量和耐力	走	听信号走	1.听信号指定方向走； 2.一个跟一个走。	1.听信号有节奏地走； 2.听信号变速走。	1.听信号变换方向走； 2.一对一对整齐地走。
	跑	变化方向跑	沿场地周围跑。	一路纵队跑。	
		听信号跑	听信号向指定方向跑。	跑动中听信号做规定动作。	听信号变速跑或改变方向跑，跑动时听信号做规定动作。
		快速跑	快跑15米左右。	快跑20米左右。	快跑25左右。
		走跑交替	跑走交替，距离为100米左右。	跑走交替，距离为100—200米。	跑走交替，距离为200—300米。
		四散跑	在指定范围内四散追逐跑，四散跑时能躲避他人的碰撞。	在一定范围内四散追逐跑，控制跑的方向感和身体。	四散追逐跑，在跑中转身、停、蹲闪都比较灵活。
	跳	原地双脚向上跳	双脚原地向上跳。	原地纵跳触物（物体离幼儿高举的手指尖15—20米）	原地纵跳触物（物体离幼儿高举的手指尖20—25米）
		立定跳远	双脚立定跳远，距离不少于20厘米。	双脚立定跳远，距离不少于30厘米。	双脚立定跳远，距离不少于40厘米。
		双脚向前跳	双脚向前跳。	能身体平稳地双脚向前进跳。	
		侧跳		双脚在直线两侧行进跳。	
		双脚向下跳	双脚站立由高15—25厘米处往下跳。	双脚站立由高20—30厘米处往下跳。	双脚站立由高30—35厘米处往下跳。
		单脚连续跳	能单脚连续向前跳2米左右。	能单脚连续向前跳5米左右。	能单脚连续向前跳8米左右。单脚不停顿地继续起跳，动作连贯、有节奏、稳定性好。
		跨跳水平和垂直		助跑跨跳过不少于40厘米的平	1.助跑跨跳过不少于宽50厘米的

图4-14 "3—6岁幼儿运动表现性水平描述——运动能力"观察表（部分截图）

第二,方法妙用,推动教师行为转变。同样是以运动领域的研究为课程特色,但马泾桥幼儿园则尝试使用学习故事的观察方法记录幼儿的运动行为,"学习故事"由新西兰学前教育学者卡尔提出,它既是一种评价儿童的方法,也是一种研究方法。它是在真实情景中完成的结构性观察和记录,能提供一种反映儿童发展的持续性画面,能用来记录和交流儿童学习的复杂性。它所关注的是儿童能做什么,而不是他们不能做什么,这样能够清楚地展现儿童的长处和兴趣。C园长觉得"学习故事"这种研究和评价幼儿的方法非常适合用在个别化学习、运动等活动中,它对于指导教师如何对幼儿开展观察和评价有着理念上以及实操上的指导意义。在信息资源库中,C园长可以对马泾桥幼儿园的教研片段作出选择与截取,形成一系列以"如何开展学习故事"为主题的教师培训,将学习故事在本园推广运用。

第三,巧用"问卷星"实现即时自评。在教研活动后,我们都会反思教研活动的优势与不足,用现在最流行的词来说,即是"复盘"。从前的"复盘"可能是现场交流、问卷调查等形式,在实施过程中还是会发现老师们有自己的各种顾虑,导致结果的无效或不真实。在本次课题研究中,为了实现教研评价即时、公正、全方位,课题组使用了"问卷星",参与活动的领导、专家、老师只需扫描二维码即可进行无记名的线上"复盘"。C园长觉得使用"问卷星"的调查方法具有符合调查研究客观性和即时性的要求,问卷

图4-15　马泾桥幼儿园基于"学习故事"开展幼儿运动行为观察研究

星不需要署名,被调查者可以畅所欲言地表达自己的内心真实想法和情况,且借助互联网,问卷星可实现多人在线问卷填写,保证且保护了领导、专家、园长以及一线教师对单场教研进行评价的客观性和积极性;问卷星的使用大大提升了工作效率,该软件简单易操作,省去了发放、收集纸质资料的繁琐,大大节省人力、物力和时间。因此 C 园长将这一评价方法广泛使用于各大类课程评价中,如疫情期间的针对家长开展园"线上幼小衔接课程的课程评价"、"园内优秀教研组初选评价"等。

　　借助科学化、信息化、模式化的质量监测诊断,我们逐步形成了联盟园所间可复制、共享的规格化教研设计,这也为园际间开展教研实践改进提供了信息互通与共享的良好机会,让各联盟园进一步明确各自在坐标中的位置。通过持续性的质量评价,我们真正地让评价者成为了潜在行动者,让各联盟园优势更优,并辐射到其他园,共享了平等、民主的集团化评价研究与实践。

(宝山区七色花艺术幼儿园　苏艳)

第五章　园际交互评价的实践成效

行动研究是"实践工作者开展的系统的自我反思的科学研究,其目的在于改进实践",行动研究"强调研究过程与行动过程的结合","将行动与研究融为一体"。[①] 行动研究与只行动不研究的关键区别就在于,行动研究的每一步行动之后,都会对行动的效果进行评价,找出行动已改善之处、未改善之处和有待改善之处,分析其原因,并据此设计下一步行动方案。简言之,基于证据开展工作是行动研究的根本特点。

我们的研究秉持行动研究的关键特征——以循证作为研究的核心线索,在研究启动之初,我们通过对园长和教师的问卷调查和访谈,深入了解幼儿园开展自主教育质量监控中存在的问题,参与幼儿园开展园际交互评价实践与研究的意愿,以及各方对幼儿园教育质量评价现状的意见和建议,为开展研究取得了第一手材料;在研究过程中,关注基于园际交互评价实践的循证改进策略的运用与调试,并逐渐形成行动研究的实践共同体;在研究进入总结阶段,对参与实践共同体的园长和教师进行问卷调查,进一步收集有关园际交互评价实践成效的相关信息,为园际交互评价的可持续开展和研究的后续推进、反思与总结提供有力的实证依据。

---

① 郑金洲等.行动研究指导[M].北京:教育科学出版社,2004:13—17.

第一节　多渠道数据收集与结果分析

园际交互评价行动研究采用多种途径和方法采集相关数据，多方协作，互为补充，收集了丰富的过程性资料和数据，既是研究持续推进的有力保障，也是研究实施过程的真实记录。

一、园际调查及结果

我们采取的主要方法之一是调查研究法，即通过对研究对象进行问卷调查、访谈等方式收集相关数据。在整个研究过程中，开展了2次园际间的问卷调查和1次园际间的结构式访谈。

（一）问卷调查

1. 2017年9月的问卷调查结果

第一次问卷调查于2017年9月开始，课题组从宝山区各级各类幼儿园中随机抽取了29所幼儿园（覆盖市示范园、市一级园、区规范一级园、市二级园），并在29所幼儿园中随机抽取了205位幼儿园教师（覆盖5年以下、6—10年、11—15年、16年以上等不同教龄范围，以及未评、二级、一级、高级等不同职称）。调查问卷共发放园长问卷29份，回收有效问卷29份，回收率100%；教师问卷205份，回收有效问卷205份，回收率100%。（调查问卷见附件1、附件2。）

本次调研有两个目的：一是整体把握当前幼儿园开展教育质量自主监控的真实现状，根据园所和教师的反馈归纳出其中可借鉴的优秀经验，以及所面临的实际问题或困难，便于明晰课题研究的逻辑起点和后续方向；二是深入了解园长和教师对幼儿园教育质量园际交互评价的基本认识及参与意愿，便于后续开展园际交互评价的实践研究。调研内容主要涉及六大板块：教育质量自主监控的依据、教育质量自主监控的主体、教育质量自主监控的内容、教育质量自主监控的方式、教育质量自主监控实践中的困难或问题、以及参加园际交互评价实践的研究意愿。

在调研的29所幼儿园中，包括市示范园2所、占比6.89%，市一级园10所、占比34.48%，区规范一级园9所、占比31.03%，市二级园8所、占比27.58%。通过随机

抽取的方式,覆盖到全区各级各类幼儿园,所抽取样本和调查结果的信效度都是值得
肯定的。

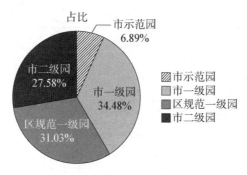

图 5-1　幼儿园园所等级分布

从教龄分布来看,参与调研的 205 位教师的教龄分布较为均衡;在教师职称上二
级及以上超九成,高级也有超两成占比。总体而言,本次调研面向的幼儿园园所等级
多样,教师教龄分布均匀,教师职称基本都在二级及以上,具有相对丰富的幼儿园工作
经验,对幼儿园教育质量自主监控的现实状况及理性思考能有较深入的认识。

表 5-1　教师教龄

选项	小计	比例
5 年以下	60	29.27%
6—10 年	54	26.34%
11—15 年	49	23.90%
16 年以上	42	20.49%

表 5-2　教师职称

选项	小计	比例
未评	22	10.73%
二级	70	34.15%
一级	65	31.71%
高级	48	23.41%

2. 2020 年 5 月的问卷调查结果

在研究进入总结阶段之后,课题组通过对部分参与课题研究和未参与课题研究的
园长、中层和教师开展问卷调查,以实验组和对照组的方式,对其开展了《幼儿园"教研
现场"质量园际交互评价的问卷调查》,调查内容包括教研的课程意识、教研的主体意
识、教研的预案设计、教研的组织形式、教研质量的评估与改进等维度,以期检验园际
交互评价的成效,为行动和研究的后续推进、反思与总结提供有力的实证依据。具体
调查问卷详见附件 3。调研样本数共计 136 人,其中参与课题研究 79 人,未参与课题

研究 57 人。具体的职务、职称与教龄分布状况如表 5 - 3 所示,该表充分说明了样本抽取的合理性。

表 5 - 3　后测调研样本的职务、教龄、职称分布

教师分类		参与者占比	未参与者占比
职务	园长	10.13%	10.53%
	副园长或保教主任	20.25%	7.02%
	教研组长	30.38%	33.33%
	教师	39.24%	49.12%
教龄	5 年以下	11.39%	26.32%
	5—10 年(含 5 年)	22.78%	19.30%
	10—15 年(含 10 年)	27.85%	17.54%
	15 年及以上	37.97%	36.84%
职称	未评	5.06%	14.04%
	二级	18.99%	22.81%
	一级	62.03%	56.14%
	高级	13.92%	7.02%

我们对参与课题与未参与课题教师在教研的课程意识、主体意识、预案设计三大维度上的具体表现进行比较,发现参与课题的教师在三大维度所有问题上的得分均值都高于未参与课题的教师,这充分彰显了课题研究的有效性。对于参与幼儿园教研质量园际交互评价的教师群体来说,教师主体意识的发挥和课程意识是他们收获最大的地方;灵活多样的教研形式、园际对话式互诊机制和现场教研诊断报告的分享与解答对他们的影响也比较大,充分凸显了教师对课程意识和主体意识的关注、对多元诊断结果的提炼和运用的强调。这些数据为更大范围推广课题研究成果提供了充足的证据,也为下一步开展"基于循证改进的园际交互评价实践"提供了有利参考。

(二)结构式访谈

在第一次问卷调查结束后,课题组采用访谈法开展进一步调查,选取了 29 位园长作为访谈对象,围绕对幼儿园教育质量园际交互评价的功能定位及期待需求,评价指标、评价主体、评价方式的开发与选择,园际交互评价的参与意愿与意见建议等问题,

设计了访谈提纲(见附件4)。访谈结果与问卷调查结果相互印证,关注园长从理念到行为的一致性。在整个访谈过程中,园长回答问题后,如有疑问时可以及时追问,以便我们更全面精准、深入细致地了解园长的真实想法。

二、 基于案例法的研讨与会诊

在口语中,会诊是指几个医生共同诊断疑难病症,这里借用会诊一词特指以小组方式共同研讨课题,找出其中可见的成果。具体形式有:

(一) 案例剖析

经典案例剖析,是指课题组将为共研小组提供微诊报告作为目标,对参与共研活动的教师实践案例等进行深入剖析与梳理,试图挖掘在共研过程中教师聚焦课程实施质量、现场教研活动质量、园际交互评价实践方式、评价指标的调整与优化等相关话题,了解教师的思考与体悟,感受教师的收获与成长,从而验证本课题幼儿园教育质量园际交互评价的实践成效。

以深化阶段园际交互式课程实施质量评价实践为例,其中,评价内容下移到教师实施课程的质量,评价主体下沉到一线教师,共研成员也按领域被分为表演游戏、个别化学习、野趣运动、数游戏、科技活动和班级管理六个小组,由几所幼儿园在上述几个领域有发展优势的教师担任组长,轮流深入几所幼儿园的六个领域开展活动,六个共研小组共计开放了36场现场研讨活动,并以小组为单位形成了六份微诊报告和36份组员实践样例。我们对六份小组微诊报告和36份实践案例进行深入剖析,聚焦教师课程实施质量、评价指标的调整与优化,了解教师的思考与体悟,感受教师的收获与成长,从而验证幼儿园教育质量园际交互评价的实践成效。如此一来,每次开放活动的教师都能够接受本组其他五位组员对自己课堂教学实践现状的分析与评价,帮助其发现问题、找准改进方向,同时聚焦评价指标进行一轮又一轮的调整优化,从而更好地指导实践改进。

比如,"班级管理"共研小组微诊报告通篇围绕实践的收获与感悟展开,并且辅之以若干案例作为证据,诸如"衣裤找朋友"、"衣服也会做早操"、"叠被子"等。总的来说,就是试图通过在幼儿生活活动中采用评价量表,了解幼儿的亲社会行为的发展水平,促进幼儿谦让、助人、合作、分享和安慰等亲社会行为的发展。结果发现,在不同年龄段,孩子的亲社会性行为发展具有不同的特点,也有不同的行为表现,展现出幼儿亲社会性行为发展的递进性。这一发现有利于幼儿教师根据他们观察和评价到的表现行为,对幼儿的亲社会行为做出恰当的评价,帮助幼儿积极参与生活活动。交互式观摩学习对共研活动、教师和幼儿产生了积极的影响,不仅推动了活动质量的提升、促进了教师教学手段的更新与自我成长,还使幼儿的自我管理能力在活动中得到了提高。通过六个园所交互式观摩现场活动,进一步研讨、分享与交流经验,实现了园际间的优质资源互补、经验共享、共同进步与共同提升,真正实现了园际共赢与共生。

深化阶段中,除了六个共研小组的微诊报告,参与教师们也从不同的小切口"深挖"进去,以案例的形式回溯自己在参与交互评价共研中的心路历程和成长收获,用如此鲜活、生动的话语方式为园际交互评价方案的实践成效写下属于教师们浓墨重彩的一笔。通过对他们的实践案例进行分析与梳理,可以挖掘教师在共研活动参与过程中的收获与思考、问题与困惑、成长与启发,便于我们验证幼儿园教育质量园际交互评价的实践成效。

比如,科技活动组组员七色花艺术幼儿园的黄丹老师以"小小医药箱"的前后两次授课为切入点,首先用描述性的语言呈现了2018年12月21日第一次授课的情形,随后,共研小组团队成员通过提问以及与执教者进行互动问答,从而展开了"微 talk"访谈式评价,团队成员在不断对话的过程中厘清认识,帮助执教者黄老师抓准课堂亮点、发现课堂教学中存在的问题、明确后续改进方向,形成如下共识:材料提供要满足幼儿的探索需求和欲望,符合幼儿年龄特点及生活经验。在课堂上要善于抓住孩子的闪光点,并将其转化为教育契机,服务于孩子的身心全面健康成长。活动设计既要跟随课堂主题的进程,也要充分考虑孩子们的实际经验,关注其与科技教育的关联性,呼应《3—6岁儿童学习与发展指南》中提出的"幼儿科学学习的核心是激发探究兴趣,体现探究过程,发现初步的探究能力"。基于此,2019年1月4日,黄老师重新借班,第二次执教"小小医药箱"一课,并邀请了本单位同学科老师观摩,根据优势园四季万科幼儿园的导引单进行活动分析研讨,展开"微 talk"访谈式评价。总体来说,这样的"微 talk"访谈式评价既能让观摩者和执教者更加放松,以一种轻松的聊天式的方法开展交流与谈论,也不乏目的性和计划性,能更有时效性地帮助执教者梳理活动以及进行课后反思,分析活动的意义、目标制订的适切性、活动中幼儿的行为问题等,从而促使科技教学活动更加严谨、幼儿科学素养得到更好的熏陶。四季万科幼儿园所提出的"导引单"也能够帮助教师一目了然地找到与活动有关的科学活动要素,并有针对性地运用访谈表进行提问。

拓展阶段中,我们将共研园所切换到课题负责人领衔的"兰馨社"七所幼儿园,活动参与者囊括了所有园所的园长、副园长、保教主任、教研组长、教师等不同层级,区内还有个别幼儿园虽不是课题组成员,仍积极主动参与到现场教研活动中。每场教研现场活动中都有一所轮值园,活动前,引领园(七色花)中心组团队都要与轮值园进行数轮研讨、交流研点选择并设计活动预案;活动中,轮值园与引领园保教主任要现场进行"主任对对碰",轮值园与引领园教研组长要现场进行"组长开开杠"等。同一个参与者在每一场开放教研活动中的角色都在不停变化,有时是作为轮值园(即"东道主"),有时是"旁观者"……不同身份的即时切换有利于教师们用不同的眼光和视角去反思园际交互评价实践,也为他们提供了更多实践体认的可能,更是让他们呈现出来的案例平添了一分研究的味道,增加了一抹思考的底色。我们对教师的实践案例进行了深入剖析,聚焦现场教研活动质量的改进与思考、评价指标的调整与优化,了解教师的思考与体悟,感受教师的收获与成长,从而验证了幼儿园教育质量园际交互评价的实践成效。

七色花艺术幼儿园的保教主任申明珠作为引领园中心组成员,每次现场教研前都要带领团队老师与轮值园团队教师展开多次深入研讨,她用"心中有光、渐遇星辰、遂见山海"这样富有诗意的语言概括了自己在这个过程中的心境与感受,也描述了自己在指导其他三所轮值园开放现场活动,以及与轮值园团队交流碰撞的过程中,是如何进一步优化自己的认识,并关注活动流程、评价工具等"规格"的调整完善与动态生成的。她认为在"学习指导"部分,首先要自我学习,让互动有准备;其次要内涵厘清,让指导有助力。在"环节设计与优化"部分,首先要内化指标,使环节呈现共研特质。具体来说,就是要通过现场教研、现场互诊、app 评价,并以教研评价反馈为依据,提升教研质量。为了让教研有标准、共研有实效,必须要明确地认识到,评价机制是基石。教研质量评价是依据评价标准衡量幼儿园教研质量的评价指标,在共研的过程中,组员们依据上位指标,调整形成了共研园所可以参考、运用的评价标准。明晰课程目标,解读课程质量评价指标,对幼儿园课程实施能力和教师的专业素养都有"质"的提升。同时,在过程中通过教研组长开开杠,保教主任对对碰的方式凸显现场诊断评价,呈现共研的特质:结合园际合作,切实感悟教研魅力,引领专业成长。其次,要对活动流程与环节做规格化设计,将其固化为"评价反馈、现场教研、现场互诊、专家点评"四大板块,呈现园本课程的"深度"和"研究力",形成从实践到评价的完整体系,有理有据、感理结合,促进教研质量的真正提升。在"现场智慧碰撞"部分,一方面,通过交互评价,解锁课程执行力。交互式评价让课程优化从自主诊断转向客观评价。在课程实施过程中通过教研实现课程的优化与研究。以往的教研多是"园内"自主教研,单一团队反馈调整。不管是视角还是站位都有固定模式和思维。通过"兰馨社"联盟活动和"对对碰"环节,将园本教研的内容进行现场诊断和评价,可以从"当局者迷"的困局中解脱,同时也是换一种更为客观的视角对教研的形式、内容和问题进行审视,有助于解锁幼儿园的课程执行力。另一方面,通过智慧碰撞,唤醒课程领导力。作为幼儿园的保教主任,需要对幼儿园的课程有所思考。通过"兰馨社"联盟活动,我们聚焦现场、直接互动,将自己的思考和建议进行智慧碰撞。其一是对教研本身的评价反馈,其二是对课程实施的思考建议。保教主任作为"对对碰"的参与者,每一次从预案开始的参与其实对于轮值园的课程已然有了一些理解,但是这些理解都是从主观角度出发的。"对对碰"环节让保教主任可以从主、客观双向的角度更准确地理解课程,同时也可以解答课程实施中的困惑和瓶颈问题。

马泾桥幼儿园彭阮老师以自己参加本园"学习故事"现场教研活动的亲身经历为例,分析了多园联组教研的魅力,主要体现在:第一,教研内容丰富切实,促进教师专业发展。12所幼儿园代表教师参与联合教研的创新形式,以大教研为载体,让大家一起围绕每一场的不同研点展开交流对话,展示幼儿园的现场大教研展示、组长开开杠、主任对对碰和专家讲评,能让各园的教师们走近彼此。而且作为观摩教师,能拓展自身教育教学知识,能吸收到时下紧跟时代的教育信息、经验,且对自身的教育教学工作有所补充。例如:宝山区太阳花幼稚园关于美术"范例"的一次大教研研讨,紧抓当下教师的教学困惑,通过剖析不同年龄段的美术教学实践案例,以分析幼儿美术作品为切入点进行研讨,既引起了前线老师的共鸣,又给予了实质有效的方法。第二,联合教研,人人参与,群体共享。教研现场所有的环节架构最终都服务于聚焦大教研内容,从展示到现场互动,参与者的思绪一直被牵引着、卷入其中。各个互动环节更是整场活动的反思跟进,精炼出活动精髓,将各园所的教育教学经验和智慧辐射给参与的所有教师,让本来分割的个体汇聚成为群体,共同分享专业知识资源。第三,联合研讨,展教研魅力,以点带面,辐射延展。联合教研的展示形式对教研组组长有着较为正向的引导作用,是平时缺乏的学习途径。组长们可以将联合教研上获得的知识点、经验甚至于有效方法与园内、组内的老师进行分享,这不仅会给她们带去更多的教育信息,也会给她们带去较新的视角。同时,通过一次次的不同园所的大教研展示,也能使作为组长的我们更多地了解大教研的重要本质和实施的有效途径。

太阳花幼稚园的顾敏勤老师以"合而共研见广,研后互评见深"概括了园际交互式教研质量评价实践的魅力,解决了传统教研活动中教研角色"唯我独尊"而缺少共同体,教研内容"按部就班"而缺乏创新性,教研资源"闭门造车"而缺少多样化,教研评价跟不上等瓶颈和问题。总体上看,园际共研可以促进区域内不同特色幼儿园教研质量的共同发展,帮助各个幼儿园形成具有特色的教研制度和教研文化。在身临其境的参与和观摩教研活动中,我们会认识到,园际共研是以促进教师专业发展、提高幼儿园教育教学质量为目标,以园际共研组织的方式来开展教研质量评价活动。具体来说,园际共研体现了教研角色规律转化,凸显教研同体意识;教研内容看似个性化,实则体现融合创新;教研资源多样化,帮助教师各取所取。

(二)专家观诊

现场专家观诊,是指通过理论专家、行政领导专家、实践专家、同行专家的"现场评价与研讨",对开放园的课程方案、教师课程实施质量、现场教研活动质量、评价指标及工具的开发等予以现场评估,依托专家力量和独特视角,帮助开放园更综合全面地认识自身园本优势课程和教研活动等方面的基本现状、发现其中存在的问题、找准后续研究方向,并基于此修改完善园本课程方案和评估指标等。其中,理论专家主要指市教委教研室、市教科院、区教育学院的相关市区级专家;行政领导专家主要是区教育局、教育学院的相关领导;实践专家主要是参与共研的十余所交互园所的园长、副园长、保教主任、教研组长等;同行专家主要是指指向教研活动质量的园际交互评价实践中参与活动现场观摩但并非交互园所的幼儿园园长。

试水阶段中,课题组当时正处于"摸着石头过河"的状态,围绕六所幼儿园的课程方案进行园际交互评价,通过"听介绍——详解读——看现场——做评价——再研讨"规范每一场共研活动,主要由参与活动的区科研员、其他园所的园长及科研负责人等作为代表对开放活动现场的园所的课程方案、评价指标及课程实施质量予以现场评估。

以2018年6月21日的青苹果幼儿园现场活动为例,活动当天,青苹果幼儿园科研组长刘老师作题为"创特色课程,促自主评价"的专题汇报,介绍了本园"自主教育"特色课程。首先,介绍了本园特色创建的思考与规划——通过找核心抓手、研龙头课题、搞实践创新,实现"创自主教育文化,育能干小主人"的办学目标。以市级课题"凸显幼儿自主选择特色的幼儿园课程实践范式的研究"为抓手,园所开展了自主教育的园本特色课程的研究与实践,并形成了园本课程、出版了相关专著、获得了市区级各类奖项。关于后续,本园还想做"自主教育"特色课程的评价与保障,从"如何构建完整的评价体系,让课程实施更加有保障""如何让幼儿、教师、家长参与评价,促进评价多元化"两大问题着手,向与会专家与同行介绍了园所未来的研究思路与发展设想,提出"三梁五柱"的评价模式,其中"三梁"是量性评价、情境性评价、感受体验性评价,"五柱"是幼儿自主选择、幼儿自主管理、幼儿自主探索、幼儿自主分享、幼儿自主评价。汇报结束,现场开放了"乐智小天地"活动,共研小组成员既能通过专题汇报对青苹果幼儿园的思考与实践有比较清晰的认识,又能通过现场观摩对具体实践有比较直观的感受。最后,进入互动研讨环节,专家(同行)就评价指标的科学性、层级性,园本课程评价与幼儿发展评价之间的关联与异同等问题展开了激烈的探讨。友谊路幼儿园园长如是说:"今天来到青苹果幼儿园,我觉得我确实收获非常大,尤其是分享的环节,我看到孩子们那么自主,我觉得非常棒。评价量表的操作性非常强,内容也很全面。我有一个小建议,能否把评价的内容分大、中、小班,年龄段细化一些会更好。"七色花艺术幼儿园科研主任则主要就"园本课程评价与幼儿发展评价之间的关联与异同"谈了自己的想法,"园本课程的评价一定是综合式的评价,我们不能单一地从幼儿发展的角度来评价,而是要从课程本身、教师在课程实施中的发展性评价、幼儿发展评价等多方面的内容架构形成评价体系。评价方式上,目前量性评价、情境性评价、感受体验性评价的类别划分不在一个维度上,比如与情境性评价匹配的可能有:访谈式评价、案例式评价等"。宝山区科研专家袁老师在谈到"评价指标的科学性"这一问题时提到,"一般我们可以在相应的指标下标注出这一条指标是出自哪里,比如是《3—6岁儿童学习与发展指南》等,都可以成为指标科学性的佐证。其次,我们还可以采用专家论证法,如若指标能获得专家认可,也是论证其科学性的方式"。宝山区科研专家周老师评论道:"在给出具体的评估指标之前,可以先拟出一个理论框架,梳理清楚幼儿自主能力在幼儿发展过程中不同阶段的典型性表现,从理论框架中归纳出具体的行为表现,这些行为表现可以作为参考,但并不是唯一的标准。所以大家要确定一些共性的内容,在每种能力下可以从认知、能力、情感三个方面来区分不同的内容。除此以外,还可采用跟踪评价的方式。"

深化阶段中因评价重心下沉到教师实施课程的质量,所以评价主体主要是由 36 位教师构成的 6 个共研小组,更多是实践专家的现场观诊。但是,本阶段起,有"园际论坛"的环节,将其他相关专家也纳入我们现场观诊的团队。比如,区教育局副局长对本课题研究与实践做了如下评价:"我们所推进的幼儿园教育质量园际交互评价可以成为区域教育质量评价的新范式,提供给全区其他园所参照借鉴,无论是交互园所不同发展层次的选择、根据评价内容的不同而选用不同的评价主体、评价指标的开发、评价模式的形成、活动前中后的规格设计、运作机制的运用、实践成效的检验等等,都可以提供区域内其他园所非常好的实践参考。"

以 2019 年 6 月 24 日的全员展示论坛为例,在聆听了中期汇报以及穿插的过程案例后,宝山区科研专家领导冯老师做了"开放、扎根、成长"的六字评价。开放是指六所幼儿园基于优化发展的开放心态,来共同研制评价方案,而且这一方案是动态调整的,这当中要有开放的心态来接纳众人的建议。扎根是指《上海市幼儿园保教质量评价指南(征求意见稿)》和《3—6 岁儿童学习与发展指南》在六所幼儿园落地生根,是课题所要为之的任务所在。幼儿园要能够建构出可操作、可测量的评价方案,形成一种可测、可描述的细致化的评价指标。成长是指六个园的园长、老师和科研员是一个研究共同体,同一个课程模块的教师团队之间要展开对话,每个幼儿园的教研组活动都要以质量评价表作为依据开展活动并展开对话,借力互补,均衡发展。

拓展阶段对教研质量进行园际交互评价时,我们依旧沿用了"现场专家观诊"。以 2020 年 1 月 2 日七色花艺术幼儿园现场教研活动为例,上海市教委教研室的学前专家王老师做出如下评价:幼小衔接是近年来的热门话题,并且国家今年也一定会出台相关的白皮书,今天的现场教研"聚焦'任务意识'培养,优化幼小衔接课程"与国家关注的重点话题前后呼应。幼小衔接不仅仅是说幼儿园向小学靠拢,小学也要向幼儿园靠拢,这种衔接一定是双向的。相比较之下,幼儿园在这个方面很有优势。幼儿园在探讨中更注重内涵的衔接,更注重幼儿的终身发展,培养幼儿的学习品质。今天的教研现场形式很新颖,以"任务意识"培养为教研主线,幼、小、家长三方联动。有效教研的一个指标是能够为本学期、下学期教研的更好开展提供价值与意义。教研是一个系列,围绕一个大的主题开展,每一次教研都要落实到细处,使教研变成一个系列,有系统性和持续性,研究要聚焦和深入。今天的教研围绕幼小衔接中的"任务意识"展开,建议再将其落到细节处,而不是泛泛而谈。今天的教研素材是一个幼儿园里建构游戏的片段,既不是渗透性教育也不是常规性教育,只是一个游戏情境。因此不具备一个好的教研素材的特点,相比较分析素材中幼儿的任务意识,不如讨论孩子"完不成任务的原因是什么",重要的是如何看待孩子的游戏行为,如何分析,而不是达成一个共识。

同时,教研的研点要落到实处,比如今天的过程中,家长提出来的很多问题使教研走向不明晰,不过教研最后梳理出来的策略并不是要说服家长教研的观点是正确的,而是要给家长提供真正的支持。

需要指出的是,拓展阶段每场现场教研评价活动结束后,课题领衔人都会综合活动现场理论专家、行政领导专家、实践专家、同行专家等各方专家意见与建议,结合问卷星后台数据聚合结果,形成本场活动的诊断报告与建议,以下以小海螺幼儿园的现场活动为例:

案例 11: 小海螺幼儿园现场教研实践改进的诊断报告及建议(节选)

二、诊断结果与分析

(一)园际交互式现场教研质量监控

1. 教研主题选择

(1)研讨主题有价值,体现《3—6 岁儿童学习与发展指南》》等现代教育理念

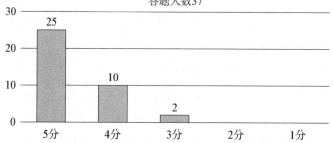

1.研讨主题有价值,体现《3—6岁儿童学习与发展指南》等现代教育理念
答题人数37

图 5-2 "研讨主题有价值,体现新《指南》等现代教育理念"评价结果

评价结果表明,5.41％的老师选择了 3 星,27.03％的老师选择了 4 星,67.57％的老师选择了 5 星,平均值约为 4.62 星。说明老师们基本认为,研讨主题是有价值的,体现了《3—6 岁儿童学习与发展指南》等现代的教育理念。

(2)主题内容符合本园教师的实际,具有园本特点且具针对性

其中,75.68％的老师认为教研内容符合本园教师的实际,具有园本特点且具针对性,从而选择了 5 星,24.32％的老师选择了 4 星,平均值约为 4.76 星。

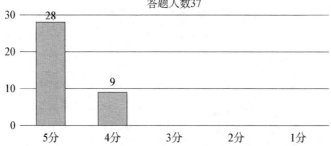

2. 主题内容符合本园教师的实际, 具有园本特点且具针对性
答题人数37

图 5 - 3 "主题内容符合本园教师的实际,具有园本特点且
具针对性"评价结果

（3）能切实解决保教实践中的真问题

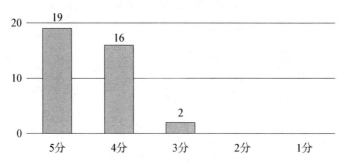

3. 能切实解决保教实践中的真问题
答题人数37

图 5 - 4 "能切实解决保教实践中的真问题"评价结果

对于"教研是否能切实解决保教实践中的真问题",有 51.35％的老师认为能够切实解决教师保教实践中的真问题,从而选择了 5 星,43.24％的老师选择了 4 星,5.41％的老师选择了 3 星,平均值约为 4.46 星。可见,九成以上老师认为这样的教研能切实解决保教实践中的真问题。

2. 教研形式选择

（1）形式创新,能突显园本教研特色

在"形式创新,能突显园本教研特色"这个问题上,有 8.11％的老师选择了 3 星,29.73％的老师选择了 4 星,62.16％的老师选择了 5 星,平均值约为 4.54 星,即九成以上老师认为,这种形式能突显园本教研特色。

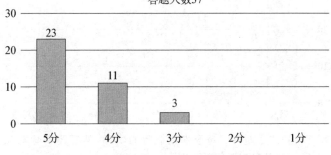

1. 形式创新，能突显园本教研特色
答题人数37

图 5-5 "形式创新,能突显园本教研特色"评价结果

（2）形式契合教研内容并能有效为教研主题服务

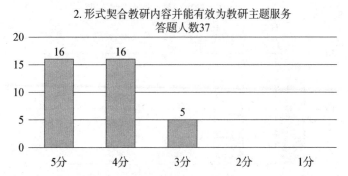

2. 形式契合教研内容并能有效为教研主题服务
答题人数37

图 5-6 "形式契合教研内容并能有效为教研主题服务"评
价结果

在"形式契合教研内容并能有效为教研主题服务"这个问题上,13.51％的老师选择了 3 星,43.24％的老师选择了 4 星,43.24％的老师选择了 5 星,平均值约为 4.3 星,即九成以上老师认为,这种形式能契合教研内容并能有效为教研主题服务。

3. 教研过程

（1）对研究内容有一定的知识或经验储备(理论支撑、案例、照片、录像等)

有关"对研究内容有一定的知识或经验储备(理论支撑、案例、照片、录像等)"这个问题,13.51％的老师选择了 4 星,86.49％的老师选择了 5 星,平均值约为 4.86 星,即九成以上老师认为自己对研究内容有一定的知识或经验储备。

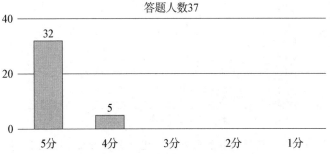

（1）对研究内容有一定的知识或经验储备（理论支撑、案例、照片、录像等）
答题人数37

图 5-7 "对研究内容有一定的知识或经验储备"评价结果

（2）对教研主题及目标有比较明晰的预设

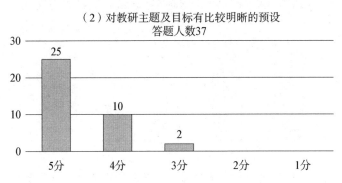

（2）对教研主题及目标有比较明晰的预设
答题人数37

图 5-8 "对教研主题及目标有比较明晰的预设"评价结果

有关"对教研主题及目标有比较明晰的预设"这个问题，5.41％的老师选择了 3星，27.03％的老师选择了 4 星，67.57％的老师选择了 5 星，平均值约为 4.62 星，即九成以上老师认为，自己对教研主题及目标有比较明晰的预设。

4. 教研主持者的作用

（1）教研过程能引发组员进行积极的发言及讨论

在"教研过程能引发组员进行积极的发言及讨论"这个问题上，35.14％的老师选择了 4 星，64.86％的老师选择了 5 星，平均值约为 4.65 星，即九成以上老师认为，教研过程能引发组员进行积极的发言及讨论。

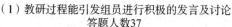

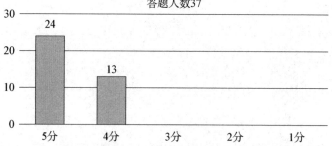

图 5-9 "教研过程能引发组员进行积极的发言及讨论"评
价结果

（2）教研过程能推进组员对问题的激烈思辨及深层思考的推进

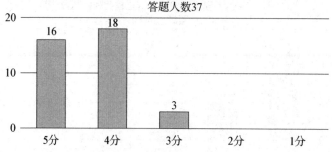

图 5-10 "教研过程能推进组员对问题的激烈思辨及深层
思考的推进"评价结果

在"教研过程能推进组员对问题的激烈思辨及深层思考的推进"这个问题上，
8.11％的老师选择了 3 星，48.65％的老师选择了 3 星，43.24％的老师选择了 5 星，平
均值约为 4.35 星，即九成以上老师认为，教研过程能推进组员对问题的激烈思辨及深
层思考的推进。

（3）在教研过程中能适度形成策略回应及方法提炼

有关"在教研过程中能适度形成策略回应及方法提炼"这个问题，5.41％的老师选
择了 3 星，48.65％的老师选择了 3 星，45.95％的老师选择了 5 星，平均值约为 4.41
星，即九成以上老师认为，能在教研过程中适度形成策略回应及方法提炼。

（3）在教研过程中能适度形成策略回应及方法提炼
答题人数37

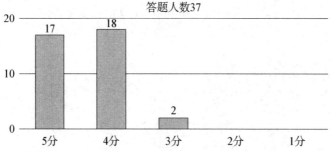

图5-11 "在教研过程中能适度形成策略回应及方法提炼"评价结果

（4）在教研过程中能捕捉及抛接组员有价值的生成问题

（4）在教研过程中能捕捉及抛接组员有价值的生成问题
答题人数37

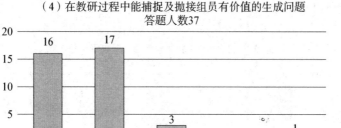

图5-12 "在教研过程中能捕捉及抛接组员有价值的生成问题"评价结果

有关"在教研过程中能捕捉及抛接组员有价值的生成问题"这个问题,2.70％的老师选择了1星,8.11％的老师选择了3星,45.95％的老师选择了4星,43.24％的老师选择了5星。平均值约为4.41星,即九成以上老师认为,在教研过程中能捕捉及抛接组员有价值的生成问题,其中,也有极个别的老师在这个问题上选择了一颗星。

（5）在教研最后,能梳理归纳,总结提炼适宜策略

有关"在教研最后,能梳理归纳,总结提炼适宜策略"这个问题,13.51％的老师选择了3星,37.84％的老师选择了4星,48.65％的老师选择了5星。平均值约为4.35星,即八成以上老师认为,在教研的最后,能梳理归纳,总结提炼适宜策略。

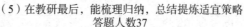
（5）在教研最后，能梳理归纳，总结提炼适宜策略
答题人数37

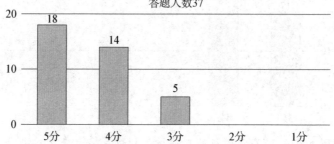

图5-13 "在教研最后，能梳理归纳，总结提炼适宜策略"
评价结果

5. 教研组成员的参与度与反思

（1）教研组成员的参与度高，且氛围轻松活跃

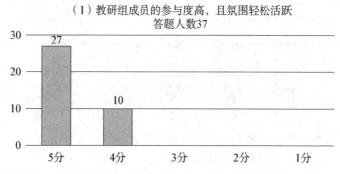

图5-14 "教研组成员的参与度高，且氛围轻松活跃"评价
结果

在"教研组成员的参与度高，且氛围轻松活跃"这个问题，27.03％的老师选择了4
星，72.97％的老师选择了5星。平均值约为4.73星，即九成以上老师认为，教研组成
员的参与度高，且氛围轻松活跃。

（2）能围绕研讨主题互动积极，且充分表达个人主张

在"能围绕研讨主题互动积极，且充分表达个人主张"的问题上，2.70％的老师选
择了3星，27.03％的老师选择了4星，70.27％的老师选择了5星。平均值约为4.35
星，即九成以上老师认为，能围绕研讨主题互动积极，且充分表达个人主张。

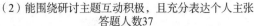
（2）能围绕研讨主题互动积极，且充分表达个人主张
答题人数37

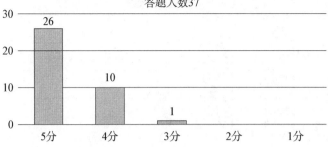

图5-15 "能围绕研讨主题互动积极，且充分表达个人主张"评价结果

（3）观点表述条理清晰、语言表达精练到位

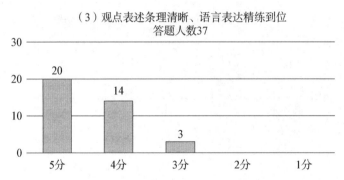

图5-16 "观点表述条理清晰、语言表达精练到位"评价结果

在"观点表述条理清晰、语言表达精练到位"的问题上，8.11％的老师选择了3星，37.84％的老师选择了4星，54.05％的老师选择了5星。平均值约为4.46星，即九成以上老师认为，教师们在共研中，观点表述条理清晰、语言表达精练到位。

（4）针对研讨中的问题，能求同存异，且大胆质疑

有关"针对研讨中的问题，能求同存异，且大胆质疑"的问题，16.22％的老师选择了3星，40.54％的老师选择了4星，43.24％的老师选择了5星。平均值约为4.27星，即八成以上老师认为，针对研讨中的问题，大家能求同存异，且大胆质疑。

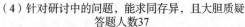

（4）针对研讨中的问题，能求同存异，且大胆质疑
答题人数37

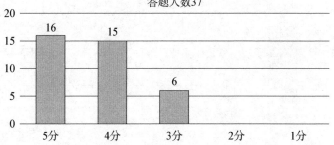

图5-17 "针对研讨中的问题，能求同存异，且大胆质疑"
评价结果

（5）在研讨过程中能形成有价值的生成性话题

（5）在研讨过程中能形成有价值的生成性话题
答题人数37

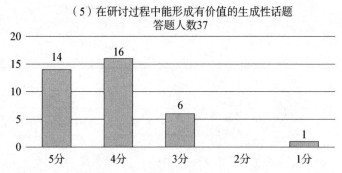

图5-18 "在研讨过程中能形成有价值的生成性话题"评
价结果

　　有关"在研讨过程中能形成有价值的生成性话题"的问题，2.70％的老师选择了1星，16.22％的老师选择了3星，43.24％的老师选择了4星，37.84％的老师选择了5星。平均值约为4.14星，即八成以上老师认为，在研讨过程中能形成有价值的生成性话题。只有极个别教师认为，价值的生成性不大。

　　6. 教研的即时效果

　　（1）能达成教研预设的目标

　　在"教研的即时效果能达成教研预设的目标"这个问题上，2.70％的老师选择了2星，2.70％的老师选择了3星，43.24％的老师选择了4星，51.35％的老师选择了5

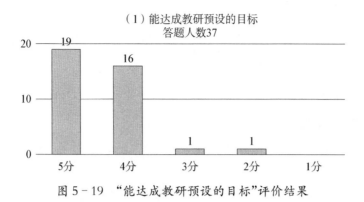

（1）能达成教研预设的目标
答题人数37

图 5 - 19 "能达成教研预设的目标"评价结果

星。平均值约为 4.43 星,即八成以上老师认为,教研的即时效果能达成教研预设的目标内容上。

（2）教研效果中能呈现对不同层面教师发展的推进作用

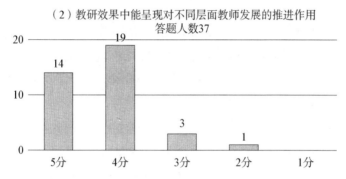

（2）教研效果中能呈现对不同层面教师发展的推进作用
答题人数37

图 5 - 20 "教研效果中能呈现对不同层面教师发展的推进
作用"评价结果

在"教研效果中能呈现对不同层面教师发展的推进作用"这个问题上,2.70％的老师选择了 2 星,8.11％的老师选择了 3 星,51.35％的老师选择了 4 星,37.84％的老师选择了 5 星。平均值约为 4.24 星,即八成以上老师认为,教研效果中能呈现对不同层面教师发展的推进作用。

7. 现场教研的优势

观摩后,评价教师认为小海螺幼儿园的现场教研在教研主题、教研现场的组织、教研准备、教研主体性等方面存在优势。

（1）研点围绕真问题，凸显园本特色

90％的老师认为，现场教研能聚焦幼儿园园本特色与教师问题进行真研究，研点接地气，能解决教师运动组织活动中的困惑与问题。超过80％的老师认为，通过教研，能够让老师们明确运动中幼儿怎样的表现才是创造性行为以及收获培养幼儿运动中创造性行为的策略。

（2）教研形式创新且为教研主题服务

在教研现场组织上，95％以上的老师认为活动形式丰富、活泼，通过运用多媒体视频、思维碰撞、小组讨论等，研讨氛围浓厚；过程中出现争议时有理论支撑、有观察者引领、有教研组长提升，确实能对教师的专业发展起到指导和推进作用。

（3）教研准备充分，教研主体性强

80％的老师认为，教研结合了幼儿园特色，活动前准备充分，组员能围绕研题大胆开展讨论。大于70％的老师认为，教研组长做足前期理论收集，活动预案紧扣研讨中心议题，过程中，教师围绕中心议题逐步开展讨论，组长发挥穿针引线的作用。

8. 现场教研的不足

（1）教研主题研究的针对性不强，策略梳理有待加强

60％的老师认为针对幼儿所产生的创造性行为可再挖掘，孩子在探索的过程中发现了各种球的不同特质，一直在探索各种球在弹性上的不同，尝试寻找结果。老师们在讨论过程中未关注这点。

超七成的老师认为，幼儿的创造性和运动技能发展之间的关系不明晰，研究的要点要更具针对性。案例稍显单薄不能有效支持梳理策略的普适性。

55％的老师认为，教研中的梳理不太精准，策略操作性不强，只是局限于组员对问题的思考或方法的提炼，缺少提升。

（2）教研矛盾点不突出，针对性和反思力度较为欠缺

有48％的老师认为，教研矛盾点不是很鲜明，将回应问题的落脚点放在教师对幼儿进行了解之后，大家进行了有关回应策略的研讨，但其中的矛盾点不能激发教师各抒己见。对于"如何激发幼儿在运动中的创造性"的研讨不够透彻，策略针对性和深度不足。研点有新意和挑战度，但整个脉络不够清晰深入，研点不够凸显，矛盾点不够激烈，两组对垒时的思维活跃性和现场活跃性都需要进一步提升。

（3）教研形式丰富，但过程相对弱化

教研形式上，40％的老师认为全场教研采用了"王牌对王牌"的形式，开头做得很

足,过程中有些弱化,形式建议贯穿始终。

9. 参与评价者针对现场教研的建议

(1)强调整理归纳,提升教研质量

90％的老师认为,主持人围绕问题最后进行归纳整理是为了提升组员的研究能力,其实还可以进行再梳理、再提炼,分享给更多老师,让不同层面的老师均有所提升,提高教研质量的有效性。

(2)强调研点矛盾,强化教研内容

80％的老师认为,思维要有矛盾碰撞点,比如在观看第一个视频后,让教师讨论:幼儿有创造性行为吗?有哪些行为表示创造性?没有创造性行为的话,教师需要跟进吗?观看第二个视频后让教师讨论:幼儿有创造性行为,教师应该怎么回应幼儿?借此进行策略方法的梳理。

在教研研点上,超七成的老师认为,研点可以更加聚焦,解决问题要集中,例如:怎样运用轻软少的材料激发幼儿的创造行为?充分运用案例进行研讨,在案例讨论中做策略的梳理,这样更加切合实际。还可以有更多的案例片段补充,以梳理共性策略,用实践说明问题和解决问题。

(二)对教研指标的评估

现场教研的观测指标内容,是否涵盖了所有现场教研的质量评估点?

1.您认为以上现场教研的观测指标内容, 是否涵盖了所有现场教研的质量评估点?

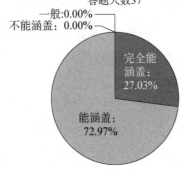

图 5-21 "现场教研的观测指标内容,是否涵盖了所有现场教研的质量评估点"评价结果

有关现场教研的观测指标内容,72.97％的老师认为其能涵盖现场教研的质量评估点,27.03％的老师认为其完全能涵盖现场教研的质量评估点。可以说,所有老师都

同意现场教研的观测指标内容。

（宝山区七色花艺术幼儿园　魏群）

事实上，专家现场观诊只是活动现场的部分掠影，而参与团队的成员老师们都在这一场场园际交互式实践活动中得到了分享与交流的机会，找到了提问与释疑的平台，进行了思想与情感的交流与碰撞，共研小组成员们通过听汇报、看现场的方式，帮助轮值园把脉问题、找准方向，也在这一过程中收获了自己的成长，对自身园所的具体实践进行了反思。

（三）论坛交流式参与的三角互证

每一次园际交互评价实践、每一场现场共研活动，都可谓是一次园际论坛交流。借由园际论坛交流的平台，我们将共研小组成员、六个园所的园长及中层、专家等多方力量统整起来，对共研小组微诊报告、组员案例，各园所参与园长、保教主任、教研组长、教师等不同层级人员的收获与感悟，以及专家的现场点评等多方评价信息进行循环互证，进而确认成效检验的科学性，这也是"三角互证法"的实践应用。

三角互证（Triangulation）研究方法原指"在人种学研究中，运用多种资料来源或多种资料收集方法，对资料所作的定性的交互证实"。在教育学研究场景中，教与学互动过程中的多种因素导致教育学研究的复杂性。"只用单一的研究方法通常只能产出有限的，甚至有时带有误导性的数据。"因此，使用三角互证研究方法的目的是"从一个独特的认识论位置出发，在三个不同的角度收集研究所用的数据"。使用多种研究方法，令数据来源于三个不同的角度，这样可以避免单一研究方法所带来的局限性以及缺点，从而增强研究结果的可信度和有效性。[1]

以深化阶段园际交互式课程实施质量评价实践为例，可以看到共研小组一同经历了组内交流论坛——组间分享论坛——园际展示论坛的渐进过程，论坛活动的规模由小到大，参与人数由少到多，交流内容由点及面，研究与思考的深度由浅入深、由表及里，共研小组成员的关系由松散日趋紧密。

先前已经介绍过，深化阶段中，评价主体下沉至由 36 位一线教师构成的 6 个共研

---

[1] 谢立欣. 三角互证（Triangulation）研究方法在教育学研究中的应用[J]. 中国校外教育，2013(21)：105+167.

小组,各组都需要围绕各园所的同一领域实践轮流开展现场共研活动,最后,以组长为代表形成本组微诊报告,组员形成实践案例。当本轮 36 场共研活动均告一段落后,课题组分领域组织了六场"组内交流论坛",主题是研讨各组的微诊报告和组员案例,一方面打磨完善微诊报告,另一方面精选最优案例,以便到"组间分享论坛"交流时能有更好的表现。

之后,我们进入了"组间分享论坛"环节,以 2019 年 5 月 23 日"回首·交流·分享·展望——课题研讨活动"为例,将汇报内容及专家点评逐一呈现,通过各组微诊报告、教师案例分享、同行交流、专家指导,进而发现问题、指明方向,也便于从中挖掘"最优报告",以便在更高规格的"园际展示论坛"上进行分享交流。上海市教委教研室学前专家贺老师充分肯定了课题研究的初衷和扎实的推进过程。"六所幼儿园在一起,基于对教育质量的共同追求,尝试用别人的视野、他人的眼光,看自己的质量,并且希望通过借鉴他人发展中的优势,来弥补自己可能存在的弱项,这是初衷。过程做得很扎实,两轮的着眼点不同,开展了 42 次活动,是持续不断的滚动式实践性研究。"同时,贺老师也一针见血地指出了我们要思考的问题,比如:我们究竟是如何开展园际交互评价实践的?"评价是持续地对质量的一种状态的把握。它不仅是一次性的诊断,我们应该让它保持为一种状态,有一种发展的方向。如果我们认为幼儿园相互之间的评价是可以发生的,那我们要研究的是这个评价如何发生,谁来让它发生,如何让它持续地发生。"再如,我们要回到项目研究初心,关注有关教育质量的内涵问题。"六所幼儿园都有相对优势,教育质量的内涵是不是由幼儿园的优势来决定的?还是有其他的东西作为对教育质量的界定,然后通过载体来对教育质量进行评价呢?上位的指南对教育质量的内涵等方面的影响包括师幼互动的水平、生活环境的创设等……那如何来看我们这六所幼儿园的水平和这些之间的关系?我们的标准是什么?"

表 5-4 "组间分享论坛"交流活动(2019 年 5 月 23 日)报告一览表

	报 告 名 称	报告单位
总报告	交互评价:乘众人之智,谋共赢发展	七色花艺术幼儿园
表演游戏组	我的表演我做主——表演游戏共研小组微分享	七色花艺术幼儿园
	表演游戏中的"退"与"推"——案例分享:白雪公主的故事	青苹果幼儿园
个别化学习组	"走出去"、"学回来"——个别化学习活动小组微报告	青苹果幼儿园
	个别化学习活动:百变版画	七色花艺术幼儿园

	报 告 名 称	报告单位
科技活动组	科技集体教学"微 talk"评价在园际联动交互中的成长	四季万科幼儿园
	"微 talk"评价,更全面地分析科技集体教学——科技集体教学活动案例分析	小天鹅幼儿园
数学游戏组	交互求共赢,评价促发展——数学游戏组微报告	友谊路幼儿园
	别裁伪体亲风雅　转益多师是汝师——数学游戏案例分享	七色花艺术幼儿园
野趣运动组	园际交互式之我获——野趣运动组活动回顾和感悟	美兰湖幼儿园
	一场"场地改革"	美兰湖幼儿园
	运动"自由"无限精彩	青苹果幼儿园
班级管理组	园际交互之班级管理	小天鹅幼儿园
	班级管理案例分享	七色花艺术幼儿园

　　通过"组间分享论坛"的交流与分享、把脉与指导、遴选与扬优后,我们进一步明晰了前进的方向,以及下一步可以优化完善的地方在哪里。然后,进入更高规格的"园际展示论坛",以 2019 年 6 月 24 日"交互评价:乘众人之智,谋共赢发展——课题研讨活动"为例,通过组合式汇报的形式串联了整场活动的主体部分,课题负责人分享"回看来时路　携手再同行"的数字故事,并做题为"交互评价:乘众人之智,谋共赢发展"主旨汇报,其中在谈到"园际共研机制"时穿插了青苹果幼儿园薛老师的"'走出去'、'学回来'——个别化学习小组微报告",在谈到"论坛交流机制"时穿插了四季万科幼儿园张老师的"园际交互研究中科技集体教学'微 talk'评价的实践案例",在谈到"教师通过课题研究收获课程领导力的提升"时穿插了七色花艺术幼儿园周老师的"交互设计,站在'巨人的肩膀'——数学游戏案例分享"。随后,表演游戏组六位老师进行了现场教研,"基于表现游戏交互式评价现场思考"。最后,进入活动高潮——专家指导环节。也正是借助园际交流的平台,让各园所园长、中层、教师都能有机会与专家面对面交流实践经验与感悟收获,提出疑问,邀请专家把脉指导,评判当前的园际交互评价实践成效如何。上海市学前专家郭老师充分肯定了课题的研究价值,她认为:1. 课题引领园——七色花艺术幼儿园,作为市示范性幼儿园,在深化学前教育改革中,能从质量研究着手,集聚各园的课程优势,搭建共享共用的平台,发挥了园区互动、共同发展的示范和带动作用。这是对当前上海幼儿园在尝试集团化和一园多址管理过程中提升保教质量,实现优质均衡的有力回应。通过老师的介绍和现场教研,我们可以看到课题

组的老师们投入科研的这种激情,这让人非常感动。2. 研究希望对各园的优势课程和实施方式等进行提炼,做规格化的梳理,然后转化为共享资源,以此进行园际交互。也希望可以做到更深一步,向规格规范化和优质化发展。3. 通过对评价的研究来提升教师的课程意识和关注活动过程的质量意识是非常有价值的。这使我们教师专业实践能力得以提升,并进入到一个新的层面。为什么说进入到一个新的层面呢?这就是我们常说的将理念转化为实践,而这个研究就是抓住了将理念转化为实践的关键,即"突出研究儿童,关注儿童"。后续我们要进一步清晰研究路径,理清楚三阶段的逻辑关系等。说到评价,我们一定要有数据、有实例、有比较。我们到底要研究什么?如何判断儿童在活动中有收获、有发展?如果要用一些观察量表什么的,我们要尽量去找经过很多实证反复研究的,拿比较权威的量表来解读哪几条适合我们。所以这里想强调的就是,到底是要定标准,还是去研究活动的有效性。上海市教科院科研专家冯老师也再次肯定了课题选点选得好,符合当前的课改趋势,也符合教育规律。冯老师认为:首先,这个课题不仅对幼儿园有价值,对中小学同样有价值。其次,交互式评价符合评价本身的研究发展历程与规律。最后,评价和课堂教学、教师能力之间是有密切关系的。专注评价,实际上也的确是提升教育质量、推动教师专业发展的重要途径。像今天的几位老师,我能够感受到他们在这种互动交流中的成长与专业水平的快速提高,因为我觉得他们就很专业。他也提到,后续我们要进一步思考:交互评价和幼儿园自主评价、行政监控,这三者之间到底是什么关系?交互评价是什么?它发挥什么作用?是要替代自主评价吗?一是我们要明确,到底是评一个点,还是由点要及面。这就看我们是评课还是评园的质量。如果仅仅从一堂课去评价幼儿园在该领域的课程实施质量,实际上误差还是很大的。二是要进一步厘清"评价"的内涵,如何从"管理"的角度思考定位,考虑行为的制度化、常态化,实现幼儿园课程质量评价后的结果应用与行为改进。三是加强对"交互方式"的创意设计,对园所质量评价的期望值做出与实际值做出比较研究。四是在保障与支持方面,能否关注交互评价团队的成员战斗力研究的问题。在整个交互式评价的团队中,不同的角色定位有不同的"力"的具体要求,我们要找准要求,再对标要求去开展实践。

三、 基于教师日记的过程性记录

经过多年培训,课题组的教师们对教学反思日记的运用已然娴熟,他们习惯性地将教育教学活动中的特殊事件加以分析思考并以日记的形式记录下来,成为知识储备的基本手段和开展相关研究的基本素材。在研究过程中,教师们保持了这一习惯,经常记录研究日记,包括教研活动的日记和本课题研究过程的日记。虽然不少研究日记多以过程性叙述为主,却成为课题组搜集资料、开展循证研究又一重要途径。

在班级管理共研小组中,友谊路幼儿园的曹老师在"衣裤找朋友"这一案例中充分关注幼儿心理特点,并选择灵活、有趣的教学方式。她认为在实践中,具体形象性思维是幼儿的主要特点,幼儿尤其对拟人化的语言、美观化的物品感兴趣。老师只要抓住幼儿的心理,运用生动有趣拟人的游戏化教学手段,让孩子们在快乐无压力的氛围中掌握做事要领,并给孩子动手的机会,那么他们的学习效果一定特别好。

案例12:衣裤找朋友

在寒冷的冬季,小朋友们给大人穿得又棉又厚,就像一个大粽子。衣服一多,麻烦就来了,孩子的上衣和裤子常常塞不妥贴,这样一来很容易感冒。

在检查中我发现经过训练的孩子已基本学会了塞裤子,只不过他们常常一股脑将所有的内衣内裤就塞在外裤内,看上去塞好了,但实际上并没有理平摸上去鼓鼓囊囊的,一弯腰就又掉出来了。怎么办呢?我突然想到"找朋友"这个游戏,心想何不利用它呢!于是我拿出一件毛衣,告诉幼儿毛衣哭了,因为它找不到自己的老朋友毛线裤了,然后呼吁小朋友们快来帮忙!看到小朋友热心帮助寻找时,我连忙拿出毛线裤,告诉孩子快点把自己的毛衣塞进毛线裤里,让两个好朋友碰碰头,拉拉手,这么一来毛衣就不会哭了。接着我又用此方法教会了幼儿让棉毛衫、棉毛裤找朋友。就这样,在形象的比划及讲解下,幼儿很快就掌握了塞好衣裤的要领,每次起床及小便后,值日的小检查员一问,被检查的孩子就会立即掀起外套,骄傲地告诉他:"我的好朋友找到了"。

(宝山区友谊路幼儿园 曹婳婷)

以上案例中,老师教幼儿叠衣服、塞裤子的活动过程就特别有趣形象,由于利用拟人的方法,抓住幼儿的年龄特点,充分调动了幼儿主动参与和操作的积极性。使孩子们能在轻松自然的气氛中迅速学会这些技能,在某种程度上也体现了"寓学于玩"的原则。孩子们的能力提高了,形成良好的常规,就可以减少教师很多不必要的管理行为。只要常规建立好了,其他班级管理工作就能顺利进行下去了。

我们要逐步引导幼儿学习自我管理，避免不必要的管理行为。班级管理共研小组成员四季万科幼儿园的陈老师就提供了"衣服也会做早操"这一案例，阐明了上述观点。在幼儿园班级管理工作中，生活管理是重头戏，也是幼儿教育工作的前提，它构成了班级管理的基础。如果该块工作做不好，那孩子闹、家长怨就会屡屡出现，老师虽然忙得焦头烂额却常事倍功半。所以建立良好的常规，避免不必要的管理行为，逐步引导幼儿学习自我管理十分重要。在日常的生活管理中，有很多事孩子们不仅能做，而且能做好，可老师们却吃力不讨好地全包办代替了。作为幼儿园老师，工作负担很重，在工作中要善于开动脑筋，努力探索方法、巧妙工作，如案例"衣服也会做早操"就通过拟人的训练方法让幼儿很快掌握塞衣裤的要领，这既让孩子得到了锻炼，又切实减轻了老师的工作负担。所以，我们可以通过一些训练使幼儿在实践中建立起良好的生活习惯，因为自理能力、自我保护能力的提高，会大大减少老师的管理工作量。

案例13：衣服也会做早操

天气渐渐变热了，做完操后，好多孩子出了汗，纷纷脱去外套，并按老师的要求把衣服放在了床上。我进去检查了一下，发现好多孩子根本没学会叠衣服，只是将衣服胡乱一团就算完成了任务。怎样才能教会他们快速学会正确地叠衣服呢？这时耳边传来小班早操的音乐声，我灵机一动，心想何不让我手中的小衣服、小裤子也活动几下呢！于是中午午睡前，我喊口令，请小朋友先让衣服"伸伸臂"（将衣服拉平，将两只袖子向外拉直）、再"拍拍肩"（将两只袖子向内叠）、最后"弯弯腰"（将衣服对折整齐）。叠裤子时，要求孩子先让裤子"立正"（拉直拉平两条裤腿）、再"两腿并拢"（强调一条裤腿不动另一条裤腿叠上面）、最后"下蹲再下蹲"（将裤子对折整齐）。孩子们边听口令边操作小衣服、小裤子"做操"，都学得特别开心、快乐。能力强的幼儿还会主动去帮助不会的小朋友，孩子们互相学习和帮助，不知不觉中将叠衣服的技能学会了。衣服乱卷的现象也从此杜绝了，衣服叠得出奇得好和快。

（宝山区四季万科幼儿园　陈艳）

除此之外，从教师的各类日记也可以看到他们点点滴滴的成长，日记记录他们观念的变化和行为的改进。比如，在拓展阶段指向教研质量的园际交互评价实践中，我们提出了咬尾推进的理念，整合教研策略，形成一条龙式的教研改进模式。通过各个共享单位现场教研的依次开展以及后续的教研评价进行对比分析，发现问题，梳理问题,为后一个的现场提供优化实证。在此简要介绍对于拓展阶段前四场活动中"教研主题研点缩小"这一问题的改进历程回顾(如图 5－22 所示)。

第一场：轮值园——小海螺幼儿园

现场反馈：5.41％的老师认为主题研点达到 3 星,27.03％的老师认为达到 4 星,67.57％的老师认为达到 5 星。

发现问题：研点过大,不够聚焦。

反思调整:
1. 结合园本特色,突出教研主题的实质内容,比如小轻软材料就是小海螺幼儿园的优势,那么研点应该就聚焦小轻软;
2. 研点的确立依据应该是老师在课程实施过程中碰到的实际问题,是老师的切身感受和实际要解决的问题,而不是课题研究。

实施建议：增强主题本身的针对性,例如教研围绕幼儿运动中的创造力,就应该针对幼儿运动中对材料的探索、对运动动作的探索、对运动生成原理的探索等,对其做出进一步挖掘,而不是只停留在幼儿的创造性行为分析上。

第二场：轮值园——太阳花幼稚园

现场反馈：5.17％的老师认为达到 3 星,22.41％的老师认为达到 4 星,72.41％的老师认为达到 5 星。

发现问题：研点聚焦,不够推广。

反思调整：太阳花幼儿园关于美术集体教学的范例研讨点非常适合当前需要,但在面上的普及推广还不具备普适性,比较泛泛而谈。教研共享的目的是经验共享,资源共享,因此研点产生的普适性策略就是我们下一场必须改进的。

实施建议:
1. 科研：提升、梳理策略。
2. 教研：检验、调整策略。
3. 联动：梳理、完善策略。
罗列一些方法,尝试着归纳一些策略,使其具有可操作性,并能在之后的实践中被广泛使用。所以,我们可以借助科研,将策略不断完善。再实践、再调整。

第三场：轮值园——马泾桥幼儿园

现场反馈：10.26％的老师认为达到 4 星,89.74％的老师认为达到 5 星,平均约为 4.9 星。

发现问题：研点聚焦,欠缺典型性。

反思调整：第三场马泾桥针对"学习故事"一案多析式的教研模式，聚焦教师在运动中的专业观察、分析、调整，研点具有可研究、可操作，但教研不只是研一个孩子，而应是以点触面放大视角从一个引发到一群孩子，案例欠缺典型性。

实施建议：
1. 要将这些一个个分散的点联系起来，要让"学习故事"在幼儿园扎根，给幼儿园持续发展的力量，就要站在课程的系统角度来思考"学习故事"。
2. 改变过去单一的、散点式的教研模式，探索具有持续性、研讨性的"主题式"教研活动方式，以多元的教研活动方式有效互动、整合，来形成教研共同体。我们已寻找到了教师最突出又最急待解决的问题，形成教研活动的研究"主题"，但还需更严密、更"系列化"。

第四场：轮值园——七色花艺术幼儿园

现场反馈：10％的老师认为达到4星，90％的老师认为达到5星，平均约为4.9星。

解决问题：研点聚焦，主题有效。

反思调整：今天的研点从关注的课堂入手，选取幼小衔接课程中有代表性的任务活动，判断三方共同关注的幼儿发展问题，基于幼儿学习品质的幼小衔接策略进行了研讨。但建议教研过程要在更强烈的共情中，推进观点的靠近与策略的形成。后续我们将对日常案例进行收集与甄别，进行再次研讨。

实施建议：
1. 充分摸底与共研，"幼小衔接"研点可以由下而上，从家长中来，由小学而来，这样更能体现衔接的有效性。有关"任务意识"的三方不同视角的理解，可以在活动前进行摸底和梳理，为现场教研做铺垫。
2. 优化策略的过程中，我们发现了普适性和特殊性的问题，有两条是我们七色花特有的，但是经过优化调整以后也可以变成大家可共享的，可迁移的实际做法，以实现共享推广。

图5-22　"教研主题研点缩小"的历程回顾

　　下面这个案例中，七色花艺术幼儿园教研组长周老师以自己指导轮值园开放现场活动，关注各场活动的咬尾改进为视角，谈了自己对咬尾改进内涵的认识，深入剖析了自己作为七色花现场活动主持人和被开杠对象的思考与体会。

案例14：咬尾改进与现场开杠之我见

　　教研活动的目的在于帮助教师从实践中发现问题、分析问题和解决问题，在自我原有经验的基础上，思考、探索、研究、验证、发现、改进、吸收对自己有用的信息，从而建构形成自我的教育观,提高自身的专业素养。在市级共享课题过程中,我们依托共享小组,借助现场教研的平台,实施教研改进。在循环教研的过程中,我们提出咬尾推进的理念,整合教研策略,形成了一条龙式的教研改进模式。

一、咬尾改进的内涵理解

我们基于教研改进方案,充分应用信息技术的媒体演示、信息检索、数码记录、数据处理、网络共享等功能,围绕模拟演示、分组教研、场外教研等教研过程中发现与提出的问题,设计了预设聚焦——方案选择——现场教研——对比分析——反思分享——教研实践的六步咬尾推进模式。参照课题的实施,进行教研的前期分析、过程反思、思后提炼、截取信息、教研改进,依托各个姐妹园的教研组力量,形成闭环,实现教研的咬尾推进。

在该教研策略中,咬尾推进与六步教研环节实现了无缝融合,也就是我们可以归纳出基于咬尾推进的教研循环模式(如图5-23所示)。

图5-23 基于咬尾改进的教研循环模式

各个姐妹园在咬尾推进的过程中,会针对上一场的现场教研分析问题,提出自我的观点,并在下一场的过程中,思考有无推进,验证教研是否有效,即在对比和改进中提升自身的专业能力。预设聚焦——方案选择——现场教研——对比分析——反思分享——教研实践的六步咬尾推进的教研模式实践让教师在探究实践过程中进行整体循环探究,从而建构自己的教研体系。

二、现场教研的体会和思考

作为现场教研的主持,在进行主题教研之前,我首先考虑的就是研点的产生。它是教研的灵魂,它的来源与确立需要精神与实情的结合。

其次,对于现场教研的探讨,到底教研改进在自身教研过程中有何体现。对个人发展来说,教研是挑战,是历练,是成长。教研的主持者要站在高位,深入思考问题,对组员起到推动作用。教研于组长而言就是备课,预设老师可能回答的100种可能。通过今天的研点,后续我们要对提出的任务项目活动做进一步的概念界定,从模糊单个的活动到逐渐清晰的任务系列化、系统化,在内容横向、纵向上的设计思考,在组织形式上个体任务层面自主达成任务完成度过程中的方式等,是持续实践研究的过程,所有的教研都在路上,我们任重而道远。对模式形成来说,这是提升,是优化,是调整。作为第四组开放的本土作战的我,一开始就在思考和追求的是:教研最后的结论能否服务于教师,思考咬尾推进对于教研的作用是否有效,教研是否可以带给我们老师一些实际可操作、可借鉴的内容。因此在优化策略的过程中,我们发现普适性和特殊性的问题,有两条是我们七色花特有的,但是经过优化调整以后也可以变成大家可共享、可迁移的实际做法。最终希望通过教研联盟的方式实现教研的优化,乃至教师的优化,为模式的实践提供优化策略。

三、基于现场开杠者的反思

所谓开杠,来源于奇葩说节目引申,其实和辩论有某种共同之处,它指彼此用一定的理由来说明自己对事物或问题的见解,揭露对方的矛盾,以便在最后得到共同的认识和意见。

关于开杠的内涵理解,当我站在开杠的舞台上时,我深刻地感受到了开杠带来的灵动,激动,思维的活跃,教研的激情,它们如热血青春般绽放。首先我意识到开杠的特点,对立性、严密性、目的性,让我明白我和对方开杠者之间观点的对立与统一,逻辑的严密,目的的共识,开阔我的思维,锻炼辩者的口头表达能力,查找资料的能力,搜索的能力,统筹分析的能力等。因此,前期我通过知网对辩论、开杠、教研主题幼小衔接等都进行了相关搜索,扩充知识储备量。

关于开杠内容的准备,我准备了提问的问题和被提问的问题,并且对前期和现场都进行了精细的预设和准备。我是从三个层面上进行准备的。一是现象层面的问题。这类问题极易引起听众的共鸣,提得好则很容易出彩、出效果。我的提问是:对于家长提出的问题,如果你是主持人,你会怎样回应?二是理论层面的问题。即对本方论点给予引申,对对方的论据予以驳击的问题。我要揣摩对方开杠者或许会提出的问题,比如策略部分,对于幼小衔接任务驱动策略的普适性问题。三是价值层面的问题。即对对方论点、立场作出引申,从价值层面、社会效应,层面去延伸它的效应,看其是否具备说服力,能否站得住。既要从对方出发,又要结合自身,达成开杠的终极目的,共识。因此,在现场听了对方的提问和追问后,我从幼小衔接的后续价值意义和教研专题方向出发,融合对方观点,达成共识。

关于开杠的价值意义,为什么我们在教研改进的过程中,在现场教研的环节中加入开杠,目的是为了帮助开杠者双方理清现场教研的思路,帮助现场倾听和评价的老师开动脑筋,从多方面去考虑问题,发散思维。那么对于教研的团队而言,开杠可以加强团体之间的默契、团结协助能力,增加友谊。追求对问题有一个新的看法,追求真理。培养批判性思维,也就是帮助我们判断过程中这么多的道理,哪些是真的有道理的,哪些是概念的模糊,哪些是理念误区。对于自身,开杠是给我一个展示自己的舞台,这个舞台可以让我找到自信,给我从事其他事情的信心,它不仅锻炼了我的语言表达能力,而且还教会了我团队意识在一项集体活动的重要性。同时提高了我个人解决和分析问题的能力,磨练了自己的意志,我在开杠的舞台中找到了自己的定位。

当然,开杠是把双刃剑,它让教研的抽象变具体,让无形幻化为有形,掀起全场的高潮。可以用酣畅淋漓来形容,如果说前期的三方对话是隔空喊话,那 1 对 1 开杠就是短兵相接。对方开杠者从倾听者的角度出发,结合上一场的评价优势和弱势,针对本场的优势和弱势进行提问,是对我的巨大考验,也是对专业的挑战。现场针对任务意识和幼小衔接以及提升的策略之间的关系、构架,包括其如何落地,这抓住了主题的核心,也聚集于未能及时解决的问题,让我感受到被开杠的清醒。这有助于我们对教研中的问题作出清醒认知,认识到当下存在的不足,为后续提供研究方向。

(宝山区七色花艺术幼儿园　周芙蓉)

四、 行动研究成果梳理

课题组认为,幼儿园、教师、幼儿参加各类评选获得的荣誉,是说明幼儿园保教质量的重要依据,同时也是幼儿园进行纵向、横向比较发现差距,科学进行保教质量评价的重要依据。因此,每年课题组都会要求交互园所按照统一格式、统一时限,对幼儿园获得的相关荣誉、教师职务晋升、教师和幼儿获得的各类奖项进行统计,课题组按统一时限最终汇总后进行比较分析,并反馈给各交互园所。

无论采取何种手段,对幼儿园教育质量的考量最终都要落实到教师身上。提升教师的教育教学能力,促进教师自身专业水平的提高,培养一支高素质的幼儿园教师队伍,是幼儿园教育质量的根本保障。

在整个研究过程中,课题组随时整理交互园所获得国家级、上海市级、区级各类奖项情况,以及交互园所教师获得国家级、上海市级、区级教育教学科研等各类奖项情况,包括交互园所教师职务晋升情况等。根据整理结果,课题研究结束时,交互园所共获得 88 项各类荣誉,交互园所教师共获得 320 个奖项,而且有 55 位教师获得职务晋升。

表 5-5　课题研究阶段交互园所及其教师获奖数量统计

获奖主体	获奖级别	获奖数量
交互园所	国家级	6
	市级	38
	区级	43
	学区级	1
交互园所教师	国家级	67
	市级	55
	区级	198

第二节　多向度数据分析

　　研究成效是指研究过程及研究成果对幼儿园发展、幼儿园保教工作、教师专业发展、幼儿身心发展等方面教师对评估及其依据方面的认知变化。

一、基于实践前测和后测的数据比较

（一）教师对评估及其依据方面的认知变化

　　在前测调查中，29所幼儿园中，15所幼儿园有较完整的监控方案，仍有14所幼儿园目前尚未出台比较完整的教育质量监控方案，说明还有相当一部分园长对幼儿园教育质量监控的重视程度不够。对教师而言，超八成的教师认为幼儿园有较完整的教育质量监控方案。由此可见，园长作为管理层和教师作为参与者对于教育质量监控方案完整性及科学规范性的认识有所不同。

表 5-6　教育质量监控方案的有无状态

调查问题	选项	调查对象	
		园长	教师
有无较完整的教育质量	1. 有	55.17%	86.83%
监控方案	2. 没有	44.83%	13.17%

　　在前测调查中，无论是园长还是教师都充分认可了《3—6岁儿童学习与发展指南》《上海市幼儿园保教质量评价指南（征求意见稿）》以及《宝山区幼儿园保教质量评价与监测指南（试行）》等上位政策文本是制定本园教育质量监控方案的科学依据。此外，还有21.23%的园长在"其他"选项中提到了要依据《幼儿园教育指导纲要（试行）》、上海市学前教育教师参考用书（实验本）《生活活动》、《运动》、《学习活动》、《游戏活动》等作为教育质量监控方案的制定依据，教师则没有提出其他制定依据。由此可见，相较于教师而言，园长作为幼儿园管理者，对于教育质量监控方案的制定依据有着更为深入全面的思考。

表 5-7 教育质量监控方案的制定依据

调查问题	选项	调查对象	
		园长	教师
教育质量监控方案的制定依据	1.《3—6岁儿童学习与发展指南》	99.68%	99.02%
	2.《上海市幼儿园保教质量评价指南（征求意见稿）》	95.92%	92.68%
	3.《宝山区幼儿园保教质量评价与监测指南（试行）》	88.64%	82.44%
	4. 其他	21.23%	

在后测调查中,基本上所有参与课题研究的园长和教师都"完全认同"教研主题定位和教研话题展开能够遵循《3—6岁儿童学习与发展指南》等文件的精神。

从前测与后测调查的数据比较中可以看出,参与课题研究的教师在完成课题研究后对评估及其依据方面的认知发生了较大变化,教师与园长等高层的认知日趋一致。

（二）教师主体意识方面的认知变化

在前测调查中,园长认为可以开展教育质量自主监控的主体依次是教师(96.55%)、幼儿园管理层(91.30%)、家长或家委会代表(89.66%)、行政主管部门(75.86%)和社区代表(20.69%),而教师认为的监控主体则依次是幼儿园管理层(95.61%)、行政主管部门(92.20%)、教师(87.32%)、家长或家委会代表(86.34%)和社区代表(24.88%)。从两者数据对比中可以明显看出:园长作为管理者,充分肯定了教师完全作为教育质量自主监控主体的作用,相比较而言,教师自身则没有充分肯定自己的主体地位。

表 5-8 教育质量自主监控的主体

调查问题	选项	调查对象	
		园长	教师
开展教育质量自主监控的主体	1. 行政主管部门	75.86%	92.20%
	2. 幼儿园管理层	91.30%	95.61%
	3. 教师	96.55%	87.32%
	4. 家长或家委会代表	89.66%	86.34%
	5. 社区代表	20.69%	24.88%
	6. 其他	6.89%	9.76%

表 5-9　教育质量自主监控的发起对象

调查问题	选项	调查对象
		园长
教育质量自主监控的发起对象	1. 园长	96.55％
	2. 副园长	34.48％
	3. 保教主任	68.96％
	4. 保教大组长	20.69％
	5. 教研组长	34.48％
	6. 其他	13.79％

　　在后测调查中,基本上所有参与课题研究的园长和教师都"完全认同"教研活动教师的参与度高,体现人人都是教研的主体;教师拥有平等的话语权,拥有充分发表个人主张的机会;教研活动能够关注各层级教师的发展需要。说明参与问卷调查的园长和教师都认同他们在教研活动中的主体意识。

　　从前测与后测调查的数据比较中可以看出,参与课题研究的教师在完成课题研究后其主体意识发生了较大变化,教师与园长等高层对教师在教育教学中应该具有的主体地位日趋一致。

（三）教师关于园际交互评价的认知变化

　　如前所述,为整体把握当前幼儿园开展教育质量自主监控的真实现状,即我们有哪些可借鉴的优秀经验,又遇到了哪些实际问题或困难。便于找准研究的逻辑起点,进而厘清园长和教师对开展园际交互评价的研究意愿,明晰后续开展园际交互评价的可能路径和具体策略,我们于 2017 年 9 月开展了"幼儿园教育质量自主监控实践现状调查"。在前测调查中,只有 48.28％的园长认为自己开展教育质量自主监控是规范的,还有 44.83％认为规范程度一般,6.89％的园长认为自己开展教育质量自主监控不太规范。数据显示出园长对本园自主监控有效性的认同感较低,相对欠缺规范。关于在开展教育质量自主监控实践中遇到的困难或问题,园长和教师均认同的三大主要困难是:没有科学的监控机制,不能保障监控实践的规范化开展(园长 96.55％,教师41.46％);监控主体单一(园长 72.41％,教师 31.71％);缺乏完善科学的评价指标体系(园长 93.10％,教师 54.63％)。

表 5-10　幼儿园的教育质量自主监控实践的现状

调查问题	选项	调查对象
		园长
幼儿园的教育质量自主监控实践	1. 非常规范	0
	2. 规范	48.28％
	3. 一般	44.83％
	4. 不太规范	6.89％
	5. 不规范	0

表 5-11　教育质量自主监控实践的问题与困难

调查问题	选项	调查对象	
		园长	教师
开展教育质量自主监控实践中遇到的困难或问题	1. 缺乏完善、科学的监控指标体系	93.10％	54.63％
	2. 监控主体单一	72.41％	31.71％
	3. 没有科学的监控机制,不能保障监控实践的规范化开展	96.55％	41.46％
	4. 监控信息分析没有得到重视	27.59％	26.83％
	5. 监控信息没有得到充分运用	37.93％	40.49％
	6. 其他	34.48％	3.9％

　　在后测调查中,关于"幼儿园教研质量园际交互评价教研现场最有效的活动形式"这一问题,得分最高的是"现场教研诊断报告的分享与解读",96.20％的调研对象肯定了它的有效性;随后处于第二梯队的依次是"保教主任'对对碰'"(73.42％)、"教研直播室"(70.89％)、"专家现场观诊"(69.62％)、"轮值园教研组长自诊"(69.62％)和"教研组长'开开杠'"(68.35％)。

　　从前测调查与后测调查的数据比较中可以看出,参与课题研究的园长和教师在研究后对园际交互评价的认知发生了较大变化,都能以积极的态度肯定园际交互评价的作用。

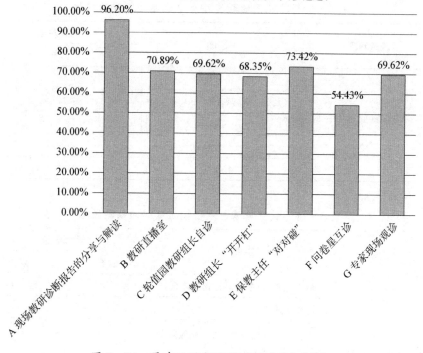

图 5-24 最有效的教研活动形式（多选题）

二、参与者和非参与者的调查数据比较

为进一步检验幼儿园"教研现场"质量园际交互评价的实践成效，"用数据说话"，课题组选取宝山区部分参与课题和未参与课题研究的园长、中层和教师作为调查对象，对其开展了"幼儿园'教研现场'质量园际交互评价的问卷调查"，调查内容包括教研的课程意识、教研的主体意识、教研的预案设计、教研的组织形式、教研质量的评估与改进等维度。调研样本数共计 136 人，其中参与课题研究 79 人，未参与课题研究 57 人。课题组将参与者作为实验组，未参与者作为对照组，对两类群体的调研数据进行比较，以期了解园际交互评价的实践成效。

（一）参与者在"课程意识"维度上的得分显著高于非参与者

为比较参与和未参与课题研究的教师在教研的"课程意识"维度上的具体表现，课题组将问卷中所属问题答案进行赋分（其中，"非常认同"为 2 分，"基本认同"为 1 分，

"不认同"为 0 分），随后对参与、未参与课题研究的两类人群在"课程意识"维度上的得分进行独立样本 T 检验，得到如下结果：参与人群与非参与人群在"课程意识"维度上的得分存在显著差异（p＜0.01）。

表 5-12　两类人群在"课程意识"维度上的独立样本检验

		方差方程的 Levene 检验		均值方程的 t 检验						
		F	Sig.	t	df	Sig.（双侧）	均值差值	标准误差值	差分的 95% 置信区间	
									下限	上限
课程意识	假设方差相等	88.589.	.000	4.752	134	.000	.23336	.04911	.13623	.33048
	假设方差不相等			4.144	63.367	.000	.23336	.05631	.12084	.34587

对两类人群在"课程意识"维度上的均值进行比较，发现参与人群在"课程意识"维度上的得分显著高于非参与人群。

表 5-13　两类人群在"课程意识"维度的组统计量

	参与情况	N	均值	标准差	均值的标准误
课程意识	参与者	79	1.9772	.12398	.01395
	非参与者	57	1.7439	.41188	.05456

之后，课题组又对参与、未参与课题研究的两类人群在"课程意识"维度上所涉及的全部具体问题进行独立样本 T 检验，结果显示：参与人群与非参与人群在"课程意识"维度上具体问题的得分存在显著差异（p＜0.01）。

表 5-14　两类人群在"课程意识"维度上的具体问题的独立样本检验

问题代码		方差方程的 Levene 检验		均值方程的 t 检验						
		F	Sig.	t	df	Sig.（双侧）	均值差值	标准误差值	差分的 95% 置信区间	
									下限	上限
wj1.1	假设方差相等	103.750	.000	4.261	134	.000	.24273	.05696	.13007	.35538
	假设方差不相等			3.803	70.638	.000	.24273	.06383	.11545	.37001

问题代码		方差方程的 Levene 检验		均值方程的 t 检验					差分的 95% 置信区间	
		F	Sig.	t	df	Sig.（双侧）	均值差值	标准误差值	下限	上限
wj1.2	假设方差相等	63.151	.000	3.487	134	.001	.18032	.05171	.07805	.28260
	假设方差不相等			3.019	61.293	.004	.18032	.05973	.06089	.29975
wj1.3	假设方差相等	78.842	.000	3.852	134	.000	.22030	.05719	.10719	.33341
	假设方差不相等			3.379	65.064	.001	.22030	.06520	.09008	.35052
wj1.4	假设方差相等	141.160	.000	4.797	134	.000	.29047	.06055	.17072	.41023
	假设方差不相等			4.192	63.950	.000	.29047	.06929	.15205	.42890
wj1.5	假设方差相等	144.307	.000	4.566	134	.000	.23296	.05102	.13205	.33386
	假设方差不相等			3.955	61.452	.000	.23296	.05890	.11520	.35071

对两类人群在"课程意识"维度上具体问题的均值进行比较，发现参与人群在"课程意识"维度上所有具体问题的得分显著高于非参与人群。在"课程意识"维度中的5个具体问题中，两类群体均值差距最大的是对于"教研能够切实解决课程实施中的真问题"（问题代码 wj1.4）的认识，参与人群的均值比非参与人群的均值高出 0.29 分；随后是对于"教研活动能够针对本园教师课程实施面临的问题或需要，确立主题"（问题代码 wj1.1）的认识，参与人群的均值比非参与人群的均值高出 0.24 分。二者差距最小的是对于"教研主题定位和教研话题展开能够遵循《3—6 岁儿童学习与发展指南》等文件的精神"（问题代码 wj1.2）的认识，两类群体的均值都在 1.8 分以上，参与人群的均值比非参与人群的均值仅高出 0.18 分。

表 5-15　两类人群在"课程意识"维度上的具体问题的组统计量

问题代码	参与情况	N	均值	标准差	均值的标准误
wj1.1	参与者	79	1.9620	.19236	.02164
	非参与者	57	1.7193	.45334	.06005
wj1.2	参与者	79	1.9873	.11251	.01266
	非参与者	57	1.8070	.44072	.05838

问题代码	参与情况	N	均值	标准差	均值的标准误
wj1.3	参与者	79	1.9747	.15809	.01779
	非参与者	57	1.7544	.47361	.06273
wj1.4	参与者	79	1.9747	.15809	.01779
	非参与者	57	1.6842	.50561	.06697
wj1.5	参与者	79	1.9873	.11251	.01266
	非参与者	57	1.7544	.43428	.05752

（二）参与者在"主体意识"维度上的得分显著高于非参与者

为比较参与和未参与课题研究的教师在教研的课"主体意识"维度上的具体表现，课题组将问卷中所属问题答案进行赋分（其中，"非常认同"为 2 分，"基本认同"为 1 分，"不认同"为 0 分），随后对参与、未参与课题研究的两类人群在"主体意识"维度上的得分进行独立样本 T 检验，得到如下结果：参与人群与非参与人群在"主体意识"维度上的得分存在显著差异（$p < 0.01$）。

表 5-16　两类人群在"主体意识"维度上的独立样本检验

		方差方程的Levene 检验		均值方程的 t 检验						
		F	Sig.	t	df	Sig.（双侧）	均值差值	标准误差值	差分的 95%置信区间	
									下限	上限
主体意识	假设方差相等	77.579	.000	4.497	134	.000	.24833	.05522	.13912	.35754
	假设方差不相等			3.953	65.713	.000	.24833	.06282	.12289	.37377

对两类人群在"主体意识"维度上的均值进行比较，发现参与者在"主体意识"维度上的得分显著高于非参与者。

表 5-17　两类人群在"主体意识"维度上的组统计量

	参与情况	N	均值	标准差	均值的标准误
主体意识	参与者	79	1.9589	.15725	.01769
	非参与者	57	1.7105	.45510	.06028

之后,课题组又对参与、未参与课题研究的两类人群在"主体意识"维度所涉及的全部具体问题进行独立样本 T 检验,结果显示:参与人群与非参与人群在"主体意识"维度上具体问题的得分均存在显著差异(p<0.01)。

表 5-18　两类人群在"主体意识"维度上的具体问题的独立样本检验

问题代码		方差方程的Levene 检验		均值方程的 t 检验							
		F	Sig.	t	df	Sig.(双侧)	均值差值	标准误差值	差分的 95%置信区间	
									下限	上限
wj2.1	假设方差相等	103.893	.000	4.449	134	.000	.29536	.06638	.16406	.42666
	假设方差不相等			3.916	66.115	.000	.29536	.07543	.14476	.44596
wj2.2	假设方差相等	48.989	.000	3.261	134	.001	.21252	.06518	.08361	.34144
	假设方差不相等			2.910	70.726	.005	.21252	.07302	.06692	.35813
wj2.3	假设方差相等	123.513	.000	4.696	134	.000	.29536	.06290	.17096	.41976
	假设方差不相等			4.151	67.495	.000	.29536	.07116	.15335	.43737
wj2.4	假设方差相等	63.593	.000	3.523	134	.001	.19010	.05397	.08336	.29683
	假设方差不相等			3.163	72.769	.002	.19010	.06010	.07031	.30988

对两类人群在"主体意识"维度上具体问题的均值进行比较,参与者在"主体意识"维度上所有具体问题的得分显著高于非参与者。在"主体意识"维度中的 4 个具体问题中,两类群体均值差距最大的有两个题目,分别是对于"教研活动能够关注各层级教师的发展需要"(问题代码 wj2.1)和对于"教研活动教师的参与度高,体现人人都是教研的主体"(问题代码 wj2.3)的认识,参与者的均值比非参与者的均值高出约 0.30 分;随后是对于"教研活动氛围轻松活跃,教师间互动关系融洽"(问题代码 wj2.2)的认识,参与者的均值比非参与者的均值高出 0.21 分。二者差距最小的是对于"教研活

动,教师拥有平等的话语权,拥有充分发表个人主张的机会"(问题代码 wj2.4)的认识,参与者的均值比非参与者的均值仅高出 0.19 分。

表 5 - 19　两类人群在"主体意识"维度上的具体问题的组统计量

问题代码	参与情况	N	均值	标准差	均值的标准误
wj2.1	参与者	79	1.9620	.19236	.02164
	非参与者	57	1.6667	.54554	.07226
wj2.2	参与者	79	1.9494	.22065	.02482
	非参与者	57	1.7368	.51846	.06867
wj2.3	参与者	79	1.9620	.19236	.02164
	非参与者	57	1.6667	.51177	.06779
wj2.4	参与者	79	1.9620	.19236	.02164
	非参与者	57	1.7719	.42332	.05607

（三）参与者在"预案设计"维度上的得分显著高于非参与者

为比较参与和未参与课题研究的教师在教研的"预案设计"维度上的具体表现,课题组将问卷中所属问题答案进行赋分(其中,"非常认同"为 2 分,"基本认同"为 1 分,"不认同"为 0 分),随后对参与、未参与课题研究的两类人群在"预案设计"维度上的得分进行独立样本 T 检验,得到如下结果:参与者与非参与者在"预案设计"维度上的得分存在显著差异($p < 0.01$)。

表 5 - 20　两类人群在"预案设计"维度上的独立样本检验

		方差方程的 Levene 检验		均值方程的 t 检验						
		F	Sig.	t	df	Sig.（双侧）	均值差值	标准误差值	差分的 95%置信区间	
									下限	上限
预案设计	假设方差相等	174.364	.000	6.272	134	.000	.38209	.06092	.26160	.50259
	假设方差不相等			5.426	61.087	.000	.38209	.07042	.24128	.52291

对两类人群在"预案设计"维度上的均值进行比较,发现参与者在"预案设计"维度

上的得分显著高于非参与者。

表 5 - 21　两类人群在"预案设计"维度上的组统计量

	参与情况	N	均值	标准差	均值的标准误
预案设计	参与者	79	1.9711	.13017	.01465
	非参与者	57	1.5890	.52006	.06888

之后,课题组又对参与、未参与课题研究的两类人群在"预案设计"维度所涉及的全部具体问题进行独立样本 T 检验,结果显示:参与者与非参与者在"预案设计"维度上具体问题的得分均存在显著差异($p < 0.01$)。

表 5 - 22　两类人群在"预案设计"维度上的具体问题的独立样本检验

问题代码		方差方程的Levene检验		均值方程的t检验							
		F	Sig.	t	df	Sig.(双侧)	均值差值	标准误差值	差分的95%置信区间	
									下限	上限
wj3.1	假设方差相等	179.323	.000	5.232	134	.000	.31290	.05980	.19462	.43119
	假设方差不相等			4.646	68.983	.000	.31290	.06735	.17855	.44726
wj3.2	假设方差相等	155.433	.000	5.167	134	.000	.33045	.06396	.20395	.45694
	假设方差不相等			4.561	67.046	.000	.33045	.07246	.18582	.47507
wj3.3	假设方差相等	192.598	.000	5.847	134	.000	.43082	.07369	.28509	.57656
	假设方差不相等			5.059	61.133	.000	.43082	.08516	.26054	.60111
wj3.4	假设方差相等	137.826	.000	5.121	134	.000	.36553	.07138	.22436	.50671
	假设方差不相等			4.484	64.547	.000	.36553	.08152	.20270	.52837
wj3.5	假设方差相等	125.960	.000	4.740	134	.000	.32556	.06869	.18971	.46141
	假设方差不相等			4.114	61.991	.000	.32556	.07914	.16736	.48376
wj3.6	假设方差相等	182.235	.000	5.270	134	.000	.32556	.06178	.20338	.44774
	假设方差不相等			4.599	63.596	.000	.32556	.07078	.18414	.46698
wj3.7	假设方差相等	275.200	.000	6.251	134	.000	.58383	.09340	.39910	.76857
	假设方差不相等			5.335	57.521	.000	.58383	.10944	.36473	.80294

对两类人群在"预案设计"维度上具体问题的均值进行比较,发现参与者在"预案设计"维度上所有具体问题的得分显著高于非参与者。在"预案设计"维度中的 7 个具体问题中,两类群体均值差距最大的是对于"有针对现场教研的自诊或互诊机制"(问题代码 wj3.7)的认识,参与者的均值比非参与者的均值高出 0.58 分;随后依次是对于"所预设的教研形式创新,契合教研主题,且能凸显园本教研特色"(问题代码 wj3.3)的认识,参与者的均值比非参与者的均值高出 0.43 分;对于"教研预案设计关注后续跟进,体现教研对实践的指导、推进作用"(问题代码 wj3.4)的认识,参与者的均值比非参与者的均值高出约 0.37 分。二者差距最小的是对于"教研目标的制定清晰明确,可操作、可评估"(问题代码 wj3.1)的认识,参与者的均值比非参与者的均值高出 0.31 分。

表 5-23 两类人群在"预案设计"维度上的具体问题的组统计量

问题代码	参与情况	N	均值	标准差	均值的标准误
wj3.1	参与者	79	1.9620	.19236	.02164
	非参与者	57	1.6491	.48149	.06377
wj3.2	参与者	79	1.9620	.19236	.02164
	非参与者	57	1.6316	.52207	.06915
wj3.3	参与者	79	1.9747	.15809	.01779
	非参与者	57	1.5439	.62878	.08328
wj3.4	参与者	79	1.9620	.19236	.02164
	非参与者	57	1.5965	.59341	.07860
wj3.5	参与者	79	1.9747	.15809	.01779
	非参与者	57	1.6491	.58221	.07712
wj3.6	参与者	79	1.9747	.15809	.01779
	非参与者	57	1.6491	.51725	.06851
wj3.7	参与者	79	1.9873	.11251	.01266
	非参与者	57	1.4035	.82071	.10871

总的来看,参与者在"课程意识、主体意识、预案设计"三大维度所有具体问题上的均值都高于非参与者;其中,在"预案设计"这一维度所有具体问题上的差距相对大一些。

（四）参与者认可"幼儿园教研质量园际交互评价"评估工具有效性的比例高于非参与者

参与课题研究的79位调研对象均认可"幼儿园教研质量园际交互评价"评估工具的有效性,调研结果认可度显示为100%。79位参与课题研究的调研对象中使用过其他教研评估工具的有44位,占比55.7%;57位未参与课题研究的调研对象中使用过教研评估工具的仅有14位,占比24.56%。由此可见,参与过课题研究的园长、中层、教师等非常重视对教研评估工具的开发与应用。图5-25和图5-26是44位(参与课

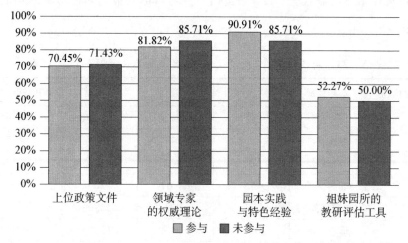

图5-25 教研工具的开发依据

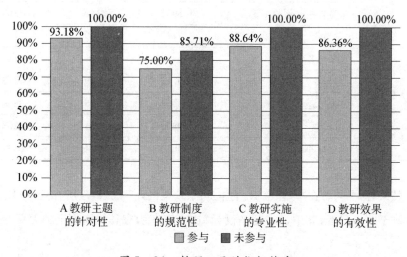

图5-26 教研工具的指标维度

题研究,使用过其他教研评估工具)和 14 位(未参与课题研究,使用过教研评估工具)调研对象关于教研评估工具的开发依据和指标维度的认识结果。

三、 研究前后教师专业发展的数据比较

教师的专业发展"不仅是学校改进的一条基本途径,而且也是持续性推进教育改革和学校改进的关键因素"。教师专业发展的途径有很多,"既包括所有自然的学习经验,也包括各种有意识的、有组织的、有计划的活动"。[①] 课题组比较了参与园际交互评价实践研究的部分成员在研究前后职务方面的变化,共计有 55 名教师的职务得到不同程度提升,涵盖七色花艺术幼儿园、小天鹅幼儿园、青苹果幼儿园、四季万科幼儿园、友谊路幼儿园、美兰湖幼儿园、小海螺幼儿园、太阳花幼稚园、马泾桥新村幼儿园、月浦四村幼儿园、保利叶都幼儿园 11 所幼儿园的教师。

(一) 研究前后(副)园长人数增加一倍

研究前,课题组成员中仅有 4 位副园长,研究结束之后,这 4 位副园长都晋升为园长,另有 4 位保教主任晋升为副园长。

(二) 研究前后园级领导者人数增加一倍多

研究前,课题组成员中仅有 4 位园级领导者,且均担任副园长;研究结束之后,课题组成员中有 10 位成员为园级领导者,其中园长 4 人,副园长 4 人,工会主席 2 人。

(三) 研究前后中层管理者人数增加一倍

研究前,课题组成员中仅有 5 位中层管理者,且都是保教主任;研究结束之后,课题组成员中有 10 位成员为中层管理者,其中 1 位是办公室主任,其他 9 位均担任保教主任,且这 9 位保教主任中有 3 位身兼双职,如兼任工会主席、大教研组长。

(四) 研究前后业务骨干人数大量增加

研究前,课题组成员中有 18 位教师承担年级(副)组长、(大/小)教研组长、家教组

---

① 卢乃桂,操太圣.中国教师的专业发展与变迁[M].北京:教育科学出版社,2009:2.

长、科研负责人、语言项目组长、艺教专管等岗位职责；研究结束之后，课题组成员中有29位教师承担了年级组长、（大）教研组长、家教组长、后勤（大）组长、科研组长、分层教研组长、数学项目组长、艺教专管等岗位职责。

（五）研究前后所有一线教师均被委以重任

研究前，课题组成员中有26位一线教师；研究结束之后，这些教师分别承担了年级组长、（大）教研组长、家教组长、后勤组长、科研组长、分层教研组长、数学项目组长、艺教专管、信息网管员、团支部书记、小教研助手等岗位职责。

四、园所互评实践中幼儿的身心发展状况

2018年11月7日，《中共中央国务院关于学前教育深化改革规范发展的若干意见》印发。文件充分肯定了学前教育的重要地位：学前教育是终身学习的开端，是国民教育体系的重要组成部分，是重要的社会公益事业。办好学前教育、实现幼有所育，是党的十九大作出的重大决策部署，是党和政府为老百姓办实事的重大民生工程，关系亿万儿童健康成长，关系社会和谐稳定，关系党和国家事业未来。同时，文件还明确指出提高幼儿园保教质量的若干举措，包括全面改善办园条件、注重保教结合、完善学前教育教研体系、健全质量评估监测体系等。我们课题研究的核心价值追求——提升幼儿园教育质量与之不谋而合。

随着课题研究的纵深推进，带来了参与教师质量意识和评价素养的提升、质量评价联盟幼儿园的长足发展、非官方的区域学习共同体的建设，其最终的落脚点在于全区在园幼儿的身心全面健康发展，这是我们进行课题研究的目标初心与价值旨归。幼儿积极参与各级比赛，并在其中表现优异，是教育成果的体现，同时也是幼儿身心健康发展的重要表征之一。自2017年9月课题研究起，近三年的实践中，12所交互幼儿园的幼儿们共获全国级奖项6项、市级奖项92项、区级奖项428项。

综上所述，通过对前测与后测调查数据比较、对参与人群与未参与人群调查数据比较、对研究前后教师专业发展数据比较，可以看出"幼儿园教育质量园际交互评价"的实践研究具有实实在在的成效，这些成效最终体现为幼儿身心全面健康发展。

第三节　多方位协同发展

以"多园携手"的方式开展园际交互评价,最大的价值体现在以下几方面:一是可以形成学习共同体,抱团共进,为园所间的分享、交流与学习创建了平台,让一所园的优势成为共研园的质量标准、拉动共研园所的课程质量,拓展了示范园发挥引领作用的途径。二是以教师为主体开展质量评价,不仅促进了教师的专业发展,尤其是保教能力得到大幅提高,课程质量意识伴随教师课程实施的始终;而且促进了教师科研意识的提升以及自我反思能力的提高,"研教"结合活动频次大大增加。三是幼儿园在交互评价中既能及时发现问题,也能从研讨与交流中获得相应的改进策略,幼儿园以研究的思维开展日常工作,并在此过程中取得长足进步。而无论是对教师、共研园所还是区域来说,观念的更新、行动的转变、内涵的发展、氛围的形成,归根结底都是要落到教师具体的教育教学实践中,从而真正起到促进幼儿身心全面健康发展的价值旨归。具体来说:

一、 园际交互评价助推园所课程质量整体提升

关于幼儿园教育质量的要素构成,学界目前已有较为统一的认识,主要包括结构性质量、过程性质量、结果性质量三个方面。其中,结构性质量是指房舍结构、场院结构、设施和材料结构、教师结构、课程与活动结构、管理结构等;过程性质量重点关注如何教和如何学、在哪里教和在哪里学、谁来教和谁来学、用什么教和用什么学、为什么教和为什么学等;结果性质量强调促进儿童身心和谐发展,既要避免仅仅以知识作为衡量标准,也要避免以特长发展作为衡量标准,尤其要关注儿童的身体素质、社会性素质以及自由想象和表达能力等方面的发展。课程质量是幼儿园教育质量中的"软着陆",是幼儿园教育质量的关键。

在园际交互评价实践中,共研园所聚焦幼儿园课程质量的提升,在"课程方案"、"课程实施"、"教研活动"三个实践场景中开展多轮的循证改进实践,助推共研园所课程质量的整体提升。通过基础前测和实践后测的数据对比可以发现,参与课题研究的教师在完成课题研究后对评估及其依据方面的认知和对园际交互评价的认知等均发生了较大变化,教师与园长等高层的认知日趋一致,且充分肯定了园际交互评价的实

践价值。通过对参与课题研究和未参与课题研究的两类人群进行对照分析后可以发现：参与人群在"课程意识、主体意识、预案设计"三大维度所有具体问题上的均值都高于非参与人群；其中，在"预案设计"这一维度所有具体问题上的差距相对大一些。

三年的研究与实践过程中，园际交互评价极大地唤醒了教师时时监督并改进自身教育教学实践的自觉意识，助推其专业成长。共研团队成员的专业发展状况也非常喜人，呈现良性发展态势。其中有4位副园长晋升为园长，4位保教主任晋升为副园长；园级领导者（含园长、副园长、工会主席等）由原先的4位增加至10位；中层管理者（保教主任、办公室主任等）由原先的5位增加至10位；业务骨干教师（年级组长、教研组长、科研组长等）由原先的18位增加至29位。教师在参与园际交互评价实践与研究的过程中，专业自信和专业能力也得到了极大提升，这也成为幼儿园教育质量提升的显性表征。

在参与课题研究的教师自觉自发地了解自身教育教学实践现状，并积极主动地调整改进过程中，幼儿园不断为幼儿提供更丰富的可选择的课程，幼儿也得以体验更适切更个性化的学习经历，他们的学习兴趣得到极大激发，学习表现也得到极大提升。例如，数学游戏组组员青苹果幼儿园王梳园老师就总结出了三大数学游戏设计经验：内容的替换性让幼儿更自主；材料的低结构让幼儿更自信；活动的预约制让幼儿更自由。幼儿积极参加各级各类幼儿比赛，在三年的实践研究过程中，12所交互幼儿园的幼儿们共获全国级奖项6项、市级奖项92项、区级奖项428项，这也成为幼儿园教育质量提升的重要表征。

二、 园际交互评价驱动学习共同体建设

教育共同体的形成是我们的重要成果之一。幼儿园教育质量的评估与提升本身就不是一次可以解决的问题，而是需要有一个稳定的团体不断探索和实践的过程。在园际交互评价的过程中，区域内所有参与的幼儿园围绕着幼儿园教育质量提升这个目标，应用相同的评价工具，在"课程方案"、"课程实施"、"教研活动"三个场景中不断发现问题，又各自发挥所长、相互引领、相互合作、互相支持、解决问题、共同协调实现目标。这样的共同体的形成是园际交互评价运行机制和幼儿园教育质量提升的重要保证。

共同的理想、信念和利益诉求是共同体存在的基础,共同体成员之间具有很强的同质性和情感依附性。① 参与研究的六所共研幼儿园与"兰馨社"教研联盟幼儿园团队共同体通过开展课题研究与实践,共同致力于探索园际交互评价的机制与路径,在课题组搭建的"晒研评"、"观诊疗"的共研平台和评价流程中不断学习、提升及改进自我。从区域层面来看,随着课题研究影响力的不断扩充,区域内其他幼儿园的不断加入,逐渐形成了非官方的区域幼儿园学习共同体联盟的建设与联动机制,使参与共同体联盟的研究成员有眼界、有思想、能接纳、能碰撞、快改进、快行动,这有助于打造区域幼儿园的良性生态与研究氛围。

在这样的学习共同体联盟中,我们形成了独特的文化共生和对话协商的研讨机制。每一位参与者都能作为主体认识到自己在共同体当中的价值和作用,同时,共同体联盟也将不同的人联结在一起产生共同的愿景,依托"课程方案"、"课程实施"、"教研活动"三个情境开展对话与协商。课程质量评价的过程不再是自上而下地由外部单一主体主导以实现教育效果改善,而是由内而外地围绕共同的愿景和目标,由实践者本身通过内部系统在平等协作的基础上进行的教育效果改善,在相互作用下的课程质量提升。

案例 15: 自从卷入,从此爱上

一个偶然的机会,我向魏园长说起我园师资培养上的短板。魏园长宽慰并亲切邀请:"怎样? 想不想和我们一起玩教研?"就这样,带着几分好奇,从 2019 学年开始,我和我园的教研组长们就卷入了每月一次的"兰馨社"教研共同体活动之中。

一、用"心"教研、一见钟情

第一次教研专场上,我们为"教研直播室"环节展示园严谨且精彩的教研组织而暗暗称赞,在"教研解读与自评"环节进一步欣喜地听到来自展示园教研组长的剖析与反思,而"交互式对话"更让我们领略了示范园、展示园教研组长、保教主任专业实力的教研风采;最有新意的是"交互式评价"环节,我们不再是观摩者,而是评价者。——每人无记名地完成现场教研质量的评价。最后,教育学院专家抛砖引玉,将活动推向高潮。整个教研研讨的每个环节,都让我们真切地感受、聆听到来自每个层面教师、专家对教

---

① 史文秀. 专业发展取向下的幼儿教师学习共同体构建[J]. 教育探索,2013(09): 110—112.

研的深度思考。这不正是我们团队一直向往的专业核心生长力和羡慕的理想学习团体吗？如久旱遇甘露般，从此，我园核心骨干团队就此爱上了"兰馨社"的教研共同体活动。

二、感受体验、渴望加入

尽管日常工作繁琐忙碌，我们依然盼望着月末一聚的美好时光——每月一家联盟幼儿园的教研展示和研讨活动。我园教研组长们都会提前自觉分工，录音、摄像、记笔记……一学期四次的教研专场学习，我们每场都积极参与。尽管联盟只有6、7家单位，但我们看到的是场场座无虚席、济济一堂，大家都像赶盛会似的，聚精会神、求知若渴；我们听到的是每场展示园展示前，示范园骨干们高频率参与其中，帮扶、点拨、引领着展示园基于园本特色做实、做好教研的感人故事。四次的教研专场参与，我园教研组长们早已不满足观摩与点评者的身份了。她们按捺不住："我们什么时候也可以真正加入到这个抱团取暖的教研联盟中？""我们渴望被指导、被点拨，只有真正卷入，我们在教研组织上才能更有自信，老师们对怎样的教研是优质教研也就明白了。"

是啊！是什么让我的教研组长们都如此迫切地想加入？在这个志同道合的联盟中，最吸引人的是那种浓浓的、平等互助的暖心氛围。每次我们都能深深感受到示范园老师们深入教研组织的前前后后，似朋友般亲切，大方分享与引导，始终以发展眼光看待周边姐妹园老师，引导深化思考，协助突破瓶颈。这种氛围，正如魏园长所言："因为喜欢，我们聚在一起用'心'玩教研。我信奉每个人都是平等的首席。因此在这里，我们人人都是主角，希望协力才能实现共赢。"

三、终于卷入、助力成长

终于，我园于2020年6月正式成为"兰馨社"的联盟单位。我园的教研组长们摩拳擦掌，有的主动请缨，要求真正卷入一次——向联盟展示我园的现场教研与研讨活动，并信心百倍地申报了以往最没底气参与的区级教研组评比活动。同时，大家一致通过今年下半年我园申报争创上海市一级园。这真是从"要她们学"到"她们要学"的最好转变！我园教研组长自信地说："跟着优秀的一群人，我们也会慢慢变成优秀的一分子。"

正是这样一个优秀大气的特级园长，带领一支平等、互助的优秀团队组建了一群一心向好的姐妹园联盟，在脚踏实地的深入教研中，逐渐形成了良好的教研生态氛围，也助力着像我园这样的普通园教育质量的提升。

作为普通的市二级园园长,我从第一次教研现场氛围被感染起,就有"终于找到组织"的归属感;到成为正式的联盟基地园,庆幸的同时,我更有"办好幼儿园"的憧憬与信心。希望我能和我的教研组长们乐在其中,浸润其间。

(宝山区海尚明城幼儿园园长　李萍)

案例 16: 非官方的区域学习共同体建设

上海市宝山区托幼第二学区成立于 1989 年,承担着管理、服务、沟通、指导、统筹、协调的多元职能。多年来,学区通过后备干部培养,建立管理人才梯队建设;通过项目推进,打造研究型的园长团队;通过区本化课程实施研究与组团推进模式,保障教师专业发展;坚持区域优质教育资源的共享和均衡发展。

基于学区 26 家幼儿园优质提升但又发展不均衡的现状,尤其教研质量的核心问题始终走不出瓶颈,我们充分利用区域内两位特级的专业优势,构建 23 所"悦道·联盟"共同体。借力七色花特级园长,联合 6 所不同发展层级的幼儿园,构建"兰馨社"教研联盟团队,用心在教研的路上追求高品质的教研研讨,围绕"创新教研模式"、"培植专业教研组长"、"建设与未来相适应的教研文化"开展系列主题教研,形成区域教研、研教合力,服务于"站稳课堂"的学习型、研究型志趣合作教研共同体,充分发挥了学区管理的优势,分层"导流",逐渐摸索出一套跟随式、陪伴式、引领式的"个性化"学习共同体。我作为宝山区托幼二学区党总支书记暨"兰馨社"社长,承担了组织管理的责任,魏群园长作为"兰馨社"团队领衔人,承担了教研团队带教的专业领衔之责。

基于学习共同体内园所办园特色与个性,如何使共同体价值、功能最大化? 营造怎样的学习团队? 创设怎样的学习机制,让幼儿园个体之间产生有效的互动、合理的碰撞,以迸发新的活力、聚集新的能量? 近年的培育中,我们越发感受到必须拓展选项,让教研有滋又有味,让团队提质再提量。园与园在共性与个性的双轨道并进中,专注教研本质,一月一次的现场教研真抓实干,也逐渐进入教研佳境。随着研究影响力的不断扩充,区域内其他幼儿园的不断加入,逐渐形成了非官方的区域幼儿园学习共同体联盟的建设与联动机制,使参与共同体联盟的研究成员有眼界、有思想、能接纳、能碰撞、快改进、快行动,这有助于打造区域幼儿园的良性生态与研究氛围。通过非官方联盟,帮助教师解决教育理念与教育行为之间落差、助推不同层面教师在专业自觉的道路上主动发力、突破传统教研的瓶颈,转型教研模式。在新理念、新技术、新方法、新平台的综合应用中,管理向更加精细化方向迈进。

一、借助名园,形成共同体组织架构的保障

组织建设是教研共同体有序、有效活动的前提。为此正确定位学区功能,让专业的人做专业的事,自然事半功倍。我们组建了由七色花艺术幼儿园组成的非官方教研共同体团队。学区负责教研共同体总体活动的协调组织筹划;特级园长魏老师领衔负责3所市一级(小海螺、太阳花、马泾桥)、3所争创市一级(月四、保利、海尚)教研共同体建设;以及26所幼儿园教研骨干组成的"艳之行"团队。6园联动,分月策划与主持现场教研,常态化地开展研讨。园长、副园长、保教主任分工,每人负责统领不同板块,组建学习团队,定计划,定专项,展示成果,各司其职,各尽其责,确保研究的纵深推进。

二、借助项目抓手,着力团队教研方式的多样

有"心跳"的教研让人心动。教研要达到好的效果,关键还要看怎么做?根据特定的教研项目,研究多样化的教研方式,我们兰馨社做了如下尝试:首先是"新媒体教研":借助新技术,尝试开放式互助教研,与名师对话。其次是"体验式教研":侧重在体验上,强调亲身实践。再次是"创新式教研":通过观摩艺术幼儿园的教研大冲浪,让老师们打开教研一扇门。特级园长分享了创新的教研模式,如教研直播间、教研茶叙坊等。直播间教研教师如新闻主持人侃侃而谈;教研茶叙坊犹如教工之家,让教研过程一扫沉闷,少数人一言堂的现象也不再有,老师们的任务意识、反思意识、辩驳意识明显增强。

三、借助课题研究,打磨教科研一体化的成效

学而不思则罔,教而不研则僵。七色花示范园引领的园际交互式课题研究,让非官方学习共同体有了科学和高质量的平台。通过课题研究,团队的理论提升和教学水平、创新能力普遍提高,各园积极开展课堂教学实践与改革,在示范园的课题研究引领下,教师们以"发现"的目光审视自己的课堂教学,以"反思"的襟怀走进课堂,以"探索"的姿态从事教学。团队在扎实的研究中树立专业标杆与榜样,并共同获得满足感。具体实践中,我们结合每学期幼儿园在专题研究、主题研究、项目研究、教学课堂研究等作出统领思考与计划安排,确保人员负责到位、时间充分保障。确保每双周进行一次常态教研,每学期3次专题式现场汇报、1次现场观摩、2次专家指导等。形成常态机制下的教研行为,成为教师专业快速提升突破的最佳途径。我们相继开展了打造有效课堂、助推区域课题研究,构建了多层次科研合作共同体。同时,我们锁定懂新媒体技术的教师群体,把每一次的教研最新信息,制作成"美篇",利用腾讯、钉钉、微信,及时分享,防止现场热热闹闹,事后不了了之,让课题研究同频共振出每所幼儿园的精彩。我们充分利用网络技术平台,创新教师学习研究方式,积极推进网络教研共同体建设,使教师能迅速有效地获得自己需要的教学资源,使有价值的教研活动能够跟进教学全程,覆盖教师全员,实现资源即时交流与共享。

(宝山区托幼第二学区党总支书记　赵海英)

而且,借着开展课题研究的特殊机遇,交互园所与上海市内、宝山区内的教育科研专家定期互动,这为提升课题组成员乃至交互园所相关教师的教育科研能力创造了良好机会。

试水阶段,课题组围绕各园园本优势课程进行质量评价,各园所园长、科研负责人和区科研员等对开放活动现场的园所的课程方案、评价指标及课程实施质量予以现场评估。深化阶段,因评价重心下沉到教师实施课程的质量,所以评价主体主要是36位教师构成的六个共研小组,更多的是实践专家的现场观诊。但是,本阶段起,加入了"园际论坛"的环节,将其他相关专家也纳入现场观诊的团队。拓展阶段,在对教研质量进行园际交互评价时,课题组依旧沿用了"现场专家观诊",邀请市教委教研室专家参加现场教研活动。除了有专家的现场导诊,课题组还精心设计了在线问卷星,设置了一到五星级的标准,从教研主题、形式、过程、即时效果四方面开展星级评价,还设置了对现场教研的优势、不足及建议部分的文字简要评述题。在现场的专家评价基础上,通过线上评价结果聚合的方式,借助大数据平台,获取园际间教师对现场教研质量的评价和建议,从而为园际间开展教研实践改进提供信息互通及共享,进而推动区域内幼儿园教研质量的同步共进。

三、 园际交互评价促进教师主体意识提升

园际交互评价实践促使教师真正成为教育质量评价的主体,质量监控由外力的推动走向内力的生成,这一过程中,教师参与到园本课程发展的建议与决策中,这对教师教育教学行为的实践改进具有"靶向诊疗"的积极作用,有力助推了教师的质量意识、评价素养及实践改进的提升。

首先,以教师为幼儿园教育质量评价主体,在实践研究中动态生成、调整优化的质量评价指标,让教师的课程实施有了可依据的标准,也让教师的课程评价客观而现实,

他们还需要不断研究、明晰评价指标的具体内涵，并对标对表评价他人实践、改进自身实践。

其次，以教师为主体开展幼儿园课程质量交互评价，对于教师来说，这样的评价不仅仅是比较，更是促进教师自我反思与改进的过程，让课程质量意识伴随教师课程设计、实施与评价的始终。园际联动为教师的专业发展提供了平台，为教师相互学习、共同研讨、创新突破提供了机会，集经验共享、互动合作、取长补短等功能于一身。

最后，教师作为评价主体开展园际交互评价实践，有助于教师平等地参与幼儿园课程决策的过程之中，适时反馈对课程发展的建议与意见，也有助于让教师获得共研园本课程发展的途径与拐杖。而通过跨园共研形成的学习和研究共同体，在交流中碰撞智慧，在研讨与反思中实现专业的自主发展，这也让教师拥有了共研园本课程发展的底气和能力。

例如，在"班级管理"共研小组的6场现场活动结束后，教师们将"幼儿需要照顾"的观念，转变为"我同幼儿是共同生活体"、"遇到问题要同幼儿共同商量"、"相信孩子，孩子肯定能行"，践行着"培养幼儿主体意识，实行幼儿自我管理"的教育理念。共研小组成员青苹果幼儿园的倪老师如是说："活动前我对'班级管理'的认识仅限于生活中老师常态的一日活动。但是活动后让我更加认识了'班级管理的含义'，原来在我们平日里生活、运动、游戏、学习四大板块中都离不开'班级管理'，同时我们还能通过评价量表内容更系统科学地对幼儿行为水平发展进行评价。我认为在班级管理中教师应该去关注每位幼儿，善于发现每位幼儿具有的能力和潜力，给予不同幼儿不同的空间和时间，耐心等待他们的自然成熟。在等待的过程中，努力寻找有效的方法，形成具有针对性的指导策略。"

野趣运动组组员青苹果幼儿园唐老师在谈到自己在共研活动中的收获与成长时，真诚地说道："在这样一个小团队里，我无需感到怯场，也不需要担心自己肤浅、幼稚，团队成员对我的接纳和建议，让我在实践中不断成长，助长了我的教学技能，也让我更加自信。第一，拥有自信——专业引领下逐渐起步。第二，积极进取——思维碰撞中不断进步。第三，善于发现——反思调整中不断成长。总之，经过这几次教师培训和自己的实践旅程，让我知道，作为一名教师，不仅需要去看、去想，更需要去做，在思考与实践中，不断进步，不断成长，从而不断提升自己的专业能力，让自己在教育这条道路上走得更远。"

案例17：横向联动　纵向深入　多向互动
——在园际"交互式教研"中助推幼儿园教师的专业成长

随着教育不断的改革和发展,教师的专业能力提升和培养已成为教育的重点,一支优秀的教师队伍决定着一所幼儿园的发展。教师的专业成长是教师在专业思想、专业知识、专业能力等方面不断完善的过程,它不仅依赖个体在教育教学实践中的探索感悟,同时也依赖群体在交流互动中的共同建构。非常有幸,在托幼二学区赵海英书记的牵头下,我园成为了"兰馨社"的成员单位,参加了以七色花艺术幼儿园魏群园长领衔的园际"交互式教研"活动。在几场共研活动中,大家相互学习、相互支持、携手并进,充分体现了"资源共享、优势互补"的理念,更推动了区域层面教研质量的均衡发展、整体提高。

一、横向联动,建构专业学习共同体

学习共同体已成为信息时代知识创生的社会基础,强调人际心理相容与沟通,在学习中发挥群体动力作用。教研活动则是以促进儿童全面发展和教师专业进步为目的,以课程实施过程中教师所面对的各种具体问题为对象,以教师为主要研究主题的,教师与专业研究人员共同参与的实践性研究活动。但在教研活动中,我们的保教主任和教研组长都有很多困惑:"教研活动主题怎么定?"、"教研活动内容哪里来?"、"教研活动质量怎么提高?"而这些问题如果单纯依靠本园的园本教研活动则往往无法得以解决。因此构建专业学习共同体,发挥以上海市示范园领衔优势,开展园际"交互式教研"活动,通过围绕主题教研进行平等的对话与交流、专业性的诊断指导,能帮助我们走出"自我"的桎梏,打破思维定势,审思自身教育实践,激发专业成长内动力,相互吸取幼儿园各自最精华的优质经验,在跨越园所间的"交互式"教研中,实现幼儿园教研活动的双赢,达到共同提高的目的。

一月一次,一学期四次的园际"交互式"教研活动,成为幼儿园非常重视的学习与展示机会。每一次的观摩及研讨对于我们来说也是学习、反思的契机。因为这样"看别人"的机会,其实是教师专业发展中的一个"关键事件",如果能使之效益最大化,无论对教研展示的幼儿园还是观摩参与的幼儿园都是非常有用的。在"看"的基础上,更关键的是在"看"别人的过程中,始终带着自我成长的意识,主动反思自己的教研工作,回到自己的实践中去尝试,这样才能体现"看"的真正价值。

二、纵向深入,形成循环"诊断式"教研模式

（一）行动——基于真问题解决的教研活动

观察已经成为教师的专业属性,但是我们的教师对幼儿缺少自信、缺少捕捉教育契机的敏锐度和分析解读幼儿的专业深度,所以我们借由新西兰"学习故事"的叙事性评价方式,让老师换一种视角看待幼儿的需要、幼儿的发展以及这一过程。并通过撰写分享幼儿运动中的学习故事,在分析与辨析中提升教师观察解读与支持儿童发展的能力,同时优化教师环境创设与运动中的指导能力。在教研活动中,通过两篇学习故事的分享,让教师在"一案多析"中对话、辨析,梳理异同,引导教师分析幼儿运动行为背后的成因;避免教师主观臆断,打开教师的观察视角、拓宽分析思路。最终以"学习故事"为载体,对大班平衡区幼儿运动行为进行精准的识别回应,提升教师观察、解读与支持幼儿持续发展的能力。

(二)诊断——基于问题症结的"指点迷津"

在"专家引领"中激活教育实践智慧。专家诊断的教研方式是提升教师教学研究能力、实施有效教研活动的重要路径之一。因为专家能够提供一针见血的评价,会敏锐地指出主要的问题与症结,并给予专业的指导意见,为教师的专业实践指点迷津。

在"诊断报告"中剖析优势与不足。在现场教研活动后,我们收到一份由课题共研小组给出的详尽而又专业的"马泾桥新村幼儿园现场教研实践改进的诊断报告及建议"。诊断报告从评价者基本信息、诊断结果与分析、诊断建议三个方面对我们整场教研活动作出了全面而又深入透析的诊断,为我们指明了后续教研调整与开展的方向。

(三)反思——基于实践诊断的"反省顿悟"

在教师专业能力发展的过程中,反思能够帮助我们加深对问题的思考与理解,提升专业自觉的认识和行为。所以,在将诊断报告反馈给我园教师后,我们的老师也进行了即时性的反思。

三、多向互动,促进教师实践智慧生成

在园际"交互式教研"中,我们感到自主实践、团队互助、专家引领之间紧密关联,缺一不可。而这种多对象、多层面的互动方式,能够为教师提供与比自己专业水平更高的专业群体对话的机会,能够满足不同阶段教师的发展需求,从而树立教师新的专业发展目标,提升专业自觉,发现问题行为。这是提升一支教师队伍实践反思能力,促进教师进步和成长的绝佳路径。

(一)组内教师激励、互助

同伴互勉互励,激发积极情感。在接收到"兰馨社"教研展示的任务时,压力与挑战最大的是教研组长。教研组长是一个教研团队中的核心人物,教研过程中方案的设计、过程的组织、问题的抛接、策略的梳理等，对教研组长的专业能力无疑是一场大考验。此时，同伴间的互勉互励就能让组长获得动力与信心，过程中的指导帮助也能让组长在实战中获得蜕变。

肯定点滴成绩，充分激发内在动力。一场教研，不是教研组长一个人的舞台，而是全体教师共同的智慧生成。所以需要调动每一位参与教师的积极性，让其个人潜能得到充分发挥，激发其内在动力。对于绝大部分人来说，工作是否单调乏味，不是取决于工作本身有多大乐趣，而是取决于能否获得他人的认可，获得归属感。因此，在教研准备时，组长预先公布教研主题和关键性的问题，教师们自主查找相关资料进行学习并在群里分享，组长与保教主任第一时间在群里点评称赞。当需要案例素材、视频制作和学习故事撰写时，大家也主动地领取任务，分工合力、高要求、高标准完成。当教研过程中，大家就问题进行争论不休时，园长第一时间肯定大家对问题钻研的态度，并给予专业性的建议。一旦发现教师有成长、有进步，我们就不断地鼓励强化，从而促进教师的工作情感和工作态度。

（二）园际教师对碰、开杠

在这场园际"交互式"教研的一大亮点特色就是现场教研后的"组长对对碰"和"主任开开杠"。这种即时性双向式交流的对话，要求对话的双方要有较强的专业敏锐度与即时反思力。很多时候当局者迷，教师很难对自己的教研活动进行客观评价，但对于旁观者，却能很清晰地看到被观摩活动的实践效果，在对话中能越辩越清，厘清思路。

（宝山区马泾桥新村幼儿园园长　李青）

四、 园际交互评价实现教师课程意识稳步发展

教师的课程意识直接影响课程方案的实施，课程的实施效果直接影响着幼儿的学习与发展。因此，教师的课程意识在幼儿教育质量提升中起到至关重要的作用。研究发现，在园际交互评价的过程中，幼儿教师的课程意识逐步提升、稳定发展，这是我们获得的一项重要成果。

教师的课程意识是教师在教学实践过程中，以一定的教育价值为导向，围绕课程内容进行教学设计、教学实施、教学反思的一种重要思考。我国长期的实践都倾向于将教师意识看做是教师对课程内涵的理解，以及教师在教学实践中应用自己的专业知

识和素养提升幼儿对教育活动的参与感和体验感,启发幼儿在学习的过程中对环境、自我进行思考,从而促进其全面发展。[①] 在园际交互评价的过程中,我们发现教师原本淡薄的课程意识发生了重要转变,主要表现在以下几点:第一,在与专家的讨论对话中,教师们逐步具备从宏观的角度系统地审视课程的意识。参与园所在共研的过程中,认真学习了解其他园所的优势课程,在交互评价的过程中,逐步了解各领域课程之间的关系,从课程的上位来理解课程的设置。第二,基于幼儿成长的课程意识逐步形成。上海市二期课改提出,要强化课程领导力,形成"幼儿在前,教师在后"的课程理念,但在执行过程中,这一理念一直停留在表面。通过园际交互评价,我们可以从课程的评估中看到幼儿的发展,也可以看到教师的行为,即根据幼儿的表现来调整课程实施。从真正意义上实现基于幼儿发展的课程实践。第三,教师的主体意识逐步形成。在课程实践中,教师不再是自上而下的课程实施者,而是自下而上的课程建构者。不管是在"观诊疗"还是在"晒研合"中,教师都看到了由自己的行动带来的课程变革。教师的自我意识有所提高,充分地调动了自我的积极性,在课程建构与实施中发挥重要作用。

以表演游戏为例,游戏是幼儿最喜欢的活动,能有效促进幼儿认知、情感以及社会交往能力的发展。各类游戏的设计与实施是否符合课程理念、幼儿学习与成长规律,是否能满足和促进幼儿发展,是衡量幼儿园保教质量的关键,也是教师专业素养的重要体现。前文中提到的幼儿园"教研现场"质量园际交互评价的调查结果显示,课题结束时,参与课题研究的教师的课程意识明显得到提升。课题组努力通过对评价进行研究来提升教师的课程意识和关注活动过程的质量意识。

比如,以七色花艺术幼儿园王老师为组长的表演游戏组,将评价指标的构建为线索串联本组的思考与实践。首先,从定标开始,综合参考上位政策文件、权威理论、园所经验等,几易其稿,形成中班、大班的表演游戏质量评价量表。其次,有了质量评价表,第二件事就是要"定位"。七色花作为表演游戏组的优势园,应该扬什么? 如何使优势园的优势成为标准,同时优势园也能吸收? 如何让共研单位准确定位自己的优势与不足,找准扬长避短的方向? 再次,带着前期思考和"评价标准",走进6场共研活动现场,"套标"进而观察、定位、分析。最后,基于"套标"的观察定位,思考如何通过评估、学习,主动建构实操策略,总结出"环境特质、材料提供、内容来源、有效机制"等思

---

① 刘旭.梁婷. 高校课堂教学改革:一种教师课程意识视角的思考[J]. 教师教育研究,2012(06):52—55.

考维度,从而"向标"改进。在整个实践过程中,每次负责活动现场的老师会完成一个小型的微诊断,对于表演游戏现场梳理自己的反思和改进的策略,从而激发教师成为一个会反思、爱思考的学习型教师。通过 6 次的共研后,现在的孩子们玩起表演游戏来,不仅自主、自信,而且有创造、爱创造、乐创造。

同时,令人欣慰的是,老师们在不长的共研时间里,对表演游戏也有了全新的认识:第一,游戏性先于表演性。表演游戏如果缺乏游戏性就不能成为游戏,因此在组织和支持幼儿开展表演游戏的过程中,首先要是保持表演游戏的游戏性而不是让它成为单纯的表演,幼儿参加表演的动机是为了追求表演的满足和快乐,而不是艺术效果。第二,游戏性与表演性的统一。表演游戏的表演性应当在游戏过程中逐渐提高和完善,逐步从一般性表现向生动性表现水平发展。在表演游戏中,教师不能只观察不支持。没有教师的支持和引导,幼儿的表演游戏很可能停留在嬉戏大脑状态,难以获得进一步发展。但教师的支持也不是"说"或"告诉",因为表演游戏的发展是要通过幼儿与环境、幼儿与材料、幼儿与幼儿之间的相互作用而获得的。教师的作用应更多地体现在成为幼儿环境材料的支持者、讨论的组织者、问题的提出者。

五、 园际交互评价引导教师树立以研促教的理念

园际交互评价过程中,教师科研工作思维逐步形成,是我们的又一项重要成果。在科研工作中典型性的思维表现为判断的思维、推理的思维、逻辑的思维、科学论证的思维。在探索提升幼儿园教育质量提升的路径上,研究组带领教师通过阅读文献、科学调查、学理分析、循证改进等环节,帮助教师逐步形成自我追问、自我审视、自我发现、自我探索的思维品质。课题研究提出的问题,让教师思考"是什么"、"为什么";课题研究的过程,让教师主动审视日常工作,发现问题——分析问题——解决问题,养成主动探索的习惯,落实"怎么做"。在研究的过程中,我们发现,教师由原来"拍脑袋"、"掏口袋"的行为方式逐步获得转变,开始尝试借鉴和运用园际交互评价中系统设计的理念和运行机制的迁移来解决自己当前遇到的各种问题。用科研的思维方式开展保教工作,循着证据将一个个问题解决,以螺旋式上升的方式提升保教质量,这是本课题带给教师的另一个重要成长点。

从三个阶段评价内容的转变来看,我们实际上也是在且研且行、且思且做中,秉持"扬优克难"的基本思路。最初,基于课题组在开题时的共识,在三年的实践研究中,我

们将幼儿园课程质量定位在课程方案、课程实施、教研活动质量上，但是对于它们的先后顺序与具体开展思路尚不明晰。课题启动之初，课题组仅仅将六所共研园所的园长和科研组长、区教育学院专家，共计 15 人作为共同体的主要成员，考虑到园级层面为交互评价的主体开展实践，我们很自然地将评价内容定位到园本优势课程。

随着试水阶段六个园所依次轮流开放活动现场，我们发现：各园所在开放现场活动时，其他园所更多的是对标他人、评价他人，但这个过程中，将活动内容与自己园所的课程设计与实施关联起来的力度不够，更重要的是，对于幼儿发展来说，课程实施的质量才是至关重要的决定因素。因此，在深化阶段，我们实施了改进，扩大了评价主体，并将评价主体重心下移，由共研园所的 36 位一线教师自由组团，围绕六个园本优势课程的实施开展共研与组内交互评价，进一步发挥并辐射各园优势。

随着六个共研小组的 36 场活动推进，我们发现，课题组的影响范围更多地局限于参与本阶段课题研究的 36 位教师，但是这远远不够，进而我们考虑以共研园所的教研活动这一痛点与难点问题为突破口，期望卷入更多的幼儿园和一线教师开展指向教研活动质量提升的园际交互评价实践，以教研活动质量提升撬动参与园所教师队伍的整体提升。课题主持人以自己领衔的七所"兰馨社"教研联盟幼儿园为共研主体，囊括引领园、轮值园、非轮值园、卷入园等 12 所园所在内的园长、副园长、保教主任、教研组长、教师等近百人，开展了新一轮的探索与实践。

下面这个案例呈现了深化阶段中，表演游戏共研小组如何基于前一场共研活动的观摩与研讨后形成的质量共识与咬尾改进建议，进而优化完善新一场共研活动的设计，凸显基于证据的实践改进历程。

案例 18：循证，在表演游戏共研小组中的实践改进

深化阶段的园际交互式质量评价，在晒、研、合的操作规格中，我们表演游戏组共开展了六轮现场实践研究活动。每轮共研通过实践园的自诊、共研园的互诊，形成包括分析、改进措施及咬尾建议的诊断报告。可以说，咬尾的过程即"取其精华，去其糟粕"的过程，取的是实践园在表演游戏课程实施中的优势、亮点，将其转化为其他共研园可运行的有效机制，去的是透过诊断对照本园实际发现的不足之处。

在咬尾改进的过程中，六所共研园已拧成一股绳，形成循环发展的抱团共同体。

每次共研,小组成员发现的问题,都会通过循环的咬尾,使得表演游戏课程实施不断呈现优化变化的过程。以下为某次园际交互式质量评价实践园的诊断报告:

表5-24　青苹果幼儿园中班表演游戏质量评价的小组诊断报告(片段)

青苹果幼儿园中班表演游戏质量评价的小组诊断报告(片段) 实践教师:唐颖璐	
分　　析	建　　议
故事表演游戏区域的幼儿,人际交往中的一级二级指标都达成了,特别是二级指标中幼儿能关注别人在表演游戏中的情绪和需要,与同伴不断沟通商量该如何游戏。 但大多数区域中幼儿的表演游戏是基于一个音乐素材的反复成品表演,而缺少了对原有作品的创造。所以艺术表达表现和幼儿表征行为只能说基本达成。	要基于孩子的兴趣投放材料。表演游戏更多地注重社会交往表现,要给予幼儿商量、分工、合作的机会,所以在材料提供上应该要更加开放和多元。 作为表演游戏,肯定是游戏的形式,既然有表演的特质,还是要关注艺术的表现力,让幼儿在过程中体验艺术表现,但千万不能走进误区,让它成为艺术表演。
改进措施	1. 材料提供 材料的提供应体现低结构性、层次性和主题性。不仅应该在游戏中继续提供投放低结构材料的“百宝箱”,就故事表演游戏而言,故事的录音、角色、服装要按照从成品到半成品的顺序循序渐进地投放,鼓励幼儿的创造。 2. 环境创设 在游戏中可创设艺术欣赏区、设计区等,让幼儿的艺术表现能基于感受与欣赏,又有低结构的设计区可以激发幼儿的以物代物行为和创造行为。
咬尾建议	1. 丰富幼儿表演游戏经验 表演游戏内容应基于幼儿兴趣和生活经验,可结合主题学习经验和各园园本特色,鼓励幼儿在游戏中的表现与创造。 2. 材料提供多元化 材料提供应更开放,避免全部是现成的服装、道具。运用好“百宝箱”和“设计区”,丰富幼儿的替代行为。

基于青苹果幼儿园表演游戏共研实践后的诊断报告和咬尾建议,各共研园对照信息进行了自诊反思,并在实践中自主评价并进行优化:

就表演游戏内容而言,各园结合各自园本化特色,及时融入幼儿日常熟悉、感兴趣的内容,以丰富幼儿的经验。如,四季万科幼儿园的表演游戏中,结合园本课程特色,创设了一个“科技情景剧”表演游戏区;小天鹅幼儿园结合传统民间特色,加入了传统地域特色的音乐游戏内容;美兰湖幼儿园结合班本化特色、幼儿兴趣,融入了音乐RAP游戏;七色花艺术幼儿园结合特色课程,融入了音乐情景剧表演内容等……表演游戏内容来源基于幼儿的经验和兴趣后,使得幼儿更乐于参与,在经验的基础上丰富了其游戏情节的创造。

就表演游戏的材料投放而言,友谊路幼儿园与其他几家共研园及时投放"百宝箱",以更多低结构材料,促发幼儿产生以物代物的替代行为。在故事表演中,小天鹅幼儿园分层渐进地提供材料,先在初期给予幼儿一些图夹文剧本和故事录音,让幼儿熟悉文学作品,支持幼儿的表演;中期又提供一些背景音乐,让幼儿自己创编情节、创编语言;而七色花艺术幼儿园在环境中创设了游戏设计区,让幼儿通过图文表征的方式共同创造故事情境,创造连续的情节,达成游戏合作;而青苹果幼儿园也在实践后再次优化,尝试提供班本化自制的主题材料,立足幼儿经验,激发幼儿的表演游戏动机。

可以说,一次咬尾建议可以激发所有共研园的自诊提优,对下一个实践园来说也是一次检验的过程。

基于青苹果幼儿园的共研实践活动,根据小组的咬尾建议,在后一次的七色花艺术幼儿园共研实践活动中,我们看到了表演游戏课程实施提质的变化:

在环境创设上,游戏区域创设了"设计区"、"化妆区"、"换装区",不仅激发了幼儿游戏的兴趣,同时也丰富了游戏情节的开展。"中国功夫"游戏区域的幼儿在设计区用图示的方式商量该如何进行队形变化,同时用各种替代的丝带、废旧材料探索该如何进行头部的装扮、道具的设计;"T台小秀"的主持人将游戏区域分为了"换装区"和"表演区",组织同伴在指定区域按规则游戏,同时还有三五成群的幼儿在"欣赏区"自主用平板电脑播放T台走秀的视频,学习该如何走、如何摆造型,小摄影师拿着平板电脑不断地摄录,与同伴分享表演游戏成果……

在这次的共研实践中,我们惊喜地发现,通过咬尾改进,表演游戏的环境创设更合理、更有趣味了,材料投放更低结构了,所有的环境创设都是基于幼儿为本位,思考如何激发幼儿的游戏表征行为。过程中幼儿一板一眼地重复再现成品的现象逐步减少,更多地是三五成群地商量、比划,这样的环境似乎还原了游戏的本貌……

基于此,可以说咬尾改进并不是一蹴而就的做法,而是B园基于A园的自诊——再实践——提质,更是六所共研园在一次次卷入的咬尾改进中叠加、深度优化的过程。就同一个问题,不仅在诊断他园的优势与不足,更是对照自身在不断地循证改进,这就是咬尾改进带给所有共研园持续发展的推动力。

(宝山区七色花艺术幼儿园　王燕妮)

六、 园际交互评价保障联盟幼儿园的可持续发展

在开放中自我反思,在研讨中汲取智慧。经过三个阶段的园际交互评价实践,区域内十余所幼儿园的优势领域的课程质量及教研质量都有显著提升,极大地推进了参与幼儿园的内涵建设与后续发展。园际共研为各园提供了一个协作开展教育研究的组织平台,将各园组织成一个研究实体,各园间是平等合作的伙伴关系。各园通过共同参与、积极协商实现园际间的优质资源互补、经验共享,相互激励、共同进步,探索一条新的教师专业发展之路和新的教研模式,促进各园均衡发展和可持续发展。

一方面,通过对优势领域课程及教研质量的深度聚焦,各园对这些领域的课程特质与幼儿在这一领域的发展表现有了更深入的了解和把握。另一方面,十余所幼儿园对六大领域课程及教研的质量标准基本达成共识。同时,园际交互评价也为各幼儿园创设了经验展示及优势互学的大平台,形成了共享共赢机制,让幼儿园的教育质量置于多面镜子、多双眼睛的监控之下。把别人作为一面镜子,通过"照镜子"活动,既"照亮"自己的优势、又"照出"自己的问题,更"照射"出他人的优势,从而学以致用,优化自身实践,实现循环改进。在整个幼儿园教育质量园际交互评价实践过程中,共同体成员一同研讨、交流、共享、解惑、改进,确保共同体智识能够真正落地实践,实现其促进幼儿身心发展和教师专业成长的价值旨趣,营造了共研团队内部平等研讨、发现问题、解决问题的良好氛围。可以说,"交互"让各幼儿园的学习成长更为丰满,"交互"让各幼儿园的教育质量进一步提升。自2017年9月课题研究起,近三年的实践中,12所交互幼儿园共获全国级奖项6项、市级奖项38项、区级奖项43项。

案例 19: 汇之"兰馨"、研之魅力

一、教研格局的改变

"兰馨社"现场教研,汇聚了各园多种创新教研形式,有教研直播间、教研情报局、教研大冲浪、教研茶叙坊、教研 BBKing 等。尤其是七色花艺术幼儿园的教研情报局,别具特色,由情报局的局长(教研主持人)、特工(组员)、观察员(智囊团)组成。这样的教研形式可以从不同的角色和视角出发,激发出更多的思维碰撞。多视角的观察情境的渗透能大大激发教师们的"思维之门",让她们积极地投入到教研的思辨中。

在七色花艺术幼儿园教研组的启发下，我园采用了"王牌对金牌"的教研形式，通过王牌队与金牌队的 PK，提高教师们的积极性。引入了由成熟教师与保教主任加盟的观察团，为教研活动中的争论点、难点问题提供支撑，使教师们对教研的问题把握更清晰，对教研策略的梳理更有效。

二、对话方式的改变

每次活动环节中的"开开杠"和"对对碰"是最即时的一种教研互动形式。园所的教研组长之间的对话，站位在了教研活动的主持人、引领者的角度，对于一次现场教研活动，教研组长需要思考如何让组员聚焦问题开展讨论，遇到两难问题时要如何引导双方形成观点碰撞，在小结时又要如何梳理归纳等问题。从组长之间的开开杠中，我看到了教研组长的前瞻性、引领性和学习性。

园所的保教主任之间对话，站位于一所幼儿园的教研方向，甚至是课程的实施上，她们更多地交流着我们为什么要开展这样的教研活动，这样的教研活动对教师的专业发展有何意义，我们的教研是如何推动课程的发展等。从主任之间的对对碰中，我看到了幼儿园的核心思想与核心力量。

无论是"开开杠"，还是"对对碰"，都体现了保教主任与教研组长的快速反应与思辨的能力，这是当今教师专业素养提升的有效途径。

三、教研氛围的改变

让对话成为一种常态。一方面，在思维碰撞中对话。教研活动中要让教师唤醒主体意识，自己找寻教研的真谛，就要不仅仅停留于现象的表面，即强调"读懂幼儿什么"，更应拓展到技能和情感的层面，即"如何读懂幼儿"和"读懂幼儿后的感受或想法"，引导教师们通过自己思考，表达出各自的观点。另一方面，在情感交流中对话。教研活动中的情感交流不仅发生于教研组长与组员之间，也发生于组员与组员之间，但这两种对话都离不开教研素材点这一重要载体，素材点是对话的出发点和归宿点，因此要深入挖掘素材点中的情感因素，即我们应该如何理解幼儿是怎样学习的？幼儿的哪些行为体现其是一个有能力、有自信的学习者。

让学习成为一种习惯。如今教研已不再是理论与实践的分割，一次教研活动中，就应该有理论与实践相结合。理论从何而来？自然是要学习，遇到困难，想到的就是《3—6 岁儿童学习与发展指南》，提到幼儿运动，就拿出《学前儿童健康学习与发展核心经验》，让学习悄然成为教研活动中教师们的一种自觉行为。

（宝山区小海螺幼儿园园长　傅悦）

第六章　园际交互评价推广的智慧生成

未来,对于幼儿园教育质量的评价和提升的研究,我们不会浅尝辄止。实现教育科研水平的不断提升、科研贡献的不断增强,从规模增长向质量提升转变是新时代教育科研的新要求。一个课题的完成,并不意味着研究的终结,而是意味着新研究的开始。通过反思本研究中的利弊得失,不仅可以形成新的命题,而且有助于在后续研究中取得更有效的成果。

在《中国教育现代化 2035》的时代背景下,我们要进一步激发园长和教师开展教育变革的内生动力、进一步探索幼儿园教育质量园际交互评价的更多可能、进一步建立健全园际交互评价的常态化运作机制,努力让每个孩子都享有公平而有质量的学前教育。我们拟将幼儿园环境空间及幼儿学习场域作为课程质量的重要指征予以关注,丰富我们对幼儿园课程质量的内涵理解;继续探索构建信息化、一体化的幼儿园质量监测及评价研究的信息平台,实现评价信息的共通共享;充分发挥家长作为教育质量监测的主体作用,营造良好的家园关系;借助评价结果的深入解读与实践应用,探索创新幼儿园基于实证的课程发展及教师发展的多元评价改进路径,形成平等、共享的集团化评价研究实践与改进。通过研究,支撑教师将课程意识与课程实践相互转化与生成,改进优化教师的课程行为,丰富教师的教研经历,促进教师综合能力的整体提升。

第一节　基于实践经验的认识提升

反思是近现代西方哲学所广泛使用的概念之一,现为社会科学广泛使用。反思有不同含义,在黑格尔哲学中,反思有三种不同用法和三种不完全相同的含义:(1)反思与知性通用,反思即指知性思维。(2)反思与后思通用,反思即指哲学思考。反思最常用的含义,是专指一种思维活动,它不仅看到事物的对立,而且使这些孤立的规定处于关系之中。这是一个越来越克服对立双方的"僵硬外在性",越来越达到明显的同一性的过程。① 这里的反思即第三种含义,是对研究目的、研究内容、研究方法、研究过程、研究成果等方面进行自我追问、自我评价。

一、厘清行政监控与交互评价的关系是开展园际交互评价的首要前提

(一)关注过程反馈及基于互评结果的行为改进

在我们通常的认识中,行政监控与园际交互评价二者是有区别的,但本质目的是相通的,都是为了让幼儿园教育质量得以提升。前者强调行政层面对幼儿园普惠性资源配置、教师队伍建设、经费投入与成本分担机制等政府责任落实情况进行督导检查和适时监控,时间间隔一般为 3—5 年一次,相对而言重结果轻过程;后者则更强调以幼儿园园长、副园长、保教主任、教研组长、教师等不同群体聚焦课程方案、课程实施、教研活动等相关内容开展园际交互评价,关注的是"评价"的过程反馈及基于评价反馈结果的行为改进,通过对评价对象的观察评价、访谈反馈,继而促进评价对象的调整改进、实践运用的指向课程方案质量的研究过程后,紧接着实施指向课程实施质量的观察评价、访谈反馈、调整改进、实践运用等。

(二)关注评价指标的持续优化与调整完善

我们依据评价指标,对评价对象进行观察评价、访谈反馈,继而反观指标,发现问

---

① 孙鼎国,王杰. 西方思想 3000 年[M]. 北京:九洲图书出版社,1998:1174—1175.

题后调整指标,然后评价对象的行动跟进,再在第二轮评价中拿出调整后指标,实施观察评价、访谈反馈等,这样依次循环的程序,是对指标的持续优化与调整完善。之后,从文献综述和调研分析中可知,幼儿园开展教育质量评价最重要的主体是教师,他既是评价者,也是潜在的行动者。所以我们在做"园际互评"的同时,增加了"教师自诊",并及时调整了"园际互评"与"教师自诊"指标,体现指标的持续改进,促进评价过程的不断提升,凸显"评价"的反馈与调节作用。

(三) 关注对评价对象的激励与改进作用

在评价者、标准、被评价者三个要素中,我们认为最重要的是被评价者,因为他是工作的实践者。评价的目的在于帮助他改进工作。而本课题研究园际之间的平行评价,对被评价者的促进作用尽显,体现在:帮助被评价者明确评价标准,知道自己工作的标准和要点;明晰自己的不足、改进方向及自己在群体中的位置;获得激励和改进工作所需的帮助与指导,并得到后续的展示平台。如此一来,被评价者知道不足、要点,就会有方向、有动力、有支持,他会在之后的工作中最大限度地改进自身行为。

二、 评价指标的开发与改进是实施园际交互评价的专业保障

评价指标是一种具体的、可测量的、行为化的评价准则,是根据可测量或可观察的要求而确定的评价内容,科学合理的指标体系会对评价内容和评价对象产生深远的影响。幼儿园教育质量内部评价的指标体系应该是一个相对概念,即由不同的幼儿园根据各自的评价目标并结合幼儿园现状和自身特色来确定,因此这一评价指标应该是具体的、有针对性的。

(一) 评价指标的开发需要顶层设计和系统思考

"评价者所制定的评价标准可以反映一系列的价值观,并必然伴随对高质量幼儿园教育的理想描绘和指标体系而形成"。我们在开发评价指标的过程中主要从以下四个维度出发:首先,依据上位指南确定评价指标的"价值观",以上位指导文件为蓝本。其次,在确立价值观之后,参考教育评价领域较为权威的研究结果,从而确定评价指标的维度和变量。再次,针对各幼儿园的优势领域及优秀课程模块,抽取"优"的共性特质,形成易于教师观察、评价的典型性行为描述标准。最后,尊重不同幼儿园的个体发

展特征,在充分保证评价指标科学规范的基础上,形成不同幼儿园的教育质量评价指标。

(二)评价指标的科学性与规范性应予以充分保障

为了保证评价指标的科学性和规范性,在指向教研活动质量提升的园际交互评价与共研中,我们还采用了专家评定法,借助市区级教育专家、学者,以及区域内各幼儿园园长和骨干教师的专业力量,共同对指标的合理性及科学性加以诊断。我们采用问卷星调研的方式对照指标进行现场活动的评价,之后对指标的可行性和涵盖性进行评判,经过后台数据的聚合,结果显示,超过 66.6% 的老师认为监控指标是科学规范的,由此可以判断出评估指标基本科学且有效。

三、"晒研"结合式的互评是实施园际交互评价的有效路径

(一)"晒研"结合式的互评有助于解决教研活动中的重难点问题

无论是试水阶段的"听—观—评"、深化阶段的"晒—研—合",还是拓展阶段的"观—诊—疗",其核心都是"晒研"结合式的评价。在这一过程中,教师既是比武者,又是评价者。作为被评价者的教师,他们在相互比较中,对照评价标准、明晰自己的不足和后续努力的方向,激发其行为改进的内生动力,幼儿园再跟进帮助其改进的相关保障措施,那么,这种评价的促进作用更明显。而以教研活动作为评价切入点,一下找到了所有幼儿园园长和老师的兴奋点。如此一来,对解决各园教研活动中遇到的重难点问题大有裨益。

(二)"晒研"结合式的互评有助于发挥对教师的激励学习作用

每所幼儿园在课程方案、课程实施或教研活动的展示中,都要接受来园观摩的教师、教研组长、保教主任、各园园长、专家的评价,大家都不敢懈怠,努力做好展示与交流准备。为了做得更好,他们还会有意识地向他人学习,从相互比较中,从不同层次的学习、互动与质疑中,从深度自诊与分析中,不断深化自身对课程、具体教学问题及教研的认识,明晰自己的不足和学习方向,改进自己的教育教学行为。

（三）"晒研"结合式的互评有助于形成立体式园际交互式评价网络

"观—诊—疗"的活动流程拓展了"晒"的交流深度和激励程度，使"晒研"作用得以更充分发挥。多层次交互式的诊断分析，包括教研展示幼儿园的组长自诊、同行互诊、专家导诊、数据会诊，交织形成了园际之间立体的交互式评价网络。最后，课题组会运用信息化的大数据平台聚合评价信息，生成诊断报告。这个流程和活动形式本身就比较规范，仪式感强，规模较大，层次较高，对参加的幼儿园来说，这是一个高层次的"晒研"大平台，其激励作用不可估量。

四、课程质量互评模式多元化是促进幼儿园教育质量提升的应有之义

（一）有效地激发园长和教师开展教育变革的内驱力

改革的启动和推进常常受着许多动力的影响。在诸多动力中，人是最重要的因素。每一个人都是改革的动力，只有每一个人都采取行动，改变自己的环境，才能促成真正的改革。[1] 就学校教育变革而言，一线教师作为变革动力的调动和激发是促使变革成功的前提条件，是不可或缺的。因为教师的价值、信念、参与水平直接影响着教育变革的发生。只有通过教师，教育变革才可能落到实处，只有将变革的设想转化为现实，才能让学生获得发展，让社会发生变化。

同样地，幼儿园教育质量园际交互评价如若仅仅在课题组内的十几所幼儿园中的部分教师中展开，无法将研究重点放在与幼儿身心发展和教师专业成长所真正关切的内容上，进而将研究范围从课题组内的教师拓展到十几所幼儿园的全体教师，甚至全区全市的幼儿园教师，从而真正调动起一线教师开展课题研究和教育变革的真正动力，那么看似轰轰烈烈的变革表象背后所暗藏着波澜不惊的教育现实也就不足为奇了。正如富兰所说："教育改革的成败取决于教师的所思所为，事实就是如此简单，也是如此复杂。"[2]TALIS(OECD的教师教学国际调查项目)数据分析也发现：当教师参与本校决策时，他们对自己的教学能力就会更有自信，或者说自我效能感更强。

---

① 欧用生.新世纪的课程改革[M].台北：五南图书出版有限公司,1998：82.
② 迈克尔·富兰.教育变革新意义[M].北京：教育科学出版社,2007：121.

在本课题研究过程中,通过频繁的教研活动、学习共同体的构建,以及来自理论界或实践领域的专家指导和同伴互助,教师在园际交互评价中的主体意识得到发展,近百名教师获得专业领域的不同奖项,数十名教师的专业认知得到提升,五十余名教师的专业职务得到晋升,所有这些都在或多或少地验证着课题研究的意义,也在证实着课题研究的成效。然而,这些变化对于一个上海市教育科学项目来说还是略显单薄,除此之外,其研究价值至少应该在市域内有一定的推广辐射作用。虽说一个课题能够解决的问题非常有限,不可能由此解决教师专业发展中面临的所有问题,但是如果通过一个课题的持续研究,能够激发教师专业发展的内生动力,或者以少数教师的变化就能带动整个团队长期的巨大的发展,这本身也是课题研究的应有之意。

因此,我们要在前期幼儿园教育质量交互评价方案的构建和成效检验的基础上,将研究重心放在那些与教师专业发展行为更为密切相关的决策或者管理事项之中,从而让教师真正由幼儿园决策的执行者走向参与者,激发其变革的内生动力,助推变革的持续发生。

(二)多通道保障园际交互评价的组织与实施

囿于研究时限和课题组成员的专业限制,我们仅仅选择了课程方案、课程实施和教研活动三大切入点作为研究中幼儿园教育质量的关键表征。已有的实践、成果、经验已经给了我们一些借鉴,但未来,改革仍需走得更远。我们是否可以探讨幼儿园教育质量园际交互评价的更多可能,比如为保证数据来源和分析的科学性,考虑将第三方专业评价机构引入研究团队;为保证数据的多维性,考虑将家长、社区都成为我们的质量评价主体。在这一点上,上海市教科院普教所副所长李伟涛的《学前教育高质量发展的核心内涵与重要标志》[①]一文给我们以启发。在迈向 2035 教育现代化的当下,我们既要自觉弘扬优秀传统文化和中华教育思想,又要积极创新学前教育的供给方式。一方面,需要幼儿园在保教活动模式与质量监测评价机制、园本教育模式与教师专业发展机制、家园合作模式以及社区共建机制等方面进行改革创新,从而实现幼儿园四个维度的整体发展,即儿童素质发展、家长满意度和教师幸福感增强、幼儿园组织的可持续发展能力提高、幼儿园在区域教育和社区发展中营造良好的教育生态环境。另一方面,需要幼儿园顺应信息化时代的要求,运用先进的信息技术收集、分析数据,

---

① 李伟涛.学前教育高质量发展的核心内涵与重要标志[J].上海托幼,2019(9A):14—15.

实现基于证据的智慧办园。其本质是按照问题导向,打破单纯依赖经验的思维,在整合儿童发展数据、家长问卷调查数据、教师活动观察数据以及教育发展统计和趋势数据等多源数据的基础上,经过分析比较乃至追踪、实验,积极寻找幼儿园改进的策略与有效路径。

第二节 基于园际交互评价实践的反思与展望

办好学前教育、实现幼有所育,是党的十九大作出的重大决策部署,是党和政府为老百姓办实事的重大民生工程,关系亿万儿童健康成长。反思过往,我们必须承认:由于本轮园际交互评价涉及区域内十余所幼儿园和上百位教师,因此面临技术和操作层面的诸多挑战,加之基层幼儿园开展交互评价有赖于教师的自觉意识,需要进一步激发变革的内生动力,促使其应用评价结果、开展循证改进。后续我们希望可以开展第二轮凸显美美与共、园园协同的园际共研,实现新一轮基于证据的咬尾改进。同时,我们还发现,幼儿园课程质量的表现指征不仅局限于我们已经提到的课程方案、课程实施和教研活动,还包括其他诸多方面。例如,幼儿园环境空间及幼儿学习场域,它不仅是课程质量的重要指征之一,同时也在某种程度上融于园所课程方案、教师课程实施,成为影响课程质量的一大因素。我们已经有意无意地渗透了对环境空间的交互评价,后续可进一步发挥园际交互评价的价值导向作用,尝试以"行—赏—析"的评价路径开展对园所环境空间质量的园际交互式评价。

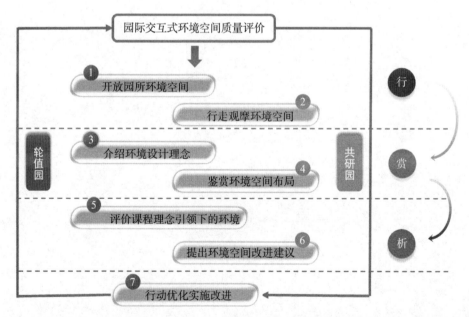

图 6-1 环境空间质量园际交互式评价路径图

一、全面树立幼儿园教育质量提升的自评与互评意识

（一）厘清影响幼儿园保教质量的多种因素

2018 年 11 月，《关于学前教育深化改革规范发展的若干意见》（以下简称《意见》）正式推出。以中共中央、国务院名义专门印发关于学前教育工作的若干意见，这在建国以来还是第一次，具有重要的里程碑意义。《意见》提出当前学前教育面临的主要问题有：学前教育资源尤其是普惠性资源不足，政策保障体系不完善，教师队伍建设滞后，监管体制机制不健全，保教质量有待提高，学前教育存在"小学化"倾向，部分民办园过度逐利、幼儿安全问题时有发生。这些问题之间盘根错节，相互影响与制约，保教质量并不能离开外部资源配置、教师队伍建设以及体制机制建设而独善其身。

《意见》共提到 16 次"质量"一词：1 次是讲到学前教育中存在问题时指出"保教质量有待提高"；3 次是讲到学前教育发展的主要目标时，提到要基本建成"广覆盖、保基本、有质量的学前教育公共服务体系"、"幼儿园办园行为普遍规范，保教质量明显提升"、"建立普通高等学校学前教育专业质量认证和保障体系"，整体提升幼儿园教师队伍综合素质和科学保教能力；1 次是讲到鼓励社会力量办园时，提到"将提供普惠性学位数量和办园质量作为奖补和支持的重要依据"；2 次是讲到完善教师培养体系时，提到要"扩大有质量教师供给"、"建立培养质量保障制度"；2 次是讲到完善过程监管时，提到要强化"保教质量"等方面的动态监管，向社会及时公布并更新幼儿园"质量评估等方面信息"；1 次是讲到遏制过度逐利行为时，提到当幼儿园出现"质量"等方面问题时，相关人员和机构要承担相应责任；余下 6 次是讲到"提高幼儿园保教质量"时，指出具体工作之一是"健全质量评估监测体系"，包括国家要"制定幼儿园保教质量评估指南"，各省、自治区、直辖市要"完善幼儿园质量评估标准"，要"建立一支立足实践、熟悉业务的专业化质量评估队伍"，要"将各类幼儿园全部纳入质量评估范畴"。

从《意见》中"质量"一词的不同分布即可看出，保教质量的提升，与社会资源的有效供给有关，与高素质教师队伍的培养有关，与监督体系的完善程度有关，与质量评估监测体系的建立健全有关。其中社会资源供给包括经费投入，设施供给，政府扶持，社

会参与等方面;教师质量包括师资配备,保障教师地位和待遇,完善教师培养体系,健全教师培训制度,严格教师队伍管理等方面;监督体系完善包括落实监管责任,加强源头监管,完善过程管理,强化安全监管,严格依法监管等方面;社会评估保教质量提升是一个系统工程,非幼儿园单方面通过完善教育质量评价方式可以实现的。所以在之后的工作和研究中,幼儿园需要通过实证方法找到各影响因素与保教质量提升之间的关系证明,并有的放矢地继续开展深入研究。

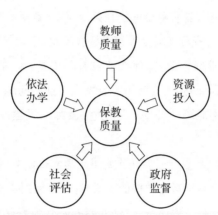

图6-2　幼儿园保教质量影响因素

（二）多方位开展幼儿园保教质量评价

我国正在抓紧健全分级分类评估体系,国家层面将制定幼儿园保教质量评估指南,各省(自治区、直辖市)将完善幼儿园质量评估标准。我们应该明白,即使是在这些评估指南和评估标准问世后,其中提出的诸多要求只可能是面向所有幼儿园的底线,对于上海市首批命名的示范性幼儿园,应该对保教质量有更高的期待。因此,吸收借鉴发达国家和地区对幼儿园保教质量的评估标准,形成适合上海市示范性幼儿园的评价指标至关重要。

2012年,受新加坡连氏基金支持的经济学家智囊团在《良好开端》报告中,从四个领域对45个国家和地区的学前教育发展情况进行了比较和排名。这四个领域分别是社会背景、可获得性(即入园是否难)、付得起(即入园是否贵)、学前教育质量。每个领域所占权重不同,其中学前教育质量所占权重最大。详见表6-1。

表6-1 《良好开端》中的比较研究指标及权重①

领域	权重	指标	权重
社会背景	5％	营养不良的预防	20％
		5 岁以下幼儿的死亡率	20％
		免疫接种率	20％
		性别平等	20％
		成人识字率	20％
可获得性	25％	学前一年教育普及率	20％
		学前三年教育普及率	20％
		早期儿童发展和促进策略	35％
		接受幼儿园教育作为幼儿法定的权利	25％
付得起	25％	私立幼儿园的费用	15％
		政府对学前教育的投入情况	25％
		对处境不利家庭的资助	30％
		对接收处境不利幼儿的幼儿园的资助	30％
学前教育质量	45％	幼儿园班级师幼比	5％
		幼儿园教师平均工资水平	15％
		课程指南	15％
		幼儿园教师培训	20％
		健康和安全指南	10％
		数据收集机制	10％
		幼儿园和小学之间的衔接	10％
		父母参与和亲职教育	15％

也是在 2012 年, OECD 发布《强势开端: 学前教育质量监测系统》,对其成员国在学前教育机构质量监测、教师队伍质量监测和幼儿发展与表现监测等方面的举措做了比较。报告指出, OECD 所调查的 24 个国家都在不断地加强学前教育质量监测, 各国都在不断完善质量监测的方法和过程, 对于托幼机构服务质量、教师质量、儿童发展三个部分的监测往往不是单独展开的, 而是相互联系的, 且学前教育监测与小学监测系

---

① 刘焱, 史瑾, 潘月娟. 世界学前教育排名比较研究及启示[J]. 比较教育研究, 2012(02): 1—8.

统往往联系在一起，并以恰当方式向社会公布。详见表 6-2。

表 6-2　OECD 国家学前教育督导评估的主要内容①

监测领域	监测内容	监 测 要 求
托幼机构服务质量监测	师生比	是否满足最低师幼比要求
	室内和户外场地	是否满足法律规定的最小面积
	健康和卫生	是否满足健康和卫生的最低标准
	安全	是否满足最低的安全标准，包括机构空间如何安排等
	学习和游戏材料	玩具和书籍的数量与种类是否达到要求，如何使用这些材料等
	教职工资质	教职工的初始教育水平和专业发展水平
	园所规划	一日常规等
	工作条件	教师工作负担和时间、教师薪资与福利、教师假期与超时工作安排等
	课程实施	托幼机构是否执行课程框架，并根据自己的需要进行修正
	人力资源管理	雇用员工的状况、员工的培训和发展状况
	财务管理	经费是否得到有效使用
教师质量监测	师幼关系与互动	互动的状况及师生关系是如何建立的
	教师与家长合作	教师与家长能否就儿童发展和好的教育实践达成信息共享与合作
	同事合作	同伴之间是否有学习、经验共享以及关于儿童发展的信息交流
	敏感性	能否识别儿童的意图、鼓励儿童、发展他们的能力，是否关注儿童、温暖地回应儿童
	年龄适宜的实践	是否掌握儿童发展的知识，能否提供适宜于儿童年龄和发展阶段的教育实践
	教学	是否具有科学的保教方法，知道如何干预活动、如何组织活动与一日常规等
	课程实施	能否有效实施国家、地区和本地课程，包括如何解释课程、使课程适应儿童需要、如何使用记录等
儿童发展与表现	语言与读写	主要考察儿童在句法、形态、语义、音韵、语用、词汇、前书写、前阅读等方面的发展水平
	数学	主要考察儿童在推理、数概念、空间、形状、地点、方向、集合、数量、顺序、时间、基本运算等方面的发展水平

① 刘颖，李晓敏. OECD 国家学前教育质量监测系统分析及其对我国的启示[J]. 学前教育研究，2016(03)：3—14.

监测领域	监测内容	监测要求
	社会性情绪情感	主要考察儿童在情绪表达与调控、同伴关系、自我概念、自我身份、自我效能感、个性、与他人合作等方面的发展水平
	身体运动	主要考察儿童的运动与协调能力,及其小肌肉、大肌肉等发展水平
	健康发展	主要考察儿童的健康发展状态,包括身体状态、精神状态等
	实践能力	主要考察儿童日常生活能力,如系鞋带、刷牙等
	自主性	主要考察儿童独立完成活动和任务、自己做决定、表达自己的观点和看法的能力,及其是否建立了安全感、对自己的能力有信心等
	创造性	主要考察儿童提出观点和表达感受的能力、想象力、用多种方式(包括艺术形式)表达自我经验和想法的能力
	福利	主要考察儿童的主观幸福感,以及儿童是如何认识他们的生活、物质环境、社会关系及其自身的
	科学	主要考察儿童科学学习的兴趣、科学知识的发展水平及其探求科学现象、了解科学和技术如何影响人类物质与文化环境的能力
	信息技术	主要考察儿童使用电子和科技产品进行交流和知识创造的能力

上述两个不同国家研究者提出的学前教育质量监测标准告诉我们,不仅要建立覆盖所有托幼机构、教师和儿童的全国性学前教育质量监测系统,而且应该在监测系统的功能、监测主体的多元、监测数据的采集与运用等方面进行相应研究。

二、 贯彻落实幼儿园教育质量提升的理念策略

(一) 多措并举地提升幼儿园教师专业水平

教师队伍建设滞后是当前学前教育存在的主要问题之一。《中华人民共和国教师法》规定:"取得幼儿园教师资格,应该具备幼儿师范学校及以上学历。"也就是中专及以上学历。幼儿园教师的学历规定低于中小学教师的学历规定,导致幼儿园教师中本科及以上学历者占比总体偏低。据统计,"2017 年,我国专科学历的幼儿园教师共1 404 501 人,占全部专任教师的 62.92%。但本科及以上学历的幼儿园教师占比偏低,本科学历的幼儿园教师有 513 723 人,占比 23.02%;研究生学历的幼儿园教师仅有

4347人,占比0.19％".① 我国幼儿园教师的学历层次也明显低于发达国家。在芬兰,获得学士学位是幼儿教师的最低要求,很多教师取得了硕士学位,这一标准甚至高于初等教育教师。为提升教师队伍素质,芬兰和韩国等明确规定从毕业生中招聘成绩前3名的学生进入幼儿园教师队伍。② 因此,在2012年来自经济学家智囊团的《良好开端》报告中,芬兰学前教育的质量在包含中国在内的45个国家和地区中名列前茅,韩国位列第十名。而"我国在学前教育质量上的排名较靠后,位于第41位"。③

为此,《意见》提出关于学前教育深化改革规范发展的三个主要目标中,其中一条就是瞄准幼儿园教师质量的。要求"到2020年,基本形成以本专科为主体的幼儿园教师培养体系,本专科学前教育专业毕业生规模达到20万人以上;建立幼儿园教师专业成长机制,健全培训课程标准,分层分类培训150万名左右幼儿园园长、教师;建立普通高等学校学前教育专业质量认证和保障体系,幼儿园教师队伍综合素质和科学保教能力得到整体提升,幼儿园教师社会地位、待遇保障进一步提高,职业吸引力明显增强。"其中提到了幼儿园教师职前教育的专业质量认证和保障体系,还提到了职后教育的培训课程标准和分层分类培训,这都是保障幼儿园教师质量的核心。

图6-3　幼儿园教师质量影响因素

对于幼儿园来说,它们对教师职前教育的影响微乎其微,对教师职前教育也没有很多选择空间,因此,站在幼儿园的角度,教师的职后教育成为关键。当前幼儿园教师的职后培训有国家级、市级、区级等多种途径和多元培训课程,这些课程中部分已经经过多年淬炼,对提高教师最基本的专业理念与师德、专业知识和专业能力具有积极作用。

① 张升峰. 我国幼儿园教师发展的现状、问题与对策[J]. 中国成人教育,2018(24):158—161.
② Barber, M., Mouthed, M.. How the World's Best Performing Systems Came out on Top [M]. London: McKinsey & Company, 2007.
③ 刘焱,史瑾,潘月娟.世界学前教育排名比较研究及启示[J].比较教育研究,2012(02):1—8.

园本研修课程是幼儿园促进教师专业发展不可或缺的重要途径。幼儿园可依据教育部 2012 年颁布出台了《幼儿园教师专业标准(试行)》(以下简称《专业标准》)研发并实施。《专业标准》是国家对合格幼儿园教师专业素质的基本要求,是幼儿园教师实施保教行为的基本规范,是引领幼儿园教师专业发展的基本准则,是幼儿园教师培养、准入、培训、考核等工作的重要依据。在开展园本研修时,应该注重教师职业理想与职业道德教育,增强教师育人的责任感与使命感;重视幼儿园教师职业道德教育,重视社会实践和教育实习;培养幼儿园教师爱岗敬业精神,增强其专业发展自觉性。[①]

　　除了各级各类培训之外,教师自主学习也是促进其专业发展的最主要途径。从 20 世纪 50 年代到 70 年代初的近二十余年里,有许多关于成人自主学习或自学(self-teaching)的研究表明,大部分成人是在参与项目的过程中学习新事物的,他们很少获得他人帮助;这类学习可能是有意识或无意识的,也可能是项目导向行为的副产品。[②] 国内关于成人非正式学习的应用研究也表明,教师在继续教育和专业发展中存在不同程度的非正式学习,但是由于非正式学习意识模糊、学习取向理性主义、学习方式单一、学习理论缺失与转化运用低效等问题[③],以及同事间缺少合作、外部学习环境不完善等[④],都影响了教师自主学习的效果。

　　对于幼儿园来说,促进教师专业发展,除了要积极参与由国家级、市级、区级相关机构提供的各种培训活动外,开展园本研修是更有针对性地提高本园教师专业发展水平的重要途径,在不同形式组成的非正式学习共同体中,教师的专业能力得以共同提升。除此之外,每个教师的发展现状都不甚相同,个人的优势和劣势也各有不同,因此幼儿园应该利用多方资源,鼓励教师积极进行自我评价,并根据自身发展需要有选择地参与相关培训,对于集体培训无法关照到的个人短板,要为教师创造良好的外部学习环境和相关指导,帮助教师不断自我提升。

　　激励幼儿园教师开展自主学习的外部环境因素很多,其中职称评定和工资待遇是

---

① 中华人民共和国教育部. 教育部关于印发《幼儿园教师专业标准(试行)》《小学教师专业标准(试行)》和《中学教师专业标准(试行)》的通知[EB/OL]. http://old. moe. gov. cn//publicfiles/business/htmlfiles/moe/s7232/201212/xxgk_145603. html.

② Barry Golding, Mike Brown, Annette Foley. Informal Learning: a Discussion around Defining and Researching Its Breadth and Importance [J]. Australian Journal of Adult Learning, 2009(04): 35 - 58.

③ 杨晓平. 中小学教师非正式学习现状的调查研究[J]. 教学与管理, 2015(06): 69—72.

④ 祁玉娟. 中小学教师非正式学习的影响因素调查[J]. 湖南医科大学学报(社会科学版), 2010(04): 194—196.

两个非常直接的影响因素。由于缺乏独立的职称评定体系,我国幼儿园教师的职称一直沿用中小学教师的职称系列,以致幼儿园教师的职称评定严重滞后,未评定职称的幼儿园教师数量和占比居高不下,2017年甚至达到75.12%。即使已经获得职称的幼儿园教师,中高级职称占比也非常低。与职称评定密切相关的是,幼儿园教师的待遇保障机制不完善,编制落实成为老大难问题,并因此影响了幼儿园教师的工资待遇。① 职称和待遇问题严重挫伤了幼儿园教师的工作积极性,更别提激发幼儿园教师通过自主学习促进专业发展的积极性了。

由此可见,提高幼儿园教师质量,本身也是一个系统工程,需要幼儿园在现有体制机制下创新发展思路。

(二)重点关注教育教学中的师幼互动质量

在幼儿教育阶段的众多教育活动中,师幼互动是一项非常重要的活动,好的师幼互动可以充分调动幼儿的积极性,对幼儿的发展有着重要的影响。但在目前的幼儿教育中,很多教师只是把师幼互动作为一项日常工作来完成,没有发挥出师幼互动的真正作用,甚至因为教师的情绪问题还可能会导致儿童产生自卑、畏缩心理,特别是对于小班幼儿②。作为影响学前教育质量的过程性因素,师幼互动在一定程度上影响着幼儿的认知发展,是儿童学业和社会发展的重要预测因素,是孩子们在教室里学习的主要机制,提升保教质量必须对师幼互动质量予以关注。

OECD国家学前教育督导评估的主要内容中,对教师质量监测的第一条就是评估"师幼关系与互动",具体内容是观察师幼互动的状况以及师生关系的建立途径等。

我国学前教育的研究中,对师幼互动的关注起步时间略晚,对"近20年来我国师幼互动的硕博士论文进行研究发现:师幼互动的研究从2009年开始逐渐增多,2011年后急剧增加。师幼互动研究中获取资料的方法以质性研究为主,质性研究中又以观察法和访谈法居多,量化研究和混合研究使用较少。但资料分析的方法则多采用定量与定性结合的方法,单独使用定量或定性分析的情况较少。师幼互动的研究内容主要集中在师幼互动行为等的关注上,师幼关系等研究较少"。③ 之所以之前关于师幼互

---

① 张升峰.我国幼儿园教师发展的现状、问题与对策[J].中国成人教育,2018(24):158—161.
② 华黎.幼儿园小班教学中师幼互动的难题及解决策略[J].学周刊,2019(34):168.
③ 马波.我国师幼互动研究现状的文献计量分析——基于1997—2016年硕博学位论文的研究[J].早期教育·教育研究,2017(10):34—38.

动行为的研究多用质性研究开展而非量化研究进行,原因是多方面的,如近年来教育领域对质性研究的推崇等,但也有部分是因为没有客观的量化监测指标导致对师幼互动与儿童发展、师幼互动的质量、师幼互动的关系等问题无法开展量化研究。

国外有许多各具特色的师幼互动质量评价工具,如侧重于物理环境质量评估的护理环境观察量表、学前儿童教室观察测评等,以及目前在国内使用比较多的课堂评估编码系统(简称 CLASS)。以 CLASS 为例,幼儿版 CLASS 从情感支持(emotional support)、班级管理(classroom organizational)和教育支持(instructional support)三个领域的 10 个子维度(共含 42 个行为指标)对师幼互动质量进行评估。它采用录像观察或现场观察的方法,对托幼机构中学前儿童一日活动的各个方面进行非参与性观察。现场观察及录像观察需要大量编码工作,需要团队合作。为实现评分标准的准确性和一致性,需要对评分者进行为期两天的 CLASS 培训,他们至少要观察 5 段以上录像并对其评分,评分者间信度达到 84% 左右方可通过培训,进行编码研究。[①] 这样专业的研究方法对于幼儿园教师来说尚难达到,所以一定程度上会造成课题研究中对师幼互动质量评价的忽视。

我国师幼互动质量评估工具多是根据国外改编,主要有中国托幼机构教育质量评价量表(根据 ECERS 改编)、幼儿园教育环境质量评价量表(以美国 ECERS-R 和英国 ECERS-E 为基础)以及师幼互动观察工具(《学前教育质量评价手册》之工具六)等,这些工具更多地侧重于幼儿园教育环境、设施等结构质量,对师幼互动质量的评估仅占小部分,不够全面,缺乏系统性和针对性。[②] 近些年国内也开发出一些师幼互动质量评价工具,如《幼儿园教学观察表》,该表共计 11 个问题。其中 4 个问题针对"互动环境",如教室空间安排是否方便儿童取得需要的物品、教材等,教师对待儿童的总体态度是否亲切、循循善诱,课堂秩序的维护方式和结果如何等。还有 4 个问题针对"语言互动",如教学过程中的师生问答、儿童之间的讨论交流等。最后 3 个问题针对"非语言互动",如教师对儿童需求的体察、教师使用肢体语言鼓励或安抚儿童等等。[③] 另外还有师幼互动过程中的幼儿教师身势语观察表、《儿童视角的学前教育质量评估工

① 马雪,张晓梅. 师幼互动质量评估工具研究的最新进展及启示[J]. 宁波教育学院学报,2019(06):97—102.
② 马雪,张晓梅. 基于师幼互动的学前教育质量评估工具评介及启示[J]. 大庆师范学院学报,2020(02):104—113.
③ 黄晓婷,宋映泉. 学前教育的质量与表现性评价——以幼儿园过程性质量评价为例[J]. 北京大学教育评论,2013(01):2—10.

具》《师幼互动质量调查问卷》等。但这些工具仍然处于研发阶段,有些工具的完整内容尚未对社会公布,有些工具的信度和效度仍然在论证阶段,使用这些工具对师幼互动质量进行评估或者不具备现实可能性,或者其科学性有待进一步思考。

在后续工作和课题研究中,幼儿园将重点关注师幼互动质量,并尝试对其进行评价。预期途径主要有三种:第一,积极与相关高校(如有学前教育本科专业的华东师范大学、上海师范大学等)合作,借助专家学者的力量,研发师幼互动质量评价指标体系,并开发相应的评价工具,或者与已经研究相关问卷或量表的专家学者取得联系,为其提供检测评价工具有效性的试验基地,助推相关评价工具成熟的同时也对幼儿园师幼互动的质量进行评价。第二,选送部分科研意识和科研素养强的教师参与 CLASS培训,帮助这些教师全面掌握幼教版 CLASS 所涵盖的 3 个领域、10 个子维度、42 个行为指标的内涵、观察和记录要点、评分方法等。并为其提供开展 CLASS 视角下师幼互动研究的硬件设备(如录像拍摄设备等)、时间(如将研究时间折算为工作量等)和环境(如不会因研究者对部分教师的评分而影响到同事关系等)。第三,鼓励部分科研意识和科研素养强的教师在工作中研发简易的评价工具。如已有研究指出,师幼比就是衡量高质量学习环境最为稳定的指标,因为它可能提高师幼互动的频率和质量;也有研究指出,有专业背景的学前教师能更有效地提供支持性的师幼互动等;还有研究指出,教师敏感性是师幼互动中重要要素,具有一定敏感性的教师能够识别儿童的意图、鼓励儿童、发展他们的能力,并及时关注儿童、温暖地回应儿童。幼儿园将组织教师搜集现有研究的各种结论,并在日常保教工作中对这些研究结论逐一进行验证,找出其中正相关、负相关和无相关的因素,逐渐整理形成具有园本特色的师幼互动质量评价工具。

三、 系统创新幼儿园教育质量提升的机制方法

2019 年初,中共中央、国务院印发了《中国教育现代化 2035》。这份文件提出了推进中国教育现代化的八大基本理念:更加注重以德为先,更加注重全面发展,更加注重面向人人,更加注重终身学习,更加注重因材施教,更加注重知行合一,更加注重融合发展,更加注重共建共享。学前教育是终身学习的开端,是国民教育体系的重要组成部分,是重要的社会公益事业。办好学前教育、普及有质量的学前教育、实现幼有所育,是实现中国教育现代化 2035 不可或缺的重要内容。现阶段幼儿园办学,需要树立

目标导向原则,以终为始,以 2035 年普及有质量的学前教育为指引,完善学前教育保教质量标准和监测体系。

(一) 完善幼儿园治理结构,提高家长参与力度

实现教育现代化首先需要实现教育治理体系和治理能力现代化,幼儿园作为教育系统最基本的细胞,必须坚持以幼儿园持续健康发展为导向的工作机制,最大程度地激发幼儿园的活力。首先,幼儿园需要完善内部治理结构,形成自我约束、自我规范的内部管理体制和监督制约机制。落实教职工代表大会的民主参与机制,完善教职工代表大会等制度,保障校长、教职工特别是学生等相关主体的权利,完善家长委员会建设。其次,幼儿园需要推进依法办学,把依法治校的能力和成效作为评价学校领导管理水平、治校水平的重要内容,切实推动学校管理观念的转变。建立和完善教师申诉、学生申诉制度,让每一个受教育者和教育工作者在学校管理中都能直接感受到法治的力量。最后,幼儿园要坚持面向社会,主动面向社会、服务社会,不断提高服务意识、服务能力、服务水平。①

谈到保教质量的评价,社会参与是教育现代化的基本要求。客观、科学、公开、公正的评价,是增强教育工作针对性、有效性的前提,是学校改进工作的重要依据。"管办评分离"的指向之一就是把评价权和监督权更多地交给社会、回归给社会。除此之外,在日益强调大教育观,强调家校合力共育的背景下,对于幼儿园来说,家长不仅有评价权、监督权,而且有教育参与权。

美国约翰斯·霍普金斯大学的研究专家爱泼斯坦在《学校、家庭和社区合作伙伴:行动手册(第三版)》中提出交叠影响域理论。这一理论确立了一种外在的流动性的影响层次结构,以及内在的个人之间的交流,儿童及家庭、学校、社区中其他人之间的互动。外在的流动性的影响层次结构表明,学生的学习和成长的三个主要环境——家庭、学校和社区可以相互结合也可以相互分离。内部的影响发生在父母、孩子、教育者和社区成员之间的个人关系中,可能积极或消极地影响学生的学习和发展。互动表现在两个层面:机构性层面(比如学校邀请所有的家庭或社区团体参加同一项活动)和个人性层面(比如教师和家长针对同一个学生的作业进行交流)。学生作为自身教育

---

① 袁贵仁.深化教育领域综合改革　加快推进教育治理体系和治理能力现代化——在 2014 年全国教育工作会议上的讲话[EB/OL]. http://www.gov.cn/xinwen/2014-02/16/content_2613994.htm.

过程中的主要角色以及家庭、学校和社区联系的理由,是这个模式的中心。在交叠影响域理论指导下,爱泼斯坦研究团队形成了家校合作的总体行动的框架,包括实践架构、组织架构、制定计划与实施、对活动组织参与者的专业培训等。

其中提到家长参与教育的六种模式,包括当好家长、相互交流、志愿服务、在家学习、参与决策、与社区合作等。当好家长就是要帮助所有家庭建立视孩子为学生的家庭环境;相互交流就是要构建家校双向沟通的有效形式,交流学校教学和孩子的进步;志愿服务就是要招募并组织家长志愿者帮助和支持学校工作;在家学习就是要向家长提供如何在家帮助学生的信息和观念,包括帮助孩子做家庭作业、完成课程相关活动、进行学习决策和计划;参与决策就是要让家长参与学校决策,培养家长领导者和家长代表;与社区合作就是要识别和整合社区资源与服务,改善学校教学、家庭实践以及学生的学习和成长。[①] 上述六种家长参与教育的方式,使得家长参与幼儿园教育的程度逐渐加深,家园平等合作的程度也在逐渐加强。

当前国内家园合作的方式多以幼儿园为中心,以家长志愿者参与幼儿园组织协调活动居多,参与幼儿园决策的行为非常少,且以学校家长委员会成员为主。这样一种家校合作方式将家长置于对幼儿园工作计划和重要决策之外,没有机会对事关学生和家长切身利益的事项提出意见和建议,不利于家长了解幼儿园近期的重要工作和准备采取的重要举措,无法促进学校和家庭的相互理解。这种情况导致的直接结果就是在教育行政部门面向家长开展的教育满意度调研中,家长往往流于形式上的参与,并不能为幼儿园的未来发展提出更有建设性的建议或意见,甚或直接给予不满意评价,问及原因,则多因误会所致。

因此,在之后的工作和课题研究中,幼儿园将不再是把家长作为客体,定时向其公布幼儿园教育监测结果;而是要把家长作为教育质量监测的主体,请其参与到相关监测活动中,并把家长的监测结果以一定权重反映到最终评价中;不仅如此,更重要的是,幼儿园要充分发挥家长在保教工作中的作用,发挥家长的专业优势,为幼儿园保教活动提供支持;引导家长履行监护人责任,配合幼儿园提高幼儿安全意识和自护能力;对学校的安全工作进行监督,与学校共同做好保障学生安全的工作;请家长参与到幼儿园的相关决策中,把幼儿园准备采取和正在实施的保教工作改革措施向家长做出入

---

① [美]乔伊丝·L. 爱泼斯坦,等. 学校、家庭和社区合作伙伴:行动手册(第三版)[M]. 吴重涵,薛惠娟,译. 南昌:江西教育出版社,2012.

情入理的解释和说明,争取家长的理解和支持,营造良好的家园关系。

(二) 加快信息化校园建设,提升信息技术服务教师的能力

上海市教委副主任倪闽景曾经指出,人工智能的发展已经如火如荼,全国各地的中小学也在逐渐转变教育方式,迎接 AI 时代的到来。未来,在技术和数据的支持下,孩子们将有更多精力花在富有创造性的学习上,去发展自己的天赋、个性和才能。这一背景下,教师的教育教学工作也正面临"三大跨越",即教师需要面对教育教学全过程的流程再造(教育 BIM 技术),教师需要融合中华传统文化和人类科技人文经典的教育范式锻造,教师需要脑科学和人工智能相结合的学习革命(升脑计划)。[①] 虽然有研究表明,在未来,教师职业是少数不会被人工智能完全取代的职业之一,但这样并不意味着人工智能不会对教师职业造成冲击,低水平的、需要花大量时间进行重复性积累的知识将不再是教师开展教育教学活动的重点,学校和教师需要积极应对人工智能时代对学校教育变革的需要。幼儿园也不例外。

对于学校在人工智能时代的发展,《中国教育现代化 2035》提出了明确要求,提出要加快信息化时代教育变革。建设智能化校园,统筹建设一体化智能化教学、管理与服务平台。利用现代技术加快推动人才培养模式改革,实现规模化教育与个性化培养的有机结合。创新教育服务业态,建立数字教育资源共建共享机制,完善利益分配机制、知识产权保护制度和新型教育服务监管制度。推进教育治理方式变革,加快形成现代化的教育管理与监测体系,推进管理精准化和决策科学化。

对于教师在人工智能时代的发展,尚未看到最新的官方文件,但早在 2004 年 12 月,教育部正式颁布了《中小学教师教育技术能力标准(试行)》,对教师应用教育技术的意识与态度、知识与技能、应用与创新、社会责任等作出了具体规定。2005 年 4 月,为了贯彻经国务院批准的《2003—2007 年教育振兴行动计划》,配合基础教育课程改革和"农村中小学现代远程教育计划"的实施,提高中小学教师教育技术能力水平,教育部启动实施全国中小学教师教育技术能力建设计划。组织开展以信息技术与学科教学有效整合为主要内容的教育技术培训,全面提高广大教师实施素质教育的能力水平。此后,在"国培计划"中,每年都设有面向中小幼教师的信息技术应用能力提升项目和面向中小幼校(园)长的信息化领导力提升项目。

[①] 倪闽景. 上海教育面临三大跨越[EB/OL]. https://www.sohu.com/a/215142526_177272.

从《中国教育现代化 2035》对智能化校园建设的重视，以及"国培计划"中对教师信息技术应用能力和校园长信息化领导力的重视中可以看出，信息技术之于教师和学校，并不是可有可无的手段或工具，"信息化是一场深刻的革命，在社会许多领域对传统的生产、生活和思维方式产生着巨大冲击，并促进经济和社会的快速和均衡发展。"①在教育信息化时代，以互联网为核心的现代信息技术将有助于触发我国教育领域的一系列革命性变化，使得各种先进教育理论和教育理想得以实现，并助力教育强国梦想的实现。

然而，2020 年突如其来的新型冠状病毒疫情让教师被动应用信息技术开展教育教学，之前的培训似乎并不能满足教师运用信息技术的现实需求，上海市师资培训中心紧急组织了五次培训，华东师范大学教师发展学院杜龙辉的"直面挑战，躬身入局"，从在线教学入门、直播课堂、交流展示等方面进行介绍；"资源获取，加工有道"从获取资源的途径、微课制作方法、媒体表现等方面进行介绍；华东师范大学开放教育学院闫寒冰的"教学并举，形式多样"，从同步授课、在线教学成效、网络课程授课要点等方面进行介绍；华东师范大学开放教育学院魏非的"组织有序，反馈高效"，从学情分析、作业设置、管理应对等方面进行介绍；华东师范大学开放教育学院李宝敏的"勤学善思，迭代提升"，从资源生成、教研工具的利用、实践反思等方面进行介绍。五次培训后，平时只在电脑上操作 word 和 excel，在电脑上使用微信和 QQ 的教师们，纷纷尝试录课、直播，轮番试验钉钉、腾讯课堂、企业微信、晓黑板等应用软件，将备课、上课、作业、辅导、测试等课堂教学五环节在线上逐一呈现。不过，这种"入门级"水准的培训并未帮助教师掌握在线教学的独特之处，不少教师只是将线下教育转移到线上，其中的技术含量和技术水平自不必提，学生注意力分散、教学效率低等问题为社会所诟病。

幼儿园虽然没有加入"停课不停学"的大潮中，幼儿园教师也鲜有尝试主播课的，但是他们对信息技术的运用能力从其他学段教师身上可见一斑。教师对信息技术的运用现状决定了他们并不能实现"三大跨越"，并不能满足人工智能时代对学校教育的新要求。所以，在接下来一段时间内，幼儿园将乘势而上，扎扎实实提高教师的信息素养，对教师的培训从观念到方法再到专业成长进行系统培训，投入时间和精力提高教师的软实力。这不仅是常态化疫情防控的需要，更是幼儿园可持续发展的需要。

---

① 缪蓉. 教师教育技术能力——标准、培养及评估[M]. 北京：北京大学出版社，2012：12.

四、 建立健全园际交互评价的常态运行机制

在复杂的世界中,未来总会有新的境界:"真正的成功不是一种状态,而是一种(永无结束的)过程。"①而变革的复杂性恰恰是变革的真正领域,它是未知的,是不可预测的,是无法追踪的。变革是一个过程,而不是一张蓝图,变革的特点是不慌不忙和持续改变。② 这也就意味着"有成效的变革就是不断地'探索认识,知道没有最终的答案'。"③变革的复杂性需要建立持续变革的长效推进机制,追求变革的深层次性和可持续性。一方面,作为一项动态过程,变革涉及产生相互影响作用的所有个人的、课堂的、学校的、地方的、地区的和国家的各种因素。确保这些相互联系的各种因素所构成的变量系统发挥效用是一个复杂问题,需要广泛参与和集思广益,也需要投入大量的时间和精力。另一方面,变革的实施并非一蹴而就,而是具有阶段性和持续性;变革的过程也并非一帆风顺,而是充满非线性和不确定性。因此,在变革启动和变革实施之后,仍需推进变革的持续,促使变革成果落到实处,避免因人员更迭、项目完成等原因造成变革的半途而废、难以为继。通过过去三年的实践研究,无论是幼儿的身心全面发展、教师的保教质量意识和评价素养、幼儿园的内涵发展、在所属区域的引领和带动效应等都有积极的转变态势。但是,幼儿园教育质量园际交互评价绝非随着课题研究的结束就告一段落。基于新时代对今后幼儿园教育质量的评价与保障、运用"大数据"定位问题、基于证据改进实践等提出的新要求,我们需要进一步建立健全园际交互评价的常态化运作机制,以便变革的持续进行和研究的深化发展。

如教育部发布的《关于加强新时代教育科学研究工作的意见》中所言,教育科学研究对教育改革发展具有重要的支撑、驱动和引领作用。随着我国近些年的快速发展,国际化程度越来越高,多元化已经成为当今社会的显著特征。教育研究更加呼唤多元的方法,"教无定法",教育研究亦无"定法"。虽然严格的实证研究有众多缺陷,但在我

---

① Farson R, Keyes R. Whoever Makes the Most Mistakes Wins [M]. Simon and Schuster, 2003:126.

② 迈克尔·富兰,彼得·希尔,卡梅尔·克瑞沃拉. 突破[M]. 孙静萍,刘继安,译. 北京:教育科学出版社,2008:2.

③ Stacey R D. Managing the Unknowable: Strategic Boundaries Between Order and Chaos in Organizations [M]. John Wiley & Sons, 1992:282.

国教育研究中确实有所欠缺,需要加强。[①] 信息技术在实证研究的数据处理方面有其特有的优势,这对于帮助研究者真正透过数据看到事情的本质、发现其中的问题具有不可企及的优势。因此,在《中国教育现代化 2035》的时代背景下,在普及有质量的学前教育的价值诉求下,我们要进一步激发园长和教师开展教育变革的内生动力、进一步探索幼儿园教育质量园际交互评价的更多可能、进一步建立健全园际交互评价的常态化运作机制。

党的十九大首次提出实现"幼有所育",努力让每个孩子都能享有公平而有质量的教育。今天我们所提出的"基于循证改进的园际交互评价实践"就是本着对教育质量提升的价值追求,努力让每个孩子都能享有公平而有质量的学前教育。所以,我们的学校和教师任重而道远,需要在教育质量评价领域攻坚克难,勇于探索教育质量提升的新路径,努力开启教育质量提升的新篇章。

---

① 庞瑶. 实证研究的"中国式"接受与发展——基于历史与现实的审视[J]. 重庆高教研究,2018(05):118—127.

参考文献

1. 陈桂生."教育学视界"辨析[M].上海：华东师范大学出版社,1997：4-12.
2. 陈佳丽.《中国托幼机构教育质量评价量表(试用版)》的试用研究[D].浙江师范大学,2004.
3. 陈劲,阳银娟.协同创新的理论基础与内涵[J].科学学研究,2012,30(02)：161-164.
4. 崔允漷,王少非.学校课程实施过程中的评价监测初探[J].教育研究,2020(01)：43-49.
5. 戴双翔,刘霞.我国现行托幼机构教育质量评价工具研究[J].学前教育研究,2003(07)：39-41.
6. 戴维·W.约翰逊,罗杰·T.约翰逊,著.领导合作型学校[M].唐宗青等,译.上海：上海教育出版社,2003.
7. 邓华.协同教育国内外研究述评[J].文教资料,2015(07)：109-110.
8. 伏荣超.学习共同体理论及其对教育的启示[J].教育探索,2010(07)：6-8.
9. 高丙成.中国学前教育发展指数报告[M].北京：北京师范大学出版社,2015.
10. 高敬,项燕.上海市幼儿园教育质量评价的现状与分析[J].早期教育(教科研),2013(11)：2-5.
11. 高鹏怀,马素林.发展性评价：提升思想政治理论课教学质量的重要绩效工具[J].思想理论教育导刊,2008(01)：75-79.
12. 郭良菁.德国研制《儿童日托机构的教育质量：国家标准集》的启示——兼论我国制订质量评价标准体系的若干问题[J].学前教育研究,2004(09)：58-60.
13. 郭良菁,何敏.儿童发展水平应该作为幼儿园教育质量评价的标准吗[J].上海教育科研,2006(10)：59.
14. H.哈肯.高等协同学[M].郭治安,译.北京：科学出版社,1989.
15. 华黎.幼儿园小班教学中师幼互动的难题及解决策略[J].学周刊,2019(34)：168.
16. 黄晓婷,宋映泉.学前教育的质量与表现性评价——以幼儿园过程性质量评价为例[J].北京大学教育评论,2013(01)：2-10.
17. 蒋建洲.发展性教育评价制度的理论与实践研究[M].长沙：湖南师范大学出版社,2000.
18. 姜勇,刘霞.当前我国幼儿园课程评价存在的问题与对策[J].教育导刊,2002(12)：9-11.
19. 凯米斯,张先怡.行动研究法(上)[J].教育科学研究,1994(04)：32-36.
20. 科隆巴赫.通过评价改进教程.瞿葆奎,教育学文集·教育评价[C].陈玉琨,赵中建,译.北京：人民教育出版社,1989.
21. 雷淑霞,成东娥,熊伟.信息资源共享的若干基本理论[J].情报杂志,2001(09)：13-14+17.
22. 黎克林.构建我国基础教育质量监控与评价体系探析[J].教育导刊.2008(08)：13-16.
23. 李树英,高宝玉.课堂学习研究实践手册[M].合肥：安徽教育出版社,2011：6.

24. 李伟涛.学前教育高质量发展的核心内涵与重要标志[J].上海托幼,2019(9A):14-15.

25. 李仲涟.论心理的协同效应[J].湖南师范大学社会科学学报,1987(05):1-6.

26. 梁李华.幼儿园教育质量评价指标体系研究[J].教科文汇.2013(06):50.

27. 列宁.列宁全集[M].北京:人民出版社,2001(38):41.

28. 刘纯姣.学校家庭协同教育构想[J].怀化学院学报,1996(03):328-330.

29. 刘丽湘.当前我国幼儿园教育质量评价工作的误区及调整策略[J].事业发展与管理.2006(7—8):85-86.

30. 刘霞.对当前我国托幼机构教育质量评价工作组织实施的研究[J].山东教育,2003(09):10.

31. 刘旭,梁婷.高校课堂教学改革:一种教师课程意识视角的思考[J].教师教育研究,2012(06):52-55.

32. 刘焱,等."托幼机构环境评价量表"述评[J].学前教育研究,1998(03):18-20.

33. 刘焱,潘月娟.《幼儿园教育环境质量评价量表》的特点、结构和信效度检验[J].学前教育研究,2008(06):60-64.

34. 刘焱,史瑾,潘月娟.世界学前教育排名比较研究及启示[J].比较教育研究,2012(02):1-8.

35. 刘颖,李晓敏.OECD国家学前教育质量监测系统分析及其对我国的启示[J].学前教育研究,2016(03):3-14.

36. 刘占兰.中国幼儿园教育质量评价——十一省市幼儿园教育质量调查[M].北京:教育科学出版社.2011.

37. 刘占兰.我国幼儿园教育质量的现状——与1992年幼儿园质量状况比较[J].学前教育研究,2012(02):5-12.

38. 卢乃桂,操太圣.中国教师的专业发展与变迁[M].北京:教育科学出版社,2009:2.

39. 马波.我国师幼互动研究现状的文献计量分析——基于1997—2016年硕博学位论文的研究[J].早期教育·教育研究,2017(10):34-38.

40. 马雪,张晓梅.基于师幼互动的学前教育质量评估工具评介及启示[J].大庆师范学院学报,2020(02):104-113.

41. 马雪,张晓梅.师幼互动质量评估工具研究的最新进展及启示[J].宁波教育学院学报,2019(06):97-102.

42. 迈克尔·富兰.教育变革新意义[M].北京:教育科学出版社,2007:121.

43. 迈克尔·富兰,彼得·希尔,卡梅尔·克瑞沃拉.突破[M].孙静萍,刘继安,译.北京:教育科学出版社,2008:2.

44. 缪蓉.教师教育技术能力——标准、培养及评估[M].北京:北京大学出版社,2012:12.

45. 倪闽景.上海教育面临三大跨越[EB/OL].https://www.sohu.com/a/215142526_177272.

46. 欧用生.新世纪的课程改革[M].台北:五南图书出版有限公司,1998:82.

47. 潘武玲.我国研究生教育质量评价体系研究[D].华东师范大学,2004.

48. 庞丽娟,洪秀敏.中国学前教育发展报告[M].北京:北京师范大学出版社,2012.

49. 庞瑶.实证研究的"中国式"接受与发展——基于历史与现实的审视[J].重庆高教研究,2018(05):118-127.

50. 祁玉娟.中小学教师非正式学习的影响因素调查[J].湖南医科大学学报(社会科学版),

2010(04)：194－196.

51. 秦金亮. 全球背景下学前教育质量评价与发展路径[J]. 浙江师范大学学报(社会科学版)，2017(42)：146－154.

52. 乔伊丝·L. 爱泼斯坦，等. 学校、家庭和社区合作伙伴：行动手册(第三版)[M]. 吴重涵，薛惠娟，译. 南昌：江西教育出版社，2012.

53. 施良方. 课程理论：课程的基础、原理与问题[M]. 北京：教育科学出版社，1996.

54. 史文秀. 专业发展取向下的幼儿教师学习共同体构建[J]. 教育探索，2013(09)：110－112.

55. 孙鼎国，王杰. 西方思想3000年[M]. 北京：九洲图书出版社，1998：1174－1175.

56. 谭娟. 英国学前教育改革战略新走向——《早期奠基阶段教育指导纲要》述评[J]. 早期教育(教科研版)，2013(10)：2－5.

57. 王芳. 澳大利亚《早期儿童教育与保育国家质量标准》研究[D]. 西南大学，2012.

58. 王秀珍. 基础教育课程改革与教师教育改革协同发展研究[D]. 天津师范大学，2009.

59. 王媛媛. 同伴对话——教师专业发展的有效途径[J]. 科教文汇(上旬刊)，2014(05)：24－25.

60. 吴钢，薛建男. 幼儿园教育质量评价的调查研究[J]. 现代基础教育研究. 2012(06)：80－87.

61. 谢立欣. 三角互证(Triangulation)研究方法在教育学研究中的应用[J]. 中国校外教育，2013(21)：105＋167.

62. 薛昌芬. 信息运动申论——试析信息科学的概念体系与研究对象[J]. 情报杂志，1998(06)：3－5.

63. 薛焕玉. 对学习共同体理论与实践的初探[J]. 中国地质大学学报(社会科学版)，2007(01)：1－10.

64. 薛建男. 幼儿园教育质量评价指标体系研究——以上海市为例[D]. 上海师范大学，2012.

65. 杨晓平. 中小学教师非正式学习现状的调查研究[J]. 教学与管理，2015(06)：69－72.

66. 姚伟，许浙川. 构建学前教育质量保障体系理论基础探究[J]. 东北师大学报(哲学社会科学版)，2016(04)：186－190.

67. 虞永平，等. 幼儿园课程评价[M]. 南京：江苏教育出版社，2009.

68. 袁贵仁. 深化教育领域综合改革　加快推进教育治理体系和治理能力现代化——在2014年全国教育工作会议上的讲话[EB/OL]. http://www. gov. cn/xinwen/2014-02-16/content_2613994. htm.

69. 张升峰. 我国幼儿园教师发展的现状、问题与对策[J]. 中国成人教育，2018(24)：158－161.

70. 张司仪. 幼教机构质量认证体系的评价思想及其启示[J]. 学前教育研究，2013(09)：15－20.

71. 郑金洲，等. 行动研究指导[M]. 北京：教育科学出版社，2004：13－17.

72. 郑葳，李芒. 学习共同体及其生成[J]. 当代教育科学，2007(04)：18－22.

73. 周兢. 国际学前教育政策比较研究[M]. 上海：华东师范大学出版社，2012.

74. 中华人民共和国教育部. 教育部关于印发《幼儿园教师专业标准(试行)》《小学教师专业标准(试行)》和《中学教师专业标准(试行)》的通知[EB/OL]. http://old. moe. gov. cn//publicfiles/business/htmlfiles/moe/s7232/201212/xxgk_145603. html.

75. "中山市幼儿教育质量监控系统"研究课题组. 幼儿教育质量监控系统研究[J]. 教育导刊，2011(02)：20－24.

76. 朱璟.幼儿园教育质量监控系统的构建策略研究[D].东北师范大学,2013.

77. 朱雪梅. 如何评价"多元交互式"课堂教学[N]. 中国教育报,2020－2－21.

78. Barber，M．，Mouthed，M．．How the World's Best Performing Systems Came out on Top [M]. London：McKinsey & Company. 2007.

79. Doll，W. E. Jr. 后现代课程观[M]. 王红宇,译. 北京：教育科学出版社,2000.

80. Barry Golding，Mike Brown，Annette Foley. Informal Learning：a Discussion around Defining and Researching Its Breadth and Importance ［J］. Australian Journal of Adult Learning，2009(04)：35－58.

81. Farson R，Keyes R. Whoever Makes the Most Mistakes Wins ［M］. Simon and Schuster，2003：126.

82. Harold D. Lasswell. The Structure and Function of Communication and Society：The Communication of Ideas ［M］. New York：Institute for Religious and Social Studies，1948：203.

83. Linder & Scholer, B. (1996). Industry's role in standards-based systemic reform, for K-12 mathematics, science and technology education. A look at industry and community commitment to educational systemic reform. A handbook. College Park，MD：Triangle Coalition for Science and Technology Education.

84. Snyder. J.，F. Bolin & K. Zumwalt. Curriculum Implementation. In Jackson，P. W. Handbook of Research on Curriculum ［M］. New York：Macmillan Publishing Company. 1992：405－406.

85. Stacey R D. Managing the Unknowable：Strategic Boundaries Between Order and Chaos in Organizations ［M］. John Wiley & Sons，1992：282.

附件

附件 1: 幼儿园教育质量自主监控实践现状调查问卷（园长问卷）

尊敬的园长：

您好，本调查主要是为了深入了解幼儿园开展自主教育质量监控中存在的问题，以及参与幼儿园开展园际交互评价实践与研究的意愿，了解各方对幼儿园教育质量监控现状的意见和建议，取得课题研究的第一手材料。为此，请您仔细阅读每一个选项，并如实作答。本问卷为无记名问卷，研究者将会对问卷结果保密，并确保结果只用于课题研究。

谢谢您的支持与合作！

上海市宝山区七色花艺术幼儿园

2017 年 9 月

1. 您园目前的发展等级是？

A 市示范园　　　　B 市一级园　　　　C 区规范一级园　　　D 市二级园

E 其他（请注明）

2. 您园有无较为完整的教育质量监控方案？

A 有　　　　　　　B 无

3. 您园制定教育质量监控方案的依据是：

A《3—6 岁儿童学习与发展指南》　　　B《上海市幼儿园保教质量评价指南》

C《宝山区幼儿园保教质量评价与监测指南（试行）》

D 以上都有　　　　E 其他（请注明）

4. 您如何评价您园的教育质量自主监控实践？

A 非常规范　　　　B 规范　　　　　　C 一般　　　　　　D 不太规范

E 不规范

5. 您园的教育质量监控一般由谁发起？（多选题）

A 园长　　　　　　B 副园长　　　　　C 保教主任　　　　D 保教大组长

E 教研组长　　　　F 其他（请注明）

6. 您园开展教育质量自主监控的主体有哪些？（多选题）

A 行政主管部门　　　B 幼儿园管理层　　　C 教师　　　　　　　　D 家长或家委会代表

E 社区代表　　　　　F 其他(请注明)

7. 您园在开展教育质量自主监控实践中遇到的困难或问题有哪些?(可多选)

A 缺乏完善、科学的监控指标体系

B 监控主体单一

C 没有科学的监控机制,不能保障监控实践的规范化开展

D 监控信息分析没有得到重视

E 监控信息没有得到充分运用

F 其他(请注明)

8. 如果要在区域内组建园际发展联盟,开展园际交互评价的实践与研究,您园有无意愿参加?

A 有　　　　　　　B 没有

附件 2: 幼儿园教育质量自主监控实践现状调查问卷（教师问卷）

尊敬的老师:

您好,本调查主要是为了深入了解幼儿园开展自主教育质量监控中存在的问题,以及参与幼儿园开展园际交互评价实践与研究的意愿,了解教师们对幼儿园教育质量监控现状的意见和建议,取得课题研究的第一手材料。为此,请您仔细阅读每一个选项,并如实作答(请在选择项的序号上打"√")。本问卷为无记名问卷,研究者将会对问卷结果保密,并确保结果只用于课题研究。

谢谢您的支持与合作!

上海市宝山区七色花艺术幼儿园

2017 年 9 月

一、基本信息

1. 您的教龄是:

A 5 年以下　　　B 6—10 年　　　C 11—15 年　　　D 16 年以上

2. 您的职称是:

A 未评　　　　　B 二级　　　　　C 一级　　　　　D 高级

二、对幼儿园教育质量园际交互式监控的认识及期望

1. 您园开展的教育质量监控包括：

A 行政监控 　　　 B 自主监控 　　　 C 其他（请注明）

2. 您园是否有较为成熟的教育质量自主监控指标：

A 有 　　　　　 B 没有

3. 您园制定教育质量监控方案的依据是：

A《3—6 岁儿童学习与发展指南》 　　 B《上海市幼儿园保教质量评价指南》

C《宝山区幼儿园保教质量评价与监测指南（试行）》

D 以上都有 　　　 E 其他（请注明）

4. 您园开展教育质量自主监控的内容包括（可多选）：

A 学习的物质环境 　　　　　　 B 硬件设施的使用效率

C 教师儿童比率 　　　　　　 D 师资条件

E 教师—儿童的互动 　　　　　　 F 课程

G 健康和安全 　　　　　　 H 与家长的合作

I 教师与幼儿的发展 　　　　　　 J 其他（请注明）

5. 您园开展教育质量自主监控的主体有哪些（可多选）：

A 行政主管部门 　　　　　　 B 幼儿园管理层

C 教师 　　　　　　 D 家长或家委会代表

E 社区代表 　　　　　　 F 其他（请注明）

6. 您园开展教育质量自主监控的方式有哪些（可多选）：

A 现场观察 　　 B 家长访谈 　　 C 问卷星等调查

D 资料查阅 　　 E 教师访谈 　　 F 其他（请注明）

7. 您园在开展教育质量自主监控实践中遇到的困难或问题有（可多选）：

A 缺乏完善、科学的监控指标体系

B 监控主体单一

C 没有科学的监控机制，不能保障监控实践的规范化开展

D 监控信息分析没有得到重视

E 监控信息没有得到充分运用

F 其他（请注明）

8. 如果要在区域内组建园际发展联盟，开展园际交互评价的实践与研究，您园有

无意愿参加：

A 有 B 没有

附件 3： 幼儿园"教研现场"质量园际交互评价的调查问卷

尊敬的老师：

您好！2019 年 9 月起，本课题组聚焦幼儿园教研现场，携手七所联盟幼儿园，开展了由"园长、保教主任、教研组长、教师"共同参与的循环式教研互诊探索。为了检验"教研现场"质量园际交互评价的成效，为课题研究的后续推进、反思与总结提供有力的实证依据，课题组特进行本问卷调查。

本问卷为无记名问卷，调查的结果仅用于数据统计与分析，课题组将会对问卷结果保密，并确保结果只用于课题研究。请您务必仔细阅读每一个选项，并如实作答。

衷心感谢您的支持与合作！

上海市宝山区七色花艺术幼儿园

2019 年 9 月

一、您的基本信息

1. 您的职务：

A 园长 B 副园长或保教主任

C 教研组长 D 教师

2. 您的教龄：

A 5 年以下 B 5—10 年（含 5 年）

C 10—15 年（含 10 年） D 15 年及以上

3. 您的职称是：

A 未评 B 二级 C 一级 D 高级

二、您是否参与过本课题组开展的幼儿园教研质量园际交互评价的实践研究?

A 参与 B 未参与

三、关于教研的课程意识，请结合您或您的幼儿园实际开展教研的情况，对以下内容作出判断。

1. 教研活动能够针对本园教师课程实施面临的问题或需要，确立主题。（正文中问题代码为 wj1.1)

A 完全认同　　　　B 基本认同　　　　C 不认同

2. 教研主题定位和教研话题展开能够遵循《3—6 岁儿童学习与发展指南》等文件的精神。（正文中问题代码为 wj1.2）

A 完全认同　　　　B 基本认同　　　　C 不认同

3. 教研能够凸显课改理念，符合课改精神。（正文中问题代码为 wj1.3）

A 完全认同　　　　B 基本认同　　　　C 不认同

4. 教研能够切实解决课程实施中的真问题。（正文中问题代码为 wj1.4）

A 完全认同　　　　B 基本认同　　　　C 不认同

5. 教研能提升教师的课程意识和课程领导力。（正文中问题代码为 wj1.5）

A 完全认同　　　　B 基本认同　　　　C 不认同

四、关于教研的主体意识，请结合您或您的幼儿园实际开展教研的情况，对以下内容作出判断。

1. 教研活动能够关注各层级教师的发展需要。（正文中问题代码为 wj2.1）

A 完全认同　　　　B 基本认同　　　　C 不认同

2. 教研活动氛围轻松活跃，教师间互动关系融洽。（正文中问题代码为 wj2.2）

A 完全认同　　　　B 基本认同　　　　C 不认同

3. 教研活动中教师的参与度高，体现人人都是教研的主体。（正文中问题代码为 wj2.3）

A 完全认同　　　　B 基本认同　　　　C 不认同

4. 教研活动中，教师拥有平等的话语权，拥有充分发表个人主张的机会。（正文中问题代码为 wj2.4）

A 完全认同　　　　B 基本认同　　　　C 不认同

五、关于教研的预案，请结合您或您的幼儿园实际开展教研的情况，对以下内容作出判断。

1. 教研目标的制定清晰明确，可操作、可评估。（正文中问题代码为 wj3.1）

A 完全认同　　　　B 基本认同　　　　C 不认同

2. 教研活动的设计内容合理，容量恰当。（正文中问题代码为 wj3.2）

A 完全认同　　　　B 基本认同　　　　C 不认同

3. 所预设的教研形式创新，契合教研主题，且能凸显园本教研特色。（正文中问题代码为 wj3.3）

A 完全认同　　　　B 基本认同　　　　C 不认同

4. 教研预案设计关注后续跟进,体现教研对实践的指导、推进作用。(正文中问题代码为 wj3.4)

A 完全认同　　　　B 基本认同　　　　C 不认同

5. 教研预案设计注重教育教学经验、策略、资源等内容的共享。(正文中问题代码为 wj3.5)

A 完全认同　　　　B 基本认同　　　　C 不认同

6. 教研预案关注教师能否有收获、有启示、有提升。(正文中问题代码为 wj3.6)

A 完全认同　　　　B 基本认同　　　　C 不认同

7. 有针对现场教研的自诊或互诊机制。(正文中问题代码为 wj3.7)

A 有　　　　　　　B 不清楚　　　　　C 没有

六、关于教研活动的组织形式:

1. 下列选项中您参与过哪些形式的教研活动?【可多选】(此问题针对未参与本课题研究的教师)

A 集体备课　　　　B 专家讲座　　　　C 听评课(课堂现场指导)

D 读书交流　　　　E 课题研讨　　　　F 其他_____

其中,您觉得最有效、最有用的形式是什么?(此问题针对未参与本课题研究的教师)

A 集体备课　　　　B 专家讲座　　　　C 听评课(课堂现场指导)

D 读书交流　　　　E 课题研讨　　　　F 其他_____

2. 在参与幼儿园教研质量园际交互评价的教研现场后,您觉得有效的形式有哪些?【可多选】(此问题针对参与了本课题研究的教师)

A 现场教研诊断报告的分享与解读　　　B 教研直播室

C 轮值园教研组长自诊　　　　　　　　D 教研组长"开开杠"

E 保教主任"对对碰"　　　　　　　　F 问卷星互诊

G 专家现场观诊

七、关于教研质量的评估与改进,请结合您或您的幼儿园实际开展教研的情况,对以下内容作出回答。(问题 1—4 针对未参与本课题研究的教师,问题 5—9 针对参与了本课题研究的教师)

1. 您的幼儿园是否使用过教研评估工具?

A 使用过　　　　　B 未使用过

2. 如使用过,教研评估工具的开发依据是什么?【可多选】

A 上位政策文件　　　　　　　　B 领域专家的权威理论

C 园本实践与特色经验　　　　　D 姐妹园所的教研评估工具

E 其他_____

3. 如使用过,教研评估工具的指标维度有哪些?

A 教研主题的针对性　　　　　　B 教研制度的规范性

C 教研实施的专业性　　　　　　D 教研效果的有效性

E 其他_____

4. 如使用过,教研评估工具的使用方式是什么?

A 纸笔评价　　　　B 问卷星评价　　　　C 其他_____

5. 您认为本课题组设计的幼儿园教研质量园际交互评价的评估工具有效性如何?

A 有效　　　　　　B 一般　　　　　　C 无效

6. 您的幼儿园是否使用过其他教研评估工具?

A 使用过　　　　　B 未使用过

7. 如使用过,教研评估工具的开发依据是什么?【可多选】

A 上位政策文件　　　　　　　　B 领域专家的权威理论

C 园本实践与特色经验　　　　　D 姐妹园所的教研评估工具

E 其他_____

8. 如使用过,教研评估工具的指标维度有哪些?

A 教研主题的针对性　　　　　　B 教研制度的规范性

C 教研实施的专业性　　　　　　D 教研效果的有效性

E 其他_____

9. 如使用过,教研评估工具的使用方式是什么?

A 纸笔评价　　　　B 问卷星评价　　　　C 其他_____

八、(此问题为参与了课题研究的教师填写)在参与幼儿园教研质量园际交互评价后,您认为哪些方面对您最有帮助?(请根据程度从高至低依次选择3项内容)

A 教研的课程意识

B 教研中教师主体意识的发挥

C 教研形式

D 教研氛围

E 教研组长自诊机制

F 园际对话式互诊机制

G 问卷星互诊机制

H 专家现场观诊机制

I 现场教研诊断报告的分享与解读

J 基于诊断报告的教研调整与改进

附件4： 幼儿园教育质量自主监控实践现状调查（园长访谈提纲）

1. 您认为幼儿园教育质量自主监控有何功能？

2. 您园有没有构建开展教育质量自主监控的指标体系，如果有的话，这些指标体系是如何制定的（参照依据、制定过程等）？

3. 您认为教师作为监控主体的作用和优势体现在哪里？

4. 您认为教师作为监控主体，应具有哪些能力？ 应采取何种支持措施，培养教师成为合格的监控主体？

5. 您园的教育质量自主监控主要围绕哪些内容开展？

6. 您园开展教育质量自主监控的方式有哪些？

7. 您认为教育质量监控与教育质量评价的联系和区别体现在哪里？ 它们对幼儿园教育质量的提升作用分别体现在哪里？

8. 参加园际交互评价的实践与研究，您的预期收获是什么？

9. 对于如何开展好园际交互评价，您有哪些好的建议（从方式、机制和模式等方面思考）？

10. 您理想中的幼儿园教育质量自主监控是怎么样的（从主体、时间频率、指标、内容、方式和机制等方面思考）？

上海市宝山区七色花艺术幼儿园

2019 年 9 月

附件 5: 课程方案质量的园际交互评价指标

七色花艺术幼儿园艺术小沙龙活动质量评价表

评价对象	构成要素	评价标准	评价结果		
			达到	部分达到	未达到
艺术小沙龙活动(课程)方案	方案的价值定位	● 定位准确,符合"以幼儿发展为本"的要求、幼儿的年龄特点和幼儿艺术教育的本质。			
	方案的目标设置	● 设置合理,与培养目标和价值定位保持一致。			
		● 符合幼儿身心和谐发展的需求。			
	方案的完善与发展	● 预留完善和发展的空间,允许执行者(教师、幼儿和家长)完善、丰富活动内容。			
	活动内容选择的适切性	● 能满足幼儿在艺术领域发展的关键经验。			
		● 符合幼儿的年龄特点,游戏性强,为幼儿喜闻乐见。			
		● 内容丰富,涵盖艺术欣赏与表现的多个方面。			
		● 幼儿能够获得接触大自然,欣赏、感受大自然中和社会生活中的美的机会。			
		● 幼儿能够获得接触不同表现形式和手法的优秀艺术成果的条件和机会。			
		● 幼儿能够获得以不同形式表现、表达和创造的机会。			
		● 活动内容的选择考虑了园内已有的支持性资源,如教师资源。			
艺术小沙龙活动(课程)实施过程	执行者为实施课程营造的条件	● 课程实施环境艺术性强,艺术氛围浓厚。			
		● 课程实施场合包括为艺术欣赏、表现和材料提供一个区域。			
		● 材料丰富,能满足幼儿的多种表达表现需求。			
	执行者实施课程的过程	● 活动过程、流程的有序性。			
		● 为幼儿创设充分自主的空间,允许幼儿自主选择活动内容、玩伴和形式,自主决定活动的进程。			

评价对象	构成要素	评价标准	评价结果		
			达到	部分达到	未达到
艺术小沙龙活动（课程）实施效果		• 教师对自己在活动中的角色定位有正确的认识，学会做支持者、观察者和共同游戏者，而不是指导者。			
		• 幼儿的创造表现能够得到重视、认可和欣赏。			
	幼儿的成长	• 幼儿对艺术欣赏和表达活动有浓厚的兴趣，喜欢参与艺术小沙龙活动。			
		• 幼儿的审美能力与创造性表达能力得到提升。			
		• 幼儿的同伴合作能力与自主解决问题的能力得到提升。			
	教师的专业发展	• 教师的艺术素养得到提升。			
		• 教师的教育理念得到转变，学会"退后"，学会欣赏与尊重。			
		• 教师的观察记录与分析反思能力得到提升，能及时捕捉幼儿在活动中的闪光点与兴趣点，并通过活动后的分享交流促进幼儿的发展。			
您对评价指标调整的建议					
您对提升艺术小沙龙活动质量的建议					

青苹果幼儿园个别化学习活动中幼儿自主能力表现评价量表

主题名称：

评价内容		参考指标		评价意见	备注
自主选择	自主预约	表现水平一	能够在成人的提醒下提前预约活动。		
		表现水平二	能根据自己的兴趣提前预约活动。		
		表现水平三	能根据自己想解决的问题提前预约活动。		
	自主选材	表现水平一	能够在成人的提醒下选择材料。		
		表现水平二	能够自己独立选择感兴趣的材料。		
		表现水平三	根据自己的实际需要主动选择材料。		

评价内容		参考指标		评价意见	备注
自主管理	遵守规则	表现水平一	在教师提醒下,能够遵守活动规则。		
		表现水平二	愿意主动遵守活动规则。		
		表现水平三	能够主动遵守活动规则,并提醒同伴要遵守规则。		
	完成任务	表现水平一	对活动能基本坚持到完成。		
		表现水平二	有一定的任务意识,能专注地完成活动内容。		
		表现水平三	有较强任务意识,会制定计划书,根据计划完成活动任务。		
	整理物品	表现水平一	能够在成人的提醒下收放材料。		
		表现水平二	能主动收拾整理物品。		
		表现水平三	能够自主整理教学材料,并能自制分类标志,物归原处。		
自主探索	丰富材料	表现水平一	根据自己的兴趣选择高结构材料进行活动。		
		表现水平二	在教师帮助下,尝试搭配高、低结构材料探索活动。		
		表现水平三	能够根据自己的需要,探索低结构材料进行活动。		
	材料使用	表现水平一	根据兴趣摆弄区角提供的现有材料。		
		表现水平二	探索现有材料,完成区角任务需要。		
		表现水平三	主动到材料库寻找合适的材料完成自己的任务需要。		
	发现问题	表现水平一	在教师的引导下思考问题,寻求帮助解决问题。		
		表现水平二	在教师提醒下能够主动思考发现问题,并尝试自己解决问题。		
		表现水平三	喜欢主动思考、发现问题,并能够用不同方式解决问题。		
	同伴合作	表现水平一	喜欢独自探索区角活动。		
		表现水平二	在教师提醒或同伴邀请下,愿意合作探索活动。		
		表现水平三	能够主动邀请同伴自由组合,一起合作探索活动。		
自主分享	预约分享	表现水平一	在教师鼓励下,尝试与教师预约分享机会。		
		表现水平二	在教师提醒下,能主动与教师预约分享机会。		
		表现水平三	根据自己的活动情况,主动与教师预约分享机会。		
	经验分享	表现水平一	简单介绍自己的区角活动流程。		
		表现水平二	完整介绍自己的区角活动发现与活动经验。		
		表现水平三	能够对活动发现与经验进行提升后再进行分享。		

评价内容		参考指标	评价意见	备注
自信表达	表现水平一	在教师帮助下,能够简答地表达自己的需要和想法。		
	表现水平二	愿意表达自己的需要和想法,说话自然,声音大小适中。		
	表现水平三	表达时声音响亮并尝试借助肢体、实物来完整表述自己的想法。		
自主评价	评价自我　表现水平一	在教师的启发下,有初步的自我认识。		
	表现水平二	有一定的自我认识,愿意在集体面前表达自己的活动成果。		
	表现水平三	能在集体面前肯定并且乐意表达自己的经验或成果。		
	调整自我　表现水平一	坚持自己的行为表现。		
	表现水平二	愿意接受同伴的建议,尝试调整自己的行为。		
	表现水平三	在自己需求的基础上,听取同伴、教师建议,调整自己的行为。		
	评价他人　表现水平一	在教师帮助下,尝试初步认识和评价他人。		
	表现水平二	愿意主动地去评价他人,并简单说说理由。		
	表现水平三	乐意客观地按照一定的标准评价并欣赏他人。		

评价说明:此评价表每项评价内容涉及三个表现水平,评价者可根据观察内容在适合的水平栏中打√,并将有价值的观察点补充在备注栏中。

四季万科幼儿园科技教学活动评价表

日期_____　　班级_____　　执教者_____

集体教学活动名称:_____

评价项目		标　准	等级			
			优	良	中	弱
活动设计本身价值	活动设计	目标明确具体,有认知、技能、情感态度要求;难度和容量适宜。				
		内容体现科技教育价值观,具有适宜性、针对性、挑战性:有一定的科技含量,能拓展幼儿生活经验。				
	活动过程	目标在过程中层层推进、落实、完成。				
		教学环节清晰,有任务和问题意识,注重引导和经验提升,传授正确的科学知识,把握重难点,突出重点、突破难点。				
		实验或探究过程全程有序,重视操作能力培养,注重分析解决问题、想象、思维、语言能力的培养。				

评价项目		标准	等级			
			优	良	中	弱
幼儿发展评价	幼儿发展	达到预期的教育目的和要求。				
		幼儿参与活动积极主动,能按要求正确操作实验,能倾听、协作和分享,会用语言或记录等方式表达交流自己的发现。				
教师科技基本素养	价值把握	活动目标与环节能体现科技教学的核心经验。				
		活动内容和活动形式能激发幼儿积极探索,体现新科技、新思路。				
	环境创设	创设探究性学习情境,激发幼儿的学习兴趣和探究欲望,提供的材料有利于探究操作,源于生活,因地制宜,就地取材。				
		教师提供的材料符合科学性、合理性、可操作性。				
		材料的数量、品种能够满足幼儿探索的需求。				
	回应支持	提问和回应能引发幼儿的思考,支持幼儿的持续探索。				
		及时发现幼儿探索中的问题,能用多种方法引导。				
	科技素养	对活动中的科技知识点熟悉通透,并用简单的方式帮助幼儿学习。				
		活动中能以事实(数据)为依据,与幼儿共同探索科技热点。				
		尊重幼儿,培养幼儿对科学的兴趣和好奇心。				
总体评价:优( ) 良( ) 中( ) 弱( )						

评价说明:此评价表中涉及三个评价角度,当每一块评价角度中优质√占 3/4 以上,则总体为优;

　　　　当每一块评价角度中优质√占 1/2 以上,则为良;

　　　　当每一块评价角度中优质√占 1/2 及以下,则为中;

　　　　当每一块评价角度中优质√只占 1/4,则为弱。

评价者:_____

小天鹅幼儿园班级管理质量评价表(幼儿亲社会行为)

评价内容	参 考 指 标	评价意见			举例说明
		☆	☆☆	☆☆☆	
谦让	表现水平一: 1. 知道人多的时候要排队等候、不争抢。 2. 在成人的提醒下,不争抢玩具,大家一起玩。				
	表现水平二: 1. 对大家都喜欢的东西乐意谦让他人,不争抢。 2. 在成人的提醒下,乐意谦让比自己小或体弱的幼儿。				

评价 内容	参　考　指　标	评价意见			举例 说明
		☆	☆☆	☆☆☆	
	表现水平三： 1. 对大家都喜欢的东西主动谦让他人,不争抢。 2. 主动谦让比自己小或体弱的幼儿。 3. 感受谦让给自己和他人带来的愉悦心情。				
助人	表现水平一： 1. 知道人多的时候要排队等候、不争抢。 2. 在成人的引导下,愿意帮助集体做一些简单的事,感受 　帮助别人的快乐。				
	表现水平二： 1. 在成人的提醒下,能注意到别人的情绪变化,了解他们 　的需要,并有关心、体贴的表现。 2. 乐意请求朋友帮助或帮助朋友,遇到问题尝试自己解决 　或与同伴一起解决,体验互帮互助的快乐。				
	表现水平三： 1. 能尊重关心身边的人,能关注到别人的情绪和需要,尝 　试用语言或行动给予力所能及的帮助。 2. 乐意主动承担任务并能尝试用不同的方法解决困难,相 　信自己的能力,有勇气尝试完成任务。				
合作	表现水平一： 1. 愿意和自己熟悉的长辈一起活动,体验在一起的快乐。 2. 想加入同伴的游戏,能友好地提出请求。				
	表现水平二： 1. 会运用语言、动作等简单技巧和同伴一起活动。 2. 与同伴发生冲突时,愿意按受他人的意见和建议,和平 　解决问题。				
	表现水平三： 1. 在活动中,遇到困难时学会用好办法一起克服解决,体 　验成就感。 2. 与同伴发生矛盾时,相互协商、接纳、分工、达成一致意 　见,共同完成任务。				
分享	表现水平一： 1. 在成人引导下,不争抢、不独霸玩具,愿意与朋友一起 　玩。 2. 愿意与同伴一起游戏,体验愉快的情绪。 3. 有好事物时,愿意与同伴一起分享。				

评价 内容	参 考 指 标	评价意见			举例 说明
		☆	☆☆	☆☆☆	
	表现水平二： 1. 对大家喜欢的东西,能轮流分享。 2. 喜欢和同伴、他人交流,有事乐意与他人分享。 3. 初步感受分享是一种美好的品质。				
	表现水平三： 1. 能愉快积极地参与和同伴、家人及他人之间的各类活 　动,愿意主动、大胆地表达与表现。 2. 在体验、互动中懂得关爱、帮助与分担的情感,感受分享 　的乐趣。				
安慰	表现水平一： 1. 在成人的提醒下,愿意去关注同伴的情绪变化。 2. 在同伴不开心、难受的时候,愿意在成人的提醒下学着 　用简单的语言安慰并帮助他。				
	表现水平二： 1. 在日常生活中乐意注意到别人的情绪,并有关心和体贴 　的表现。 2. 在活动中,能关注同伴的表情和行为,看到同伴有困难, 　能在老师的暗示下用较合适的语言去安慰并帮助他。				
	表现水平三： 1. 在日常生活中能识别他人的情绪、情感,主动了解他人 　的情绪与需要。 2. 在活动中,主动通过较完整的语言或行为帮助他人消除 　消极情绪,有同情心。				

小天鹅幼儿园班级管理质量评价表(教师能力)

评价内容	参 考 指 标	评价意见			举例 说明
		☆	☆☆	☆☆☆	
教师 能力	1. 因势利导,抓住随机教育的契机。教师在幼儿生活、 　学习的各个环节会抓住教育契机,培养幼儿的亲社会 　行为合理渗透在一日的各个环节中。				
	2. 为幼儿创设同伴间共同活动的机会,以引发幼儿的亲 　社会行为。				
	3. 给予幼儿及时、有效的表扬和鼓励,强化幼儿的亲社 　会行为 (1)言语强化物,如"太好了""正确""对了""真聪明"等。 (2)非言语强化物,如微笑、点头、拥抱、抚摸幼儿的脑 　　袋、关注幼儿等。				

评价内容	参 考 指 标	评价意见			举例说明
		☆	☆☆	☆☆☆	
	4. 尊重和了解幼儿的个别差异,因材施教,采取灵活多样、针对性强的策略促进幼儿的亲社会行为的发展。				
您对评价参考指标调整的建议					
您对提升幼儿亲社会行为的建议					

友谊路幼儿园数学集体活动评价表

_____幼儿园　执教者_____时间_____

活动名称（年龄段）				
评价指标		评价要素	分值（1→5：程度由低到高）	举例说明
1	目标制定	1. 教育目标明确具体,突出重点。		
		2. 贯彻新《指南》理念,符合幼儿实际。		
2	内容与过程实施	3. 内容科学正确,符合幼儿年龄特点和兴趣。		
		4. 重难点的提出与处理得当。		
		5. 教学过程安排合理,层次清楚,形式多样,师幼互动面广,能推动幼儿的思考与交流。		
		6. 体现以幼儿发展为本,注重幼儿直接经验的获得。		
		7. 以游戏为主要手段,教育方法直观、生动、形象。		
		8. 了解幼儿不同的学习状况,顾及个体差异。		
3	教师素质	9. 教育观童观正确,以儿童为主体,注重思维能力和品质的培养。		
		10. 能准确把握数活动的核心概念。		
		11. 能创设良好的教育环境,材料提供适宜幼儿操作,能推动幼儿思维发展。		
		12. 具有较娴熟的教育技能和灵活应变的能力。		
		13. 师幼互动面广,能推动幼儿的思考与交流。		

评价指标		评价要素	分值 (1→5：程度 由低到高)	举例说明
4	幼儿 表现	14. 幼儿兴趣浓厚、参与积极。		
		15. 具有一定的思维能力，有良好的学习习惯和思维 品质。		
得分 （总分 70 分）				
总评 （定性描述）				

评价时间：　　　　评价者：

友谊路幼儿园"数学游戏"质量评价表（幼儿）

班级：　　　　幼儿姓名：　　　　游戏名称：

评价内容		表现	幼儿表现（勾选）		分析 （举例说明）
思维 能力	Ⅰ. 探索	Ⅰ-1	在过程中探索积极性不高。		
		Ⅰ-2	有兴趣并能尝试探究，有一定的发现。		
		Ⅰ-3	能主动地探究，并能有所发现。		
	Ⅱ. 观察	Ⅱ-1	有观察的行为，但注意力容易分散。		
		Ⅱ-2	能进行一定的观察，发现不同。		
		Ⅱ-3	能有目的、较持久的细致观察。		
	Ⅲ. 解决 问题	Ⅲ-1	面对问题，找不到解决的方法。		
		Ⅲ-2	面对问题，能跟随别人解决。		
		Ⅲ-3	能发现问题，并有相应的办法解决。		
	Ⅳ. 创造 性	Ⅳ-1	认同和模仿别人的想法和意见。		
		Ⅳ-2	有一定的想法。		
		Ⅳ-3	能创新，能提出不同的想法和意见。		
	Ⅴ. 推理 与验证能 力	Ⅴ-1	在提示下，能够逐步发现联系，并有正确的结论。		
		Ⅴ-2	能独立进行较简单的推理。		
		Ⅴ-3	能独立而迅速地做出判断。		

评价内容		表现	幼儿表现（勾选）	分析（举例说明）
思维品质	Ⅵ.交流能力	Ⅵ-1	不愿意和别人交流。	
		Ⅵ-2	有与同伴交流的意愿。	
		Ⅵ-3	善于表达自己的想法，积极与同伴交流。	
	Ⅶ.情绪	Ⅶ-1	被动、活动中情绪不高。	
		Ⅶ-2	情绪一般跟着参加。	
		Ⅶ-3	愉快活泼、积极参加活动。	
	Ⅷ.规则	Ⅷ-1	不能遵守游戏规则。	
		Ⅷ-2	能较好地遵守游戏规则。	
		Ⅷ-3	能自主商定规则，并能遵守。	
	Ⅸ.专注	Ⅸ-1	多数时间不集中。	
		Ⅸ-2	有时集中、有时分散。	
		Ⅸ-3	注意力很集中。	
	Ⅹ.态度	Ⅹ-1	遇到挫折不愿意继续尝试，停止游戏。	
		Ⅹ-2	能在鼓励下，尝试继续挑战。	
		Ⅹ-3	不怕失败，能坚持挑战。	

评价时间：　　　　评价者：

友谊路幼儿园"数学游戏"质量评价表（教师）

教师姓名：　　　　游戏名称：

评价内容	参考指标	分值（1→5：程度由低到高）	举例说明
对活动价值的把握	能准确把握数学游戏的核心经验。		
	符合本年龄段幼儿阶段发展水平。		
对活动环境的创设	有趣、有意义，能激发参与探索的兴趣。		
	设计合理，符合年龄特点。		
	材料具有层次性，能引发不同能力幼儿探索的兴趣。		
回应支持	以幼儿为主体，注重幼儿主动学习，给予幼儿充分的探索空间。		

评价内容	参考指标	分值 (1→5：程度 由低到高)	举例说明
	观察幼儿与材料互动的过程,接纳差异,支持个性化的尝试与表现。		
	能及时发现幼儿的困难,对于幼儿提出的问题能有针对性地回应。		
	能根据需要组织交流,能充分运用交流分享帮助幼儿提升经验。		
得分(总分45)			
总评			

评价时间： 评价者：

美兰湖幼儿园自主性情境运动质量评价(幼儿发展)

小班			
评价内容	参 考 指 标	评价意见	举例说明
运动兴趣	在老师的引导下,乐意与老师共同创设运动情境,能愉快地投入到运动情境中,乐意尝试玩不同的运动器械,尝试玩具有适宜挑战性的运动项目。	☆☆☆☆☆	
自主表现	在老师的引导下,自主选择运动场景,过程中能自主调整器械,选择自己喜欢的玩法,调整运动量。	☆☆☆☆☆	
动作协调、灵敏与平衡	能沿地面直线或在较窄的低矮物体上走一段距离;四散跑时能躲避他人的碰撞,手脚协调地进行攀爬等动作;能手脚平衡往前向上跳。	☆☆☆☆☆	
力量与耐力	单手将沙包向前投掷2米左右;能单脚连续跳2米左右;能快速向前跑15米左右。	☆☆☆☆☆	
个性品质	在老师的鼓励下,不怕累,坚持运动;能情绪愉快地与同伴友好运动;乐意与老师一起整理运动器械。	☆☆☆☆☆	

美兰湖幼儿园自主性情境运动质量评价(幼儿发展)

中班			
评价内容	参 考 指 标	评价意见	举例说明
运动兴趣	按照情境需要,主动与老师一起摆放运动器械,创设运动情境;能迅速地投入到运动情境中;能选择不同的器械运动;在老师的引导下,乐意尝试有挑战性的玩法。	☆☆☆☆☆	
自主表现	能自主调整器械的摆放,尝试不同的玩法;自主调整运动量。	☆☆☆☆☆	
动作协调、灵敏与平衡	能在较窄的低矮物体上平稳定一段距离;能以匍匐、膝盖悬空等多种方式钻爬;能助跑跳过一定距离或一定高度的物体;能瞄准球筐投掷。	☆☆☆☆☆	
力量与耐力	能双手抓杠悬空吊起15秒左右;单手将沙包向前投掷4米左右;单脚连续向前跳5米左右;快跑20米左右。	☆☆☆☆☆	
个性品质	不怕累,坚持运动;与同伴一起愉快运动;不怕困难,敢于挑战;有一定的自我保护能力;主动与老师一起整理器械。	☆☆☆☆☆	

美兰湖幼儿园自主性情境运动质量评价(幼儿发展)

大班			
评价内容	参 考 指 标	评价意见	举例说明
运动兴趣	分工合作,共同摆放运动器械,创设运动情境;能迅速地投入到运动情境中;能选择不同的器械运动;敢于挑战不同的运动器械和不同的玩法。	☆☆☆☆☆	
自主表现	能自主调整器械的摆放,探索不同的玩法;自主调整运动量。	☆☆☆☆☆	
动作协调、灵敏与平衡	能在斜坡、荡桥和有一定间隔的物体上较平稳地行定;能以手脚并用的方式安全地爬攀登架、网等;能灵活躲避扔过来的纸球或沙包。	☆☆☆☆☆	
力量与耐力	能双手抓杠悬空吊起20秒左右;单手将沙包向前投掷5米左右;单脚连续向前跳8米左右;快跑25米左右。	☆☆☆☆☆	
个性品质	不怕累,坚持运动;与同伴合作,愉快运动;不断挑战自我,对自己充满自信;有较强的自我保护能力;主动与老师一起整理器械。	☆☆☆☆☆	

美兰湖幼儿园自主性情境运动质量评价（教师能力）

评价内容	参 考 指 标	评价意见	举例说明
环境与器材	能充分利用院所各种条件开展富有野趣的室内外运动；环境、器材安全，符合年龄特点，有一定的挑战性、科学性。	☆☆☆☆☆	
专业指导	合理安排一小时的运动时间；有安全和保育意识，关注幼儿基本动作的发展和良好个性品质的养成；关注幼儿运动量，确保合理的强度，适当的密度；了解幼儿的个体差异，关心照顾特殊幼儿；创设自主的空间（自主选择器械、自主摆放、自主选择玩法、自主与同伴合作等）；鼓励幼儿自主整理器械。	☆☆☆☆☆	

美兰湖幼儿园自主性情境运动质量评价（课程方案）

评价内容	参 考 指 标	评价意见	举例说明
运动情境	有趣，吸引幼儿，与幼儿的年龄特点相符；注重多种基本动作的发展和运动能力的提高。	☆☆☆☆☆	
自主性	为幼儿创设自主活动的空间，满足不同幼儿的需要。	☆☆☆☆☆	
观察与指导	观察要点具体明确，符合幼儿的年龄特点，注重保教结合；关注特殊幼儿。	☆☆☆☆☆	

附件6： 课程实施质量的园际交互评价指标

班级课程环境的创设与运用评价表（各园通用）

评价内容	参考指标	评价意见			举例说明
		☆	☆☆	☆☆☆	
班级课程环境的创设与运用	1. 根据幼儿活动需要调整空间布局、环境材料等。 2. 师幼共同设计、共同布置班级课程环境，并有助于幼儿充分地自主表达。 3. 投放的材料能体现开放性、挑战性，支持幼儿开展自主和合作学习。 4. 鼓励幼儿自主探索并运用课程材料。 5. 有效整合社会、自然、信息技术等资源开展各类活动。 6. 班级课程环境具有班本化特点，并能体现班级文化标识的有效运用。				

七色花艺术幼儿园中班表演游戏质量评价——园际互评

评价者：　　　　　　单位：　　　　　　　评价单位：
评价班级：　　　　　被评价教师：　　　　评价时间：

一级指标	二级指标	三级指标	评 价 标 准		
			非常棒	达标	还需努力
社会领域	人际交往	☆喜欢和同伴一起表演，乐意表达自己的想法。			
		☆能按自己的想法进行表演游戏。			
		☆☆能初步关注别人在表演游戏中的情绪与需要。			
		☆☆能与同伴友好相处，愿意接受同伴关于表演的意见和建议。			
		☆☆能用较丰富的词汇进行交往。			
	群体适应	☆愿意并主动参与表演游戏，过程中能集中注意一段时间。			
		☆在游戏中能遵守共同制定的表演规则，与同伴发生冲突时，能在他人的帮助下和平解决问题。			
		☆☆能用较丰富的词汇进行交往，游戏中遇到问题能主动求助。			
	分享交流	☆乐意展现和分享自己的表演游戏成果及游戏体验。			
		☆☆能主动预约展示自己的表演游戏成果，并乐意用语言介绍自己的表演。			
		☆☆能发现同伴表演的亮点，乐意说说自己对同伴表演的看法。			
艺术领域	感受与欣赏	☆喜欢欣赏多种多样的艺术表演形式（舞蹈、唱歌、魔术、走秀、皮影戏、手偶……）。			
		☆☆欣赏表演的过程中，能了解常见艺术表现形式的特点。			
		☆☆能专心地观看同伴展现的游戏表演，有模仿和参与的愿望。			
		☆☆欣赏表演时会产生相应的联想和情绪反应。			
		☆☆☆欣赏表演时能用表情、动作、语言等方式表达自己的感受。			
	表达与表现	☆能自发组织表演游戏，与同伴合作商量表演主题、角色分工等。			
		☆能根据表演主题自主选择表演服装、道具进行装扮，材料使用符合艺术形象的需要。			
		☆能通过手、口、动作、表情等进行表达表现。			

一级指标	二级指标	三级指标	评价标准		
			非常棒	达标	还需努力
		☆☆能围绕主题进行表演。			
		☆☆能根据表演需要自制道具或使用多种替代物,初步出现以物代物的替代行为。			
		☆☆以自己最感兴趣、印象深刻的经历作为表演主题,开展更丰富的游戏情节。			
		☆☆☆能对故事作品有理解,根据原有情节或创造的情节有较生动的表演。(目的性角色有象形特征)			
		☆☆☆对音乐有一定的韵律感,能根据韵律有节奏地表现。			
		☆☆☆乐意舞蹈表现,在表演形式、道具等方面有自己的想法,体现艺术性。			
分析					
建议					

表格说明:☆表示中班幼儿表演游戏质量评价的一级指标。(即标准)

　　　　☆☆表示中班幼儿表演游戏质量评价的二级指标。(即高质量要求)

　　　　☆☆☆表示中班幼儿表演游戏质量评价的三级指标。(即艺术特色标准)

七色花艺术幼儿园中班表演游戏质量评价——教师自评

姓名:　　　　单位:　　　　班级:　　　　自评时间:

一级指标	二级指标	三级指标	评价标准		
			非常棒	达标	还需努力
社会领域	人际交往	☆喜欢和同伴一起表演,乐意表达自己的想法。			
		☆能按自己的想法进行表演游戏。			
		☆☆能初步关注别人在表演游戏中的情绪与需要。			
		☆☆能与同伴友好相处,愿意接受同伴关于表演的意见和建议。			
		☆☆能用较丰富的词汇进行交往。			
	群体适应	☆愿意并主动参与表演游戏,过程中能集中注意一段时间。			
		☆在游戏中能遵守共同制定的表演规则,与同伴发生冲突时,能在他人的帮助下和平解决问题。			

一级指标	二级指标	三级指标	评价标准		
			非常棒	达标	还需努力
		☆☆能用较丰富的词汇进行交往,游戏中遇到问题能主动求助。			
	分享交流	☆乐意展现和分享自己的表演游戏成果及游戏体验。			
		☆☆能主动预约展示自己的表演游戏成果,并乐意用语言介绍自己的表演。			
		☆☆能发现同伴表演的亮点,乐意说说自己对同伴表演的看法。			
艺术领域	感受与欣赏	☆喜欢欣赏多种多样的艺术表演形式(舞蹈、唱歌、魔术、走秀、皮影戏、手偶⋯⋯)。			
		☆☆欣赏表演的过程中,能了解常见艺术表现形式的特点。			
		☆☆能专心地观看同伴展现的游戏表演,有模仿和参与的愿望。			
		☆☆欣赏表演时会产生相应的联想和情绪反应。			
		☆☆☆欣赏表演时能用表情、动作、语言等方式表达自己的感受。			
	表达与表现	☆能自发组织表演游戏,与同伴合作商量表演主题、角色分工等。			
		☆能根据表演主题自主选择表演服装、道具进行装扮,材料使用符合艺术形象的需要。			
		☆能通过手、口、动作、表情等进行表达表现。			
		☆能围绕主题进行表演。			
		☆☆能根据表演需要自制道具或使用多种替代物,初步出现以物代物的替代行为。			
		☆☆以自己最感兴趣、印象深刻的经历作为表演主题,开展更丰富的游戏情节。			
		☆☆☆能对故事作品有理解,根据原有情节或创造的情节有较生动的表演。(目的性角色有象形特征)			
		☆☆☆对音乐有一定的韵律感,能根据韵律有节奏地表现。			
		☆☆☆乐意舞蹈表现,在表演形式、道具等方面有自己的想法,体现艺术性。			

分析	
改进措施	

表格说明：☆表示中班幼儿表演游戏质量评价的一级指标。（即标准）

　　　　　☆☆表示中班幼儿表演游戏质量评价的二级指标。（即高质量要求）

　　　　　☆☆☆表示中班幼儿表演游戏质量评价的三级指标。（即艺术特色标准）

七色花艺术幼儿园中班表演游戏质量评价——小组评价诊断报告

评价时间		评价园所	
评价班级		被评价教师姓名	
评价教师单位姓名			
评价结果			
分析 1		建议 1	
分析 2		建议 2	
分析 3		建议 3	
分析 4		建议 4	
分析 5		建议 5	
改进措施			
下一轮咬尾操作建议			

青苹果幼儿园个别化学习活动中幼儿自主能力表现评价量表

主题名称：　　　　　区域名称：　　　　　观察人数：　　　　　评价者：

评价内容			参 考 指 标	评价意见	备注
自主选择	活动预约	表现水平一	能够在成人的提醒下提前预约活动。		
		表现水平二	能根据自己的兴趣提前预约活动。		
		表现水平三	能根据自己想解决的问题提前预约活动。		
	材料选择	表现水平一	能够在成人的提醒下选择材料。		
		表现水平二	能够自己独立选择感兴趣的材料。		
		表现水平三	根据自己的实际需要主动选择材料。		
自主探索	丰富材料	表现水平一	根据自己的兴趣选择高结构材料进行活动。		
		表现水平二	在教师帮助下,尝试搭配高、低结构材料探索活动。		
		表现水平三	能够根据自己的需要,探索低结构材料进行活动。		
	材料使用	表现水平一	根据兴趣摆弄区角提供的现有材料。		
		表现水平二	探索现有材料,完成区角任务需要。		
		表现水平三	主动到材料库寻找合适的材料完成自己的任务需要。		
	发现问题	表现水平一	在教师的引导下思考问题,寻求帮助解决问题。		
		表现水平二	在教师提醒下,主动思考发现问题,并尝试自己解决问题。		
		表现水平三	喜欢主动思考发现问题,并能够用不同方式解决问题。		
	同伴合作	表现水平一	喜欢独自探索区角活动。		
		表现水平二	在教师提醒或同伴邀请下,愿意合作探索活动。		
		表现水平三	能够主动邀请同伴自由组合,一起合作探索活动。		
自主分享与评价	预约分享	**表现水平一**	**在教师鼓励下,尝试与教师预约分享机会。**		
		表现水平二	**在教师提醒下,能主动与教师预约分享机会。**		
		表现水平三	**根据自己的活动情况,主动与教师预约分享机会。**		
	经验分享	表现水平一	简单介绍自己的区角活动流程。		
		表现水平二	完整介绍自己的区角活动发现与活动经验。		

评价内容		参　考　指　标	评价意见	备注
		表现水平三	能够对活动发现与经验进行提升后再进行分享。		
	自信表达	表现水平一	在教师帮助下,能够简单地表达自己的需要和想法。		
		表现水平二	愿意表达自己的需要和想法,说话自然,声音大小适中。		
		表现水平三	表达时声音响亮,并尝试借助肢体、实物来完整表述自己的想法。		
	评价自我	表现水平一	在教师的启发下,有初步的自我认识。		
		表现水平二	有一定的自我认识,愿意在集体面前表达自己的活动成果。		
		表现水平三	能在集体面前肯定并且乐意表达自己的经验或成果。		
	调整自我	表现水平一	坚持自己的行为表现。		
		表现水平二	愿意接受同伴的建议,尝试调整自己的行为。		
		表现水平三	在自己需求的基础上,听取同伴、教师建议调整自己的行为。		
	评价他人	表现水平一	在教师帮助下,尝试初步认识和评价他人。		
		表现水平二	愿意主动地去评价他人,并简单说说理由。		
		表现水平三	乐意客观地按照一定的标准评价并欣赏他人。		
自主管理	遵守规则	表现水平一	在教师提醒下,能够遵守活动规则。		
		表现水平二	愿意主动遵守活动规则。		
		表现水平三	能够主动遵守活动规则,并提醒同伴要遵守规则。		
	完成任务	表现水平一	对活动能基本坚持到完成。		
		表现水平二	有一定的任务意识,能专注地完成活动内容。		
		表现水平三	有较强任务意识,会制定计划书,根据计划完成活动任务。		
	整理物品	表现水平一	能够在成人的提醒下收放材料。		
		表现水平二	能主动收拾整理物品。		
		表现水平三	能够自主整理教学材料,并能自制分类标志,物归原处。		

评价内容		参 考 指 标	评价意见	备注
学习品质	表现水平一	能在成人的提醒下专注、安静地进行活动。		
	表现水平二	能安静、专注地进行活动。		
	表现水平三	能不受他人影响,安静、专注地进行整个活动。		

评价说明:

1. 此评价表每项评价内容涉及三个表现水平,评价者可根据观察内容在适合的水平栏中打"√",并将有价值的观察点补充在备注栏中。

2. 常规字体是标准部分,斜体是努力达成部分,加粗是特色部分。

四季万科幼儿园科技集体教学活动"微 talk"评价方案

一、微 talk 导引单

内容	水 平
幼儿行为	能积极参与活动,有主动探索的欲望。
	对观察、发现到的科学现象,好奇好问。
	能正确摆弄和探索操作材料,并乐在其中。
	能对事物或现象仔细观察、大胆猜想,并提出问题。
	能用多种方式进行记录。
	初步了解科学现象与周围生活的关系。
	能够在交流讨论中,与同伴、老师分享自己的发现。
教师行为	材料安全,能满足幼儿探索需要,符合幼儿年龄特点。
	能用不同的方式激发幼儿探索兴趣、支持和鼓励幼儿的探索行为。
	为幼儿创设支持性的心理氛围,并重视幼儿的提问与质疑。
	调动幼儿原有经验,鼓励幼儿猜想与假设,并设法验证。
	能注重培养幼儿关注生活中科学现象的意识。
	传授正确的科学知识,并注重引导幼儿科学经验的提升。
活动本身	各环节意图清晰,能为达成科学目标服务。
	活动内容符合幼儿年龄特点,探究内容贴近幼儿生活。

二、科技集体教学活动"微 talk"访谈问题

1. "微 talk"目的

① 促进教师开展科技集体教学活动后对幼儿的发展、教师行为以及活动本身的反思能力,提升教师教育教学能力的发展。

② 收集相关资料,开展有效评价,不断改进、完善课程。

2. "微 talk"方式:面对面课后访谈

3. 访谈对象:执教者

4. "微 talk"时间:科技集体教学活动结束后

5. 科技集体教学活动"微 talk"问题

内容	访 谈 问 题
幼儿行为	你觉得幼儿对今天的活动感兴趣吗?幼儿表现达到了预期目标吗?请举例说明。
	今天幼儿获得了哪些经验?发展了哪方面科学技能或素养?
	活动中,哪些孩子或孩子的哪些表现给你留下深刻印象?请举例说明。
教师行为	你提供的材料能满足幼儿的探索需要和欲望吗,是否符合幼儿的年龄特点?请举例说明。
	活动中你运用哪些方法支持、鼓励幼儿探究?效果怎么样?
	你用什么方法帮助幼儿梳理提升经验?是否有效?
	你可以怎么为幼儿创设支持性的心理氛围?(如:是否能认真倾听幼儿的表达,是否允许幼儿出错;是否在分享交流中给予幼儿正面回应;是否给予幼儿提问、质疑的机会,并重视幼儿提问与质疑。)
	你认为活动中为帮助幼儿得出结论而组织的交流与讨论的形式是否合适?讨论交流是否有效?
活动本身	活动来源于哪里,体现科技教育的哪方面?
	活动科技目标是否达成?从哪里体现?是否符合该年龄段的特点?
	整个活动主要运用哪种方法或形式帮助幼儿获取经验?

小天鹅幼儿园班级管理中幼儿生活活动的评价量表

评价者: 评价对象: 评价时间:

评价内容	参考指标		评价意见	备注
愿意为自己服务	表现水平一	自己能做的事情愿意自己做。		
	表现水平二	自己的事情尽量自己做,不依赖成人,体会自我服务的快乐。		
	表现水平三	乐意自己的事情自己做,不会的事情愿意学。		
喜欢集体生活	表现水平一	喜欢上幼儿园,适应幼儿园生活,喜欢同伴和老师。		
	表现水平二	主动参与群体活动,在集体活动中和同龄人合得来。		

评价内容	参考指标		评价意见	备注
	表现水平三	能较快地融入新的人际,在群体中积极、快乐。		
乐意保持整洁的仪表	表现水平一	了解个人清洁卫生的内容,在成人的帮助下愿意保持整洁的仪表。		
	表现水平二	愿意配合成人保持生活中各种场合的仪表合适与整洁。		
	表现水平三	愿意自主穿戴整齐,知道穿戴整齐是一种文明的行为。		
保持积极的情绪态度	表现水平一	1. 情绪比较稳定,不随意哭闹,有不开心愿意跟成人说。 2. 有比较强烈的情绪反应时,能在成人的安抚下较快平静。		
	表现水平二	1. 经常保持愉快的情绪,不高兴时能较快缓解。 2. 愿意把自己的情绪告诉成人或同伴,一起分享快乐或求得安慰。		
	表现水平三	1. 经常保持愉快的情绪。理解自己的情绪,知道引起自己某种情绪的原因,并努力缓解。 2. 表达情绪的方式比较适度,不乱发脾气,愿意与朋友积极沟通。		
愿意接受别人的意见与建议	表现水平一	听老师或家长的话,愿意根据大人的话去做。		
	表现水平二	活动时愿意接受成人或同伴的意见和建议。		
	表现水平三	知道别人的想法有时和自己的不一样,能倾听和接受别人的意见。		
愿意帮助别人,懂得关爱他人	表现水平一	1. 知道帮助别人是一件好事情。 2. 与自己熟悉的人有亲近感。		
	表现水平二	1. 在老师的提醒下,愿意帮助别人,有初步的荣誉感。 2. 父母或熟悉的人生病了或不开心,主动表示关心。		
	表现水平三	见到同伴有需要时愿意主动帮助,共同解决。		
愿意克服困难	表现水平一	愿意承担一些小任务,遇到问题或困难不害怕。		
	表现水平二	敢于尝试一些有难度的活动,愿意想办法解决困难。		
	表现水平三	遇到困难愿意想方法解决,对自己能解决问题有信心。		
愿意为他人服务	表现水平一	愿意为他人做一些力所能及的事。		
	表现水平二	愿意为他人服务,渴望自己的劳动被认可。		
	表现水平三	有主动地为他人服务的意识和责任感。		
愿意与人分享	表现水平一	愿意与家人或熟悉的人共享好吃的食物。		
	表现水平二	在与同伴交往的过程中,能与同伴分享食物或玩具。		
	表现水平三	愿意把高兴有趣的事或者各种情感体验与大家分享。		

评价内容	参考指标		评价意见	备注
愿意与同伴友好相处	表现水平一	1. 想加入同伴的游戏时,能友好的提出请求。 2. 在成人的指导下,不争抢、不独霸玩具。 3. 与同伴发生冲突时,愿意听从成人的劝解。		
	表现水平二	1. 对大家都喜欢的东西愿意轮流分享。 2. 与同伴发生冲突时,愿意在他人的帮助下和平解决。 3. 愿意帮助同伴,遇到问题能自己解决或与同伴一起解决。		
	表现水平三	1. 愿意想办法吸引同伴和自己一起游戏。 2. 大胆与同伴交往,愿意用好办法解决同伴间的矛盾,活动时能与同伴分工合作,学会协商、接纳。 3. 理解别人的想法有时和自己不一样,能倾听和接受别人的意见,不能接受时会说明理由。		
愿意与他人合作	表现水平一	愿意与同伴一起看书、游戏。		
	表现水平二	在活动中,愿意与同伴共同完成,有初步的分工合作。		
	表现水平三	在活动中能与同伴主动配合、分工合作,遇到困难能一起协商解决。		
懂得感恩	表现水平一	接受别人的帮助后,愿意在大人的引导下说"谢谢"。		
	表现水平二	体会父母及老师养育自己的辛劳,在父母生日时能主动表示祝福。		
	表现水平三	当收到别人的帮助或关心时,懂得主动向别人表示感谢。		
您对评价参考指标调整的建议				
您对提升班级管理的建议				

评价说明:此评价表每项评价内容涉及三个表现水平,评价者可根据观察内容在适合的水平栏中打"√",并将有价值的观察点补充在备注栏中。

友谊路幼儿园"数学游戏"质量评价表(幼儿)

班级:　　　　　　幼儿姓名:　　　　　游戏名称:

评价内容		表现	幼儿表现(勾选)		分析 (举例说明)
思维 能力	Ⅰ.探索	Ⅰ-1	在过程中探索积极性不高。		
		Ⅰ-2	有兴趣并能尝试探究,有一定的发现。		
		Ⅰ-3	能主动地探究,并能有所发现。		
	Ⅱ.观察	Ⅱ-1	有观察的行为,但注意力容易分散。		
		Ⅱ-2	能进行一定的观察,发现不同。		
		Ⅱ-3	能有目的、较持久的细致观察。		
	Ⅲ.解决 问题	Ⅲ-1	面对问题,找不到解决的方法。		
		Ⅲ-2	面对问题,能跟随别人解决。		
		Ⅲ-3	能发现问题,并有相应的办法解决。		
	Ⅳ.创造 性	Ⅳ-1	认同和模仿别人的想法和意见。		
		Ⅳ-2	有一定的想法。		
		Ⅳ-3	能创新,能提出不同的想法和意见。		
	Ⅴ.推理 与验证能 力	Ⅴ-1	在提示下,能够逐步发现联系,并有正确的结论。		
		Ⅴ-2	能独立进行较简单的推理。		
		Ⅴ-3	能独立而迅速地做出判断。		
	Ⅵ.交流 能力	Ⅵ-1	在他人的引导下,愿意与同伴交流。		
		Ⅵ-2	有与同伴交流的意愿。		
		Ⅵ-3	善于表达自己的想法,积极与同伴交流。		
思维 品质	Ⅶ.情绪	Ⅶ-1	被动、活动中情绪不高。		
		Ⅶ-2	情绪一般,跟着参加。		
		Ⅶ-3	愉快活泼、积极参加活动。		
	Ⅷ.规则	Ⅷ-1	在他人提醒下愿意遵守游戏规则。		
		Ⅷ-2	能较好地遵守游戏规则。		
		Ⅷ-3	能自主商定规则,并能遵守。		
	Ⅸ.专注	Ⅸ-1	多数时间不集中。		
		Ⅸ-2	有时集中、有时分散。		
		Ⅸ-3	注意力很集中。		

评价内容		表现	幼儿表现（勾选）	分析 （举例说明）
Ⅹ.态度		Ⅹ-1	遇到挫折不愿意继续尝试,停止游戏。	
		Ⅹ-2	能在鼓励下,尝试继续挑战。	
		Ⅹ-3	不怕失败,能坚持挑战。	

评价时间：　　　　　　评价者：

友谊路幼儿园"数学游戏"质量评价表(教师)

教师姓名：　　　　游戏名称：

评价内容	参考指标	勾选	举例说明
核心经验	☆能准确把握数学核心经验。		
	☆符合本年龄段幼儿阶段发展水平。		
内容材料 与 设计	☆游戏性强,能激发参与探索的兴趣。		
	☆内容科学正确,符合幼儿年龄特点。		
	☆材料具有层次性,能引发不同能力幼儿探索的兴趣。		
	☆☆设计具有挑战性,能引发多元思维。		
	☆☆玩法多变,结果有随机性的特点。		
观察指导	☆以幼儿为主体,注重幼儿主动学习,给予幼儿充分的探索空间。		
	☆观察幼儿与材料互动的过程,接纳差异,支持个性化的尝试与表现。		
	☆能及时发现幼儿的困难,对于幼儿提出的问题能有针对性地回应。		
	☆能根据需要组织交流,能充分运用交流分享帮助幼儿提升经验。		
总评			

评价时间：　　　　　　评价者：

美兰湖幼儿园幼儿自主性情境运动观察记录表

日期： 　　　　观察教师： 　　　　观察对象： 　　　　观察区域：

要素	观察要点		表　现			备注
负荷	面色		正常（ ）	略红（ ）	很红或苍白（ ）	
	排汗		不排汗（ ）	略有汗（ ）	较多（ ）	
	呼吸		平稳（ ）	加快，加深（ ）	急促，紊乱（ ）	
	脉搏		90—120/分（ ）	120—140/分（ ）	140/分以上（ ）	
	动作		动作协调、准确、步态轻盈（ ）	协调性、准确性降低（ ）	动作失调、步伐不稳，用力颤抖（ ）	
	精神		饱满（ ）	略有倦怠（ ）	疲乏（ ）	
兴趣	参与		主动参与（ ）	愿意参与（ ）	不愿意（ ）	
	情绪		愉悦（ ）	平淡稳定（ ）	胆怯害怕（ ）	
社会性	交往		主动交往（ ）	愿意交往（ ）	不交往（ ）	
	合作		主动合作（ ）	愿意合作（ ）	不合作（ ）	
自主性	材料选择		选择创新组合材料并调整（ ）	选择多样材料（ ）	选择单一材料（ ）	
	动作完成度		自主进行动作调整（ ）	在提醒下完成动作（ ）	不完成（ ）	
	自主服务		能自主脱衣、喝水、擦汗（ ）	在提醒下脱衣、喝水、擦汗（ ）	不自主服务（ ）	
情境创设	角色意识		有持久的角色意识（ ）	有模糊的角色意识（ ）	没有角色意识（ ）	
	情境推动		有丰富的情节推动（ ）	有动态变化推动（ ）	单一（ ）	
品质	坚持性		始终持续活动（ ）	断断续续（ ）	游离、徘徊（ ）	
	面对困难及解决		敢于主动挑战，解决困难（ ）	愿意尝试想方法（ ）	放弃（ ）	
	创新性		想出不同玩法（ ）	愿意尝试不同玩法（ ）	模仿玩（ ）	
	遵守规则		能遵守规则（ ）	同伴提醒下遵守（ ）	不遵守（ ）	
	保护意识		主动躲避危险（ ）	提醒他人躲避危险（ ）	不躲避或没有发现危险（ ）	
运动素质	平衡协调	走	步幅稳定且有力（ ）协调，节奏感（ ）	步幅稳定（ ）上下肢配合较好，有初步的节奏感（ ）	步幅不均（ ）上下肢不协调，缺乏节奏感（ ）	

要素	观察要点		表 现			备注
灵敏力量耐力		跑	步幅均匀、较大,有节奏感( ) 方向感提高( )	步幅仍较小( ) 跑步自然轻松( ) 上下肢较协调( )	步幅小,以小碎跑为主( ) 两臂与脚配合不自然( )	
		跳跃	跳得高( ) 配合协调( ) 各种跳跃动作( )	双脚同时起跳( ) 向前跳和纵向跳( ) 会移动重心( )	双脚先后跳起( ) 手臂与腿蹬地配合不好( ) 不太会移动重心( )	
		投掷	投掷力量大( ) 有投掷目标,有方向感,距离较远(5米左右)( )	手臂带动手腕 有投掷目标与方向感(4米左右)( )	甩腕力量小( ) 没有投掷目标,方向感弱(2米左右)( )	
		钻	各种钻的动作( ) 灵活、准确钻过各种障碍物( )	正面钻、侧面钻(60厘米)( ) 能弯腰紧缩钻过一定长度的山洞( )	正面钻70厘米( ) 还不能做好弯腰、紧缩身体( )	
		爬	各种爬行的动作灵活、熟练( )	手膝着地协调地爬( ) 倒退爬( )	手脚协调地爬( ) 肘膝着地爬( )	
		攀	交替上下台阶,熟练、快速( ) 熟练、灵活地钻、爬、移位( )	交替脚上下台阶( ) 双手双脚攀登,下来时并手并脚( )	并脚上下台阶( ) 攀登时并手并脚,灵敏、协调性差( )	
		悬	双手交替向前悬握移动( )	能悬握、能移动,但悬握时间不长( )	能悬握,但不能移动( )	

分析与思考:

评价说明: 1. 该观察记录表可以记录一个幼儿或一个小组(以个体为主)。
　　　　 2. 可在相应的地方记录,或者按照发生顺序排序记录。

附件 7: 教研活动质量的园际交互评价指标

幼儿园现场教研质量园际交互评价

一级指标	二级指标		评价
（一）教研主题的确立	1. 研讨主题有价值，体现新《指南》等现代教育理念。		☆☆☆☆☆
	2. 主题内容符合本园教师的实际，具有园本特点且具针对性。		☆☆☆☆☆
	3. 能切实解决保教实践中的真问题。		☆☆☆☆☆
（二）教研形式的选择	1. 形式创新，能突显园本教研特色。		☆☆☆☆☆
	2. 形式契合教研内容并能有效为教研主题服务。		☆☆☆☆☆
（三）教研过程的实施	1. 教研准备	（1）对教研主题及目标有比较明晰的预设。	☆☆☆☆☆
		（2）对研究内容有一定的知识或经验储备（理论支撑、案例、照片、录像等）。	
	2. 教研主持者的作用	（1）在教研过程中能引发组员进行积极的发言及讨论。	☆☆☆☆☆
		（2）在教研过程中能推进组员对问题的激烈思辨及深层思考的推进。	☆☆☆☆☆
		（3）在教研过程中能适度形成策略回应及方法提炼。	☆☆☆☆☆
		（4）在教研过程中能捕捉及抛接组员有价值的生成问题。	☆☆☆☆☆
		（5）在教研的最后，能梳理归纳，总结提炼适宜策略。	☆☆☆☆☆
	3. 教研组成员的参与度与反思	（1）教研组成员的参与度高，且氛围轻松活跃。	☆☆☆☆☆
		（2）能围绕研讨主题积极互动，且充分表达个人主张。	☆☆☆☆☆
		（3）观点表述条理清晰、语言表达精练到位。	☆☆☆☆☆
		（4）针对研讨中的问题，能求同存异，且大胆质疑。	☆☆☆☆☆
		（5）在研讨过程中能形成有价值的生成性话题。	☆☆☆☆☆
（四）教研效果的表现	1. 能达成教研预设的目标。		☆☆☆☆☆
	2. 教研效果中能呈现对不同层面教师发展的推进作用。		☆☆☆☆☆

后记

　　感谢阅读本书的所有读者朋友。上海市宝山区七色花艺术幼儿园是上海市首批命名的示范性幼儿园,近十年间,七色花一直致力于幼儿园教育评价领域的发展性探索与研究。2013 年立项上海市教育科学研究项目"反思与实践:构建幼儿园教育园本评价方案的实践研究",2016 年课题成果获得上海市第十一届教育科学研究成果一等奖,2017 年又获得上海市级基础教育教学成果一等奖,并面向全市推广应用。

　　2017 年起,为突破幼儿园保教质量评价领域的瓶颈问题,顺应学前教育质量提升的时代诉求与政策要求,我们开始着眼于幼儿园园际间开展课程质量的交互诊断及实践改进,拟深入探索以"园际交互评价"的方式开展不同发展层次的幼儿园对彼此课程质量的交互评价及实践改进,继而探索园际交互评价的实践路径、运作机制、策略方法、评估指标等。2017 年,我们申报的上海市教育科学研究项目"幼儿园教育质量园际交互式监控的实践研究"(C17100)正式立项,随后便开启了长达三年多的实践研究,历经了试水、深化、拓展和总结四大阶段,开展了聚焦课程方案、课程实施、教研活动质量的园际交互评价实践。我们以研究促教学,秉承"让行动者成为评价者,让园际交互评价成为园所间分享与交流的平台"的理念,引领区域内十余所幼儿园开展园际共研和交互评价。从 2019 年 9 月开始,我们重点聚焦幼儿园课程质量园际交互评价的研究及成果提炼,形成幼儿园课程质量园际交互评价方案,包括评价指标、主体和路径。在此基础上,初步搭建了幼儿园课程质量园际交互评价的信息共享平台,并在行动研究中提出让共研园所互为"平等中的首席",实现"美美与共、园园协同"的理想图景,从而拉动区域内共研幼儿园课程质量的整体提升。最终,我们将研究的核心成果凝结成书。

　　单丝不成线,独木不成林。课题的研究和实践能够顺利进行,成果能够如期出版,得益于多方的支持和鼓励,感恩一路上有您!

　　感恩遇见:致所有参与课题研究的共研园所。美好,三年的研究时光有幸遇到了一群志同道合的伙伴们,她们是:上海市宝山区小天鹅幼儿园、上海市宝山区青苹果幼儿园、上海市宝山区四季万科幼儿园、上海市宝山区友谊路幼儿园、上海市宝山区美兰湖幼儿园、上海市宝山区小海螺幼儿园、上海市宝山区太阳花幼稚园、上海市宝山区马泾桥幼儿园、上海市宝山区海尚明城幼儿园、上海市宝山区保利叶都幼儿园和上海市宝山区月浦四村幼儿园。古语云：志同道合味悠哉。感谢所有共研园的园长们，感谢你们在课题研究各个阶段所贡献的智慧、倾情的参与和鼎力的支持。感谢所有共研园参与研究的副园长、保教主任、科研组长、教研组长以及一线教师们，感谢你们的躬身实践和无私奉献，为课题得到如此翔实的结论和丰硕的成果倾尽努力。

感恩提挈：致所有给予研究扶持的专家领导。庆幸，一路的研究得到了市、区各层面领导专家的全力支持与指导鼓励，这为我们的课题研究提供了极大的动力。感谢上海市教育功臣、上海市学前教育研究所常务副所长郭宗莉，华东师范大学学前教育与特殊教育学院副院长黄瑾，上海市教育科学研究院普教所副所长徐士强，上海市教育科学研究院普教所教育科研与学校发展研究中心主任冯明，上海市教育科学研究院普教所学前教育研究室主任黄娟娟，上海市教委学前教研室周洪飞、贺蓉、王菁，杨浦区教育学院科研室主任李艳璐，宝山区教育学院科研室主任冯吉，普陀区教育学院陈进，宝山区托幼第二学区书记赵海英、主任朱俊华等各位专家和领导在课题开题、中期、结题各个关键节点为我们指点迷津、拨云见日，在研究的全程给予专业指导和悉心帮助，为我们传道解惑、保驾护航。正是因为有你们一路的陪伴与支持，才保障了课题研究的科学性、专业性及有效性，在此，一并向各位领导专家表示深深的谢意！

感恩相济：致所有参与研究的课题组成员。幸福，我们拥有一支专业、智慧、团结、向上的研究团队，课题组成员包括：宝山区教育学院干训部副主任周金玉、宝山区教育学院科研室学前科研员樊冬梅、袁智慧，七色花艺术幼儿园相关骨干教师。三年来，全体课题组成员攻坚克难、扎根实践、勇于探索、相互协作，引领区域内十余所幼儿园，开展了48场园际交互评价现场活动，开发了13份评估工具，撰写了61篇实践案例，形成了40多份共研微诊报告、40多份改进方案，基本理清了包括表演游戏、个别化学习活动、科学活动、数活动、运动、班级管理、教研活动等在内的幼儿园七大领域课程的实施要点和标准。同时在课题理论研究、调查研究、模式研究、机制研究、案例研究等各个块面均积累了丰实的过程性研究资料和研究成果，唤醒了课题组成员适时评价并优化改进自身教育教学实践行为的自觉意识，促进了共研园所在相应领域课程质量的不断提升，最终惠及在园幼儿的身心发展与健康成长。

最后，感恩出版社领导和编辑的帮助。感谢华东师范大学出版社教心分社社长彭呈军等老师的支持和帮助,感谢他们在书稿审阅过程中给予指点,并为本书的顺利出版和发行付出辛劳。

幼儿园课程质量提升是永恒的命题,我们提出的"园际交互评价"只是其中的一种可能视角,今后我们还会继续思考、探索实践……真诚期望本书成果能够为一线的幼儿教育实践者带来启示与帮助,但同时限于我们的研究水平,稚拙、谬误在所难免,恳请读者不吝指正。

七色花艺术幼儿园 魏 群